梦山书系

教师第一课

（修订版）

朱永新　高万祥 / 主编

海峡出版发行集团 | 福建教育出版社

主编：朱永新　高万祥

撰写：（以姓氏笔划为序）

　　　王家伦

　　　司庆强

　　　朱小蔓

　　　朱永新

　　　张　磊

　　　邵统亮

　　　徐　飞

　　　高万祥

　　　袁卫星

　　　焦晓骏

　　　葛　伟

　　　田雪松

目 录

序言 只要一本书就能使我们飞翔/朱永新

第一章 书写教师的生命传奇

一、沉沦与救赎：重申教师职业之天命 …………………… 2
二、生命叙事与元语言 …………………… 4
三、生命叙事的体裁与风格 …………………… 6
四、职业认同：重建信任 …………………… 8
五、危机与遭遇：迎接挑战 …………………… 10
六、专业阅读、专业写作、专业发展共同体 …………………… 12
七、生命叙事的诗、思、史 …………………… 17
八、像孔子一样做教师 …………………… 19
九、结语 …………………… 23

第二章 阅读教育大师

一、孔子：中国第一位"校长"的教育奠基 …………… 27
二、柏拉图《理想国》：西方教育思想的家园 ………… 30
三、现代教育之父——夸美纽斯 ………………………… 33
四、卢梭《爱弥儿》：近代教育思想史上的丰碑 ……… 37
五、国民教育之父——裴斯泰洛齐 ……………………… 42
六、杜威：对中国影响最大的西方教育家 ……………… 44
七、蒙台梭利：上帝派来的天使 ………………………… 49
八、伟大的人民教育家陶行知 …………………………… 53
九、苏霍姆林斯基教育思想：人类精神的高地 ………… 56

第三章 不可或缺的心理学知识

一、作为教师，需要知道的心理学理论 ………………… 61
二、心理效应中的育人秘诀 ……………………………… 76

第四章 师德的核心是大爱

一、永不褪色的职业精神 ………………………………… 90
二、在真爱中一起行走 …………………………………… 97
三、路在脚下 ……………………………………………… 114

第五章　在教改科研中收获幸福和优秀

一、学科专业素养的修为 …………………………………… 121
二、扎根课堂观察研究 ……………………………………… 126
三、一线教师的课题研究 …………………………………… 132
四、教育科研的方法 ………………………………………… 137
五、研究创新：要学会站在别人的肩膀上 ………………… 149

第六章　写作：卓越教师和平庸教师的分水岭

一、走向卓越：教师写作的多重意义 ……………………… 154
二、日常记录：像写情书那样真诚地记录生活 …………… 160
三、教育随笔：让写作成为一种生活方式 ………………… 164
四、文学作品：生命可以升华为一首诗 …………………… 171

第七章　口才是教师的第一能力

一、教师语言表达的基本要求 ……………………………… 179
二、课堂中起承转合时时留意 ……………………………… 193
三、课堂外情深意切处处动人 ……………………………… 203

第八章 人际交往中的生活智慧

一、教育交往中的教师 …………………………………………… 210
二、建立温暖的师生关系 ………………………………………… 213
三、经营和而不同的同事关系 …………………………………… 221
四、远方的高人和身边的贵人 …………………………………… 227
五、做学生家长的教育顾问 ……………………………………… 232

第九章 数字时代教师的角色重塑

一、教师应了解的数字技术知识 ………………………………… 241
二、数字时代教师的角色重塑 …………………………………… 244
三、数字赋能的教育实践 ………………………………………… 249
四、在数字变革中保持教育的温度 ……………………………… 256

后记　给你一所学校/高万祥 ……………………………………… 260
再版后记　有了爱，你也能优秀和幸福/高万祥 ………………… 263

序言

只要一本书就能使我们飞翔

朱永新

关于教师成长的书已经很多了。但阅读是一条永无止境的路。我们永远觉得自己书没有读够，对已出版的书籍，也永远觉得还不够丰富。

2003年，我曾与袁振国、朱小蔓等合作编写过一本《中国教师：专业素质的修炼》。转眼间已过去十年，出版社再次找到我，希望将该书进行修订、再度出版，成为一本新时代老师的成长手册。遗憾的是，无论是我、还是原来的作者，都身兼数职，无法在出版社需要的时间内完成修订任务。

所幸关键时刻有好友高万祥校长临危受命。他领命以后高度重视，组织一班人马进行修订，差不多颠覆了原书的框架，用一年左右的时间编撰了本书。

这是一本教师职业入门、职业修炼和职业提升的案头书，提供解决现实生活里种种问题的"药方"；这更是一块小小的垫脚石，希望广大教师同仁能够通过这本通俗易懂的小书，领略到阅读的芬芳，向更峭拔的教育巅峰进发。

正如美国诗人狄金森在诗里写过的那样——

> 他饮食珍贵的文字，
> 他的精神变得强壮。
> 他再不觉得贫困，
> 他再不感到沮丧。
> 他跳着舞过黯淡的日子，
> 使他飞翔的只是一本书，
> 能有多么大的自由——
> 精神摆脱了束缚！

是的，在我们抱怨日子陈旧黯淡时，其实我们可以用阅读去无限拓展心灵的领空，只要有一本书，我们就可以飞翔。当我们的精神摆脱束缚时，就是我们真正强壮的时刻；当教师的心灵开始飞翔时，就是教育翱翔长空的时刻！

2013 年 6 月 1 日

第一章

书写教师的生命传奇

子曰:"吾十有五而志于学,三十而立,四十而不惑,五十而知天命,六十而耳顺,七十而从心所欲,不逾矩。"

子路曰:"愿闻子之志。"子曰:"老者安之,朋友信之,少者怀之。"

——《论语》

大学之道,在明明德,在亲民,在止于至善。

古之欲明明德于天下者,先治其国;欲治其国者,先齐其家;欲齐其家者,先修其身;欲修其身者,先正其心;欲正其心者,先诚其意;欲诚其意者,先致其知。致知在格物。物格而后知至,知至而后意诚,意诚而后心正,心正而后身修,身修而后家齐,家齐而后国治,国治而后天下平。

自天子以至于庶人,一是皆以修身为本。

——《礼记·大学》

一、沉沦与救赎：重申教师职业之天命

长期以来，我们对于教师职业有一些特别的期待，希望她成为太阳底下最光辉的职业，成为最令人羡慕的职业。

但是，当今天的教师在读到下面这段对话时，一定会因自己的切身体会，引发深深的共鸣。

> 子贡倦于学，告仲尼曰："愿有所息。"仲尼曰："生无所息。"

工作时间之长，工作要求之高，工作对象之复杂，工作压力之大，工作竞争之激烈，已经让许多教师产生了普遍的无力感和怨愤感，赋予了"愿有所息"与"生无所息"这两个词一种当前时代的特定含义：职业倦怠。

这一职业倦怠，从表层讲，是教育中应试主义与市场主义合谋的结果，而应试教育本身又是市场主义在教育领域的体现。应试教育把成长中的孩童和引领他们的教师，一起赶入了斗兽场中，全然听不见他们心灵痛苦的哀鸣。这种对竞争的病态强调，导致了师生之间、同事之间、亲子之间、知识与生命之间乃至于自我的分离。进一步，也导致了师生陷入"囚徒困境"而不能自拔，使教师一天天地被格式化，丧失了对真理的不懈追求以及对生命意义的永恒探寻。

这一危机更深层的背景，是中国超速现代化进程所导致的对人的异化。随着传统文化的边缘化，现代化的物质进步也带来了它的副作用：物对人的控制，铺天盖地的广告以及电影、电视、网络等现代媒体对人的重新塑造。这些现代工具不但摧毁了传统的文化系统及核心价值，还塑造了人的欲望、爱好、感觉、思想，进而塑造了人的伪自我，消解了人对世界和自我的本真感觉，让人逐渐丧失把握自我与世界的能力。

在超级现代性中重塑人类灵魂的尊严，让师生与人类的崇高精神对话，这本来正是现代教育的重要使命，但不幸的是，教师本身也在这种市场文化对人的塑造中日益丧失了对生活、自我以及未来的感觉与把握能力，日渐陷入恐惧、烦躁、孤独与焦虑之中。

在某种意义上，这是现代性自身发展的宿命，所有人都已被迫卷入这场精神危机之中。但是，正如数千年前当周王朝的旧文明处于"礼崩乐坏"的时刻，不同的学派曾以不同的方式解释、应对那场危机，并在那样的处境下诞生出中国真正辉煌的思想一样，危机本身是一种契机，而人类的尊严，正体现于人在这种危机前的抉择与应对。

在市场主义、应试教育及职业倦怠的大背景下，不同的教师选择了不同的应对方式。

一些教师选择了以社会认可的名利为人生目标，通过公开课获奖、发表论文、出版著作等方式确立自己的价值。

而另外一些教师则对一半出自想象的西方教育，尤其是对于另类教育悠然神往，夏山学校、巴学园、华德福，似乎成了他们心目中的理想教育和桃花源——虽然这些教育事实上在西方同样处于极边缘的位置。现实中的无力感，还往往与对当下政治、教育的激烈批判，对各种理想教育的误解融合在一起。这些教师往往会成为否定一切的虚无主义者。

还有相当数量的教师，或自觉地认同应试制度，把分数作为最高的要求，在你争我斗中寻找自己的存在价值获得成功感，或采取一种犬儒的姿态，将教育职业仅仅视为一种谋生工具，视工作为一种不得已的交易……

新教育实验认为，理解、应对这场精神危机，正是当前教育的使命。沉沦还是救赎，教师职业的尊严与价值，正体现于这种危机下的每个教师的独特抉择，体现于教师的创造与超越。也就是说，要应对这场危机，最终将取决于每个教育者对自己生命及其意义的体悟，对自己使命（职业之天命）的认识。

因此，新教育实验认为，作为一名教师，秉承儒家修身齐家，进而改良社会的传统，以孔子为榜样，以"老者安之，朋友信之，少者怀之"为朴素的人生之志，既是教师个体面临这场精神危机的应对之道，也是整个社会在此精神困境中的振奋之路。

二、生命叙事与元语言

这一场精神危机，从本质上讲也是语言的危机。

不管一个人是否自觉意识到，人的一生都可以视为一个书写中的故事。这个不断删减、修改的剧本，在生命的最终一刻才全书定格，静止为一本真正意义上的"书"。而在此前，只要一息尚存，生命的全部意义，包括生命的最后刹那，都可以因为故事中这唯一主角的抉择而完全改写——如我们知道的那样，在四川大地震中，有许多教师正是在生命最后片刻的壮举，赋予了自己一生中的每一刻以深远的意义。

所以，新教育实验的一个重要命题就是：书写教师的生命传奇。我们认为，生命就是书写一个故事（叙事）；教育就是让每个人有省察地书写自己的生命故事；从事教师职业就是把教育作为自己故事的主旨，并用生命最大段的篇幅来展开与书写。

而一个生命的独特叙事，又是人类叙事、民族叙事乃至于家族叙事中的一个组成部分。

同一个民族，就是用同一种语言书写每个生命的不同故事。洪堡特曾经说过："一个民族的语言就是他们的精神，一个民族的精神就是他们的语言。在一定意义上说，讲不同语言的人们生活在不同的世界之中，具有不同的思维体系。每一种语言都包含着一种独特的世界观。"这种民族文化和语言，就是生活在这个民族之中的每个人的元语言，也是共同语言。对于中国人而言，以汉语为主体的汉语言文字以及以儒家精神为主体的文化就是我们的元语言，是我们的存在之家。我们生命的成就，取决于对这一语言的理解、接受、传承与创新。

在我们每个人的生命叙事中，同一种语言有着三个相衔接的不同层面：一是人类语言，二是承载民族文化的文化共同体语言，三是你所处地域的乡土、家族语言。

如果从叙事元语言的角度来考察，那么上述的精神危机，事实上就是承载民族文化的文化共同体语言系统出现了危机。当这一语言系统中的"仁""义""礼""智""信"，乃至"忠诚""敬畏""孝顺"这些最基本的词汇被深深地怀疑以及诋毁的时候，作为这种语言的使用者，用这种语言进行自我书写的叙事者，怎么能不陷入深深的自我怀疑，继而陷入虚无主义的恐慌？

千百年来，道家思想引导我们的先人道法自然，儒家思想教导我们的先人担当天命。虽然在历史现实的流转中，理想主义总会呈现为这样那样的扭曲，但是，儒道根本思想的精魂，却一直存在于我们的灵魂深处。四大发明与唐诗宋词，上千年间的辉煌文明，乃至近几十年来中华文明在世界民族之林重新崛起的事实，连同数千年的坎坷、罪恶以及近数百年的落后与失败，告诉我们既没有必要妄自菲薄，也没有权利自大到拒绝反省、拒绝对其他文明的聆听。

所以，从教师生命叙事的角度来看，确实有必要重新审视一下我们的语言系统。同时我们还必须郑重地考虑：如果说教育就是让学生学会把自己的生命书写成新的传奇，那么，究竟哪些语言才是我们应该使用的叙事元语言？哪些词汇才合宜成为我们应该择取的叙事关键词？

新教育实验认为，科学思想、民主思想、人类伦理价值，这些无疑是当前时代的主要教育内容，但它们也仍然需要一种民族语言的转译与承载。成为这些思想的自觉传播者，与成为中华文化自觉的传承者，应该视为一个教师的职业本分之一。

三、生命叙事的体裁与风格

"语言是存在的家园。"但是,每一个生命总会从自己的独特的境遇中,用这共同的语言,写出自己的独特叙事,道出存在的奥秘与真理,亦即活出属于自己的生命意义。

一个民族的精神,主要不是由它的哲学著作,而主要是由它的英雄叙事所表征的。对我们这个民族而言,屈原的忠诚,李白的逍遥,杜甫的忧患,苏轼的豁达,岳飞的精忠报国,文天祥的舍生取义……这些曾经感动、激励这个民族的所有子民的英雄,成为每个后人叙事的榜样。在当代,雷锋、张海迪、孔繁森、袁隆平等英雄的身影,也激励着许多年轻的生命。但是,从总体上而言,这是一个没有英雄的时代。于是,我们精神的明亮与开启,思想的深邃与丰富,都因为榜样的匮乏而被相对地淡化了。而中华民族的创造之魂,也在经历了漫长的高峰之后,又沉入了一个漫长的停滞。

既然每一个人的一生都是一个生命的叙事,这个叙事一定有他特定的范本或者原型,无论是自觉的或者是无意识的。以怎样的人物为英雄,为自己的生命叙事选择怎样的榜样与蓝本,无论对一个民族还是一个个体而言,都是极为重要的。我们甚至可以说,在他们身上,才真正地存活着民族的道德伦理准则、哲学思维方式。甘地或者鲁迅,孔子或者范蠡,勾践或者唐太宗……都将会把一个民族和一个生命的未来,带向不同的方向。

一般来说,一个人的生命叙事,是从身边或书本上(现在是影视上)的成长范本中开始的。这范本可能是自己所处的文化圈中的民族英雄,也可能是家族中某一位有杰出成就的长辈。孩子通过聆听他们的传奇故事,阅读关于他们的传说,模仿他们的生活风格而开始书写自己的故事。

而因为叙事元语言存在着丰富性，生命又各有偶然的际遇，于是生命在叙写自己故事的过程中还会呈现出不同的文体及风格。

用文体来比方，有些人的一生，是一出多幕戏剧，充满了戏剧性的转折突变。这种人，或许从小自卑而终生不断地追求超越，或许在生命的旅程中，不断地遭遇重大的危机或者意外。像屈原的《天问》一样，对于生命意义的追寻和对于世界本质的探索，往往成为他们生命叙事的主题。

有些人的一生，是一首优美的诗歌，纯粹、凝练、隽永、独特。他们的一生往往顺风顺水，没有波澜曲折。所以为人处世往往达观从容，人际关系和谐。

还有些人的一生，则是一出轻松滑稽的小品。他们通过解构和自我解构，不断地消解职业生涯中遇到的种种危机与意外，从而让自己巧妙地逃遁出来。

更多人的一生，则是一篇平庸的散文，平淡、大众、日常、平衡、松散，甚至可能是一堆杂乱无章的叙事，是许多叙事碎片的堆积。他们的故事，是被更大的时代叙事推动着向前走，随波逐流，直至生命结束。

不同的生命叙事，形成了不同的叙事风格。

第一类人的风格是"崇高"。他们的生命是思辨的、反省的、紧张的。他们往往因为与周围环境的冲突，极易形成悲剧性的性格，日常生活也不够从容舒展，甚至会被命运击垮。但若有足够的强大，并且有较好的方向感，则可能会形成对日常生活的超越，比常人更深刻地领悟到人生的意义、职业的意义，并具有更强烈的职业认同，调集巨大的生命能量，使自己走向卓越。

第二类人的风格是"优美"。他们的生命是诗意的、抒情的、从容的。但这种优美，往往有可能妨碍其对生命意义的深度觉察，从而很难走向崇高。因此职业生涯很容易走向优秀，但要走向卓越，则需要拥有更强大的生命能量以及超越精神。

第三类人的风格是"反讽"。他们的生命是解构的、自嘲的、游戏的。这种风格的老师，往往不易紧张，能够看透某些功利以及体制化的束缚，并跳脱出来获得一定程度的自由。但是也往往容易成为虚无主义者，在消解危机的同时，也消解掉人生崇高和美好的一面。

第四类人的风格是"没有风格"。他们的生命是缺乏个性、随波逐流的，他们的自我是相对模糊的，不断地被外在的文化所刻写，被外在的事件所抛摔，缺乏一种积极主动的反应。

新教育实验认为，教师的生命叙事，应该是一首诗，或者一幕精致的戏剧。"诗"意味着创造与意义感，"戏剧"意味着统一性与高度的凝练。而生命叙事的风格，当然可以是优美的或者崇高的，甚至是反讽的，但是，无论如何，生命不能失去"崇高"感，因为崇高感就意味着超越，意味着对意义的不懈的追求。这也是新教育实验为什么要强调让师生和人类的崇高精神对话的原因。

新教育实验认为，如果教师职业是生命叙事中的主体部分，那么我们就应该让这叙事的每一年，每一个学期，每个季每个星期每一天，都开出一朵花来，让这一段叙事在回首之际不成为无意义的空白。正如河南焦作的一位新教育"毛虫"曾经追问的：我耗尽我生命的大部分时间、精力与感情的职业，我能够对它漠然吗？如果我不能让我的生命在我的职业中发光，我活着还有什么意义？

四、职业认同：重建信任

"认识你自己！"这是古希腊帕尔纳斯山石碑上的名言。这也是人类的一个永恒的课题。

如果说一个人一生的意义是源自于对"我是谁"的追问，那么，他的职业本来应该是对"我是谁"这个根本问题的最终回答。

如海德格尔所言，以什么为职业，在根本意义上，就是以什么为生命意义之所寄托。画家以绘画为生命意义之所托，农人以在大地上耕作为生命意义之所托。而作为一名教师，也就意味着传道、授业、解惑，并用人类文化知识和价值体系塑造人类灵魂，是自己一生意义的所在。

但正如我们在第一节中所谈到的那样，在现代社会，受市场主义与拜金主义的冲击，教师也很容易像其他职业者一样，在大潮中迷失自我。因此，在漫长的职业生涯中，身为教师者应该不断地追问自己：我是谁？我应往哪里去？谁是我的榜样？这种追问，其实就是对职业生涯的意义乃至于人生意义的追问，并最终用行动对之作出回答。

而成为本质意义上的教师是一个漫长的过程。意味着你必须经过漫长的修炼，逐渐汇入由孔子和苏格拉底最先垂范的伟大传统，让他们的精神气质穿越你灵魂。这一过程意味着你须一天天地认同这份职业，将自己人生的意义编织到学生的成长中去；意味着你日渐拥有一份对于职业、学生以及自身的信任、信念乃至信仰，从而勇敢地担当起此一职业所赋予自己的责任。

多少人在踏入教师这个行业之初，曾怀着美好浪漫的憧憬，虽然心怀忐忑甚至恐惧，但他相信自己能够最大限度地使学生得到发展，实现自己人生的价值。但是，这种信念很快就会被现实的复杂性与残酷性所粉碎。他或许会发现：应试教育席卷一切，领导只重视成绩；同事之间你争我斗，学生也势利冷漠、自我中心，难以管理；而学科知识简直是永远无法真正掌握的汪洋大海，稍不留神，就会将你淹没……这种无力感所带来的挫败，会摧毁一个人最初对自己以及学生的信任，并将许多人导向虚无主义和功利主义。

因此在当前语境下要成为一个本真意义上的教师，就必须从重建信任开始。

何谓信任？这里所说的信任不是对某人或某物表示相信，而是说一个人存在于世，对世界要有一种根本的信任。所以，这种哲学上的或者教育学上的信任，指的是一种姿态、一种情感、一种精神。它包括对学生的信任和对自我的信任。

对学生的信任是指：无论学生目前多么愚笨、顽皮甚至不可救药，对他的未来始终抱有信任，坚信他的生命具有无限可能性，他无论经历多少灰暗、挫折甚至倒退，最终一定会有所成就；只要用心寻找，一定能够发现开启学生生命之门的锁钥。新教育的核心理念之一，无限相信学生的潜力，说的就是这个道理。

对自我的信任是指：我相信我的生命是有价值的，是独一无二的，"天生我材必有用"，我必将会成为真正的创造者，我必将成为学生生命中的"贵人"，虽然我并不确切地知道我将来会做什么。

在经历重重困难之后，成为一个愤世嫉俗者，是很容易的；要成为一个仍然心怀梦想，怀着根本信念的人，则是艰难的。罗曼·罗兰曾经说过："我看透了这个世界，但我仍然热爱它。"这正是教师应该具有的智慧与勇气。一个真正的教师，应该让学生，也让自己，在跨越重重困难以及怀疑之后，仍然能够建立起对于世界，对于人类，对于自我，对于存在的根本信任乃至信念。这种信任、信念乃至于信仰，是成为一名教师的基石。

正是在这个意义上，新教育人喜欢说"相信种子，相信岁月"。如果说种子是希望与愿景，岁月是坚守与意志的话，那么这两个词前都用了"相信"，则表达了这种对世界对生命的根本信任，是对自己职业的最终的体认与认同，是坚信自己所从事的这一职业，终将如草木萌芽、开放，成为宇宙创造韵律中的组成部分。有了这种信任，这种信仰，那么，职业生涯中冬的寂寞与夏的严酷，都能够从容地承受。

五、危机与遭遇：迎接挑战

与重建信念相伴随的，是对意义感的寻求。这就是："我为什么要做老师"甚至"我为什么而活着"。

或许，对于意义感的思考，要从退休甚至于死亡的那一刻开始。当你垂垂老矣或者弥留之际，回想起一生的时候，是欣慰与幸福，还是遗憾或痛苦？许多人会发现，原来自己一生汲汲其中的东西，可能并不重要；而过去弃如敝屣的东西，或许才是最需要的。这些生命最深处的需要，只不过曾经被岁月的尘埃、被无谓的功名遮蔽了而已。而它,恰恰是自己人生意义之所在。

对待教师,有三种境界。

一是把教师作为职业。这种类型的教师,把职业视为付出劳动交换薪酬养家糊口的谋生之所。既然是谋生之所,便少不了斤斤计较,患得患失。

二是把教师作为事业。这种类型的教师,把职业视为实现个人价值的舞台,他们渴望来自他人尤其是学生的肯定,工作往往会成为他们生活的核心,关系着他们的喜怒哀乐以及成就感。

三是把教师作为志业。这种类型的教师,把职业视为宗教,为意义之旨归,职业与生命融为一体。对于教师职业的深刻理解和执著信念,会驱使他们通过学生的卓越发展,使自己的生命得以丰富扩充。

这三种类型的教师的形成,往往与他们对于教师职业生涯里的危机以及意外之事的不同态度与不同处理方法有关。

有些教师习惯于将职业生涯中的危机与遭遇视为麻烦,视为生命中需要加以回避、排除的意外。因此,他们或者躲避,不去正视和解决问题,而是倾向于忽略问题,任其病菌般在内心堆积;或者简单应付,得过且过,过了一日是一日,而不去思考长远解决之道;或者转嫁责任,将问题归咎于他人或外在原因,通过指责抱怨他人或者相关组织来缓解内心的压力,获得心理平衡和自我欺骗;或者变得麻木,懒于思维,随波逐流,工作日趋机械化……

其实,从教育人类学的角度来看,对危机与意外之事的回避,乃是对自身发展的回避,从根本上讲,即是对我们存在本身的回避。这种回避,将会使我们陷入非存在的焦虑之中,一天天地远离真实的自我,日益退化并变得麻木、机械、因循守旧、缺乏创造力,这正是职业倦怠的深层根源。

反之,如果以积极的姿态直面这些问题,并调动原有经验以及吸纳新的经验去应对这些问题的话,我们对自身存在的敏锐感觉就有可能被恢复,思考能力就会得到加强,职业经验以及存在经验就会得以丰富更新,职业自我就会进一步形成,这也是教师专业发展的本质要求。

其实还有另外一种危机更难突破,那就是优秀。从某种意义上讲,优秀是卓越的最大敌人。从平庸走向优秀并不是最难的,最难的是从优秀走向卓越。因为从平庸走向优秀，往往会有许多外在的压力会转化为动力，例如同行竞争、领导评价、学生满意度等等，这些因素会推动着那些渴望拥有职业尊严的教师从平庸走向优秀。但对一个优秀的教师而言，要能够从鲜花与掌声中感受到自己的不足，则需要有更大的勇气，更强烈的责任感，需要不断地主动寻求和拥抱问题，不断地向自己提出更高的挑战，向自我的极限不断地冲刺。

职业生涯时时处于危机之中，时时会遭遇各种各样的挑战。在这场挑战中，是心怀恐惧消极回避，还是满怀信心积极面对？换句话讲，作为教师，你将如何不断地书写你的职业故事，尤其是当它被不断地打断的时候？你是重新调整写法，不断地摒弃一些东西，又增加一些新的元素，以使故事更为丰富和波澜起伏，还是不断地退回到原来的叙事中，让故事显得单调重复，甚至杂乱不堪？这需要每一个教师做出自己的选择。

六、专业阅读、专业写作、专业发展共同体

生命之花的绽放是绚丽的，生命之果的采摘是幸福的。但是，从种子之破土，它所穿越的一个个日夜，一轮轮四季，都是寂寞的，是需要我们用心、用爱去承受、去担当的。如果没有高度的专业发展，爱何以实现？如果没有高度的教育教学技艺，我们如何可能把一个幼小的生命带到卓越的境地？如果我们自身不是优秀者，我们如何培育出优秀？如果我们自身不是卓越者，我们如何牵引出卓越？

与许多教育实验不同，新教育实验一开始就把教师的专业发展作为实验的出发点。我们认为，没有教师的发展，永远不会有学生的成长；没有教师的幸福，永远不会有学生的快乐。教育成败得失的关键在于教师的专业素养。

也就是说，只有高度的专业发展，对职业的认同、信仰，对教育的热爱，以及生命的激情，才最终有了落地生根、开花结果的保证。

通过几年的探索，新教育实验逐渐摸索出一条"专业阅读＋专业写作＋专业发展共同体"的教师专业发展的"三专"模式。新教育实验认为，不同学科与发展阶段的老师，需要阅读不同的专业书籍。它还认为，可能存在着一个教师专业知识的合理结构（这里的知识，主要是如波兰尼的《个体知识》中所说的通过经验内化了的"默会知识"，而不是可以通过书面试卷测试的显性知识，更不是各种信息的大量堆积），而许多教师在某一方面存在着"短板"，因此阻碍了自身的专业发展水平。为此，新教育实验开始着手研制一张"新教育教师专业阅读地图"，即用书目的形式，在充分考虑到个体成长的特殊性和序列性的基础上，构建一个理想的教师知识结构模型，从而更有效地解决不同水平与学科的教师分别该读什么和怎么读的问题，以及专业阅读如何为专业实践服务的问题。

所以，教师专业阅读的根本任务，就是构造一个合宜的大脑，它需要在教育教学生活中，对心理学的经典思想，教育哲学的基本观点，人类最好的教育经验，他所教学科的知识精华，他所教学科的成功案例，人类的基本价值，中国文化的精髓，等等，有一个丰富的了解，再逐渐上升到透彻的理解。

专业阅读的关键，是必须回到对根本书籍的研读中来。新教育实验认为，所谓根本书籍，也称原典型书籍，是指奠定教师精神及学术根基，影响和形成其专业思维方式的经典书籍。此外，那些多在童年至青年期出现过的、深刻地影响人的生命以及精神气质的书籍，也被称为根本书籍。

不是所有的经典书籍都能成为某位教师的根本书籍。成为一个人的根本书籍意味着，你深刻地理解了这本书，而这本书也成为你思考教育教学问题以及阅读其他书籍的原点。构成一个教师思考原点的根本书籍的高度，往往会影响到这个教师的学术高度。

强调对根本书籍的阅读，其实就是强调恢复原初思想的能力，恢复教师重新面对根本问题，从根本问题出发思考当下问题的能力。无论是人类的根本书籍，生命的根本书籍还是专业的根本书籍，都有助于教师深刻地理解人类、理解世界、理解自身、理解生命、理解教育。这种根本研读，能够培育教师的一般能力，为解决专业问题提供深厚的背景，避免了在词语中飘移。

在阅读方法上，新教育实验主张知性阅读，这是一种带有咀嚼性质的研读。是指阅读者通过对书籍的聆听、梳理、批判、选择，在反复对话中，将书籍中有价值的东西吸纳、内化到阅读者的认知结构之中，从而使原有结构得到丰富、优化或者重建的过程。

在强调专业阅读的基础上，新教育实验认为，一个人的专业写作史，就是他的教育史。我们的教育生活是由无数的碎片组成的，这些碎片往往会形成破碎的未经省察的经验，使教育教学在比较低的层面上不断重复。而通过专业写作，就能够有效地对经验进行反思，从碎片中提取有意义的东西并加以理解，形成我们的经验融入教育生活，使之成为我们专业反应的一部分，使我们的教育实践更加富有洞察力。这样，这些碎片就可以经过拼合成为美丽的图景，就像散落的珍珠串成美丽的项链。

新教育的专业写作具有以下特点：

一是强调理解与反思，反对表现主义。专业写作是为了对教育教学现象进行反思研究，因此调动专业积累，理解教育教学现象是非常重要的。理解的过程同时也是反思的过程，反思意味着对教育教学现象以及教师的应对情况进行基于教育学、心理学以及学科理论的专业评估，对其中的复杂因素以及因果关系进行梳理。在这个意义上说，专业阅读是专业写作的前提。

二是强调与实践相关联。新教育认为，只有做得精彩，活得精彩，才能写得精彩。专业写作的根基是专业实践，专业写作的目的也是服务于专业实践。实践水平决定着专业写作的水平。专业写作是对日常教育教学的观察、记录与反思，是无法脱离专业实践而单独存在的，因此专业写作与实践始终是编织在一起的。

三是强调客观呈现，反对追求修辞。专业写作是学术性写作而不是文学写作，因此更注重事实、学理和逻辑，强调客观地呈现问题，反对任何形式的抒情化、浪漫化写作。所以，教师的专业写作需要忽略丰富性，淡化"戏剧性"，强调简单性，突出逻辑性。

四是主张师生共写随笔。即师生通过日记、书信、便条等手段，相互编织有意义的生活。在儿童课程中，学生写作被称为"暮省"，并包括了绘画在内的多种多样的方式。师生共写随笔的本质是"共写",也就是共同生活。共同生活意味着彼此围绕共同的话题,通过共同的密码分享意义。在许多新教育实验学校,教师通过书信、便条的方式与学生及学生的父母沟通,已经成为一道亮丽的风景,如常丽华老师每天给学生父母的共读便签,我曾经说是她写给学生父母们的"情书"。

五是注重案例研究。在要求全体实验者进行日常教育叙事的同时,新教育实验正研究对典型教育案例进行多角度的理解和解释,并日渐积累成一个"中国典型教育案例库"。在教育过程中,我们会不断地遭遇层出不穷的问题并忙于应付。其实,这些问题有很大的相似性,在一间教室里发生过的事情,在其他教室里往往也发生过。甚至,这些问题的类型也是有限的,比如早恋问题、作弊问题、上课说闲话问题、教育惩罚问题、学生竞争问题、亲子交流问题。如果对这些典型问题进行集中的案例研究,就可能为任何教师在处理教育问题时提供一个丰富的可供参照的资源。

目前,在绝大多数学校,一方面同事之间讳莫如深,教室的门始终向他人关闭,教师之间仍然是生活在同一个校园里的陌生人。另一方面,一些渴望成长的年轻教师仍然处在孤军奋战的状态,他们个人的摸索往往由于自身的思维见障而无法看清问题的本质,他们个人的反思也往往由于自身的理论功底而无法对自己导致问题的思维方式进行剖析。所以,新教育实验认为,打破教师之间的这种隔膜,形成对话的传统,在专业阅读、专业写作的基础上,借助专业发展共同体提升教师的专业化水平,是教师成长的必由之路。

其实,教师专业发展共同体的问题一直是古今中外教育学者关注的重要问题。孔子早就讲过"独学而无友,则孤陋而寡闻"以及"三人行必有我师"的道理,教师的成长"生态"也得到现代教育学者的关注。美国斯坦福大学的格鲁斯曼教授(Grossman)等以案例研究为基础,对教师专业共同体的内涵、特质及组建过程进行了较为详细的描述与说明,明确指出了"教师专业共同体"和"一群教师"之间的本质区别;迈克劳林(McLaughlin)则对教师专业共同体对于学校发展的作用进行了研究,指出专业发展共同体可以支持和帮助教师改进和完善自身的教学实践,帮助他们解决由于学校的改革和变化而出现的危机感和不确定感,以使教师去应对变化的环境和新的挑战,从而为学校走向成功提供适宜的组织与精神资源。

新教育认为，教师专业发展共同体必须建立在自觉自愿、积极主动的基础之上，这是形成一个良好共同体宽松氛围的土壤。如果只是利用行政命令，而不是"尺码相同"的人的相聚，共同体就会流于形式。同时，共同体成员的共同愿景非常重要，在活动中应体现其整体性的目标及阶段性的目标。每个成员都能在心中明白共同体的价值与方向，在团体活动中要不断证明自己存在的理由与意义，在活动中体验成就感，这是持续参加共同体活动的动力，也是激励其持续发展的最主要因素。

新教育还认为，教师专业发展共同体需要引领与榜样。任何共同体都需要引领，引领者可能是校长，也可能是普通的教师。运城新教育实验学校的一位教师曾经这样描述他们学校的困惑："如何读透一本书，如何将所读书目与实际教学活动有效结合起来，如果在共同体中缺乏引领，会造成知识性的链接缺乏，使水平相当的共同体无法进行深入研讨，从而使活动大打折扣。"所以，在共同体内部缺乏这样的引领者的时候，要么主动寻求外部的引领者，把共同体放在一个更大的共同体之中；要么共同体内部的人尽快成长，用阅读和写作擦亮自己，主动推进共同体的发展。当然，教师专业发展共同体也是需要约束的。这些约束是通过共同体成员的协商制定的，是大家的"契约"。

当然，教师专业发展的三个方面，都是建立在反思性实践的基础之上的，而这种反思性实践，又是以专业阅读、专业写作、专业发展共同体为支撑的。专业阅读是一种吸纳，专业写作是一种梳理表达，专业发展共同体是一种境域，是专业发展之背景。专业阅读是站在大师的肩膀上前行，专业写作是站在自己的肩膀上攀升，专业发展共同体则是站在集体的肩膀上飞翔。

从生命叙事的角度来说，每个教师都会不断地遭遇问题，这些问题你有可能解决不了或者解决得不够好。这时候，他可能要通过围绕这个问题的阅读来协助解决，需要通过与共同体成员的对话或者协作来解决，并要通过有意识的书写，对问题进行梳理反思。而每一个问题的解决，都增进了他的个人经验，丰富了他的个人知识。

所以，教育生活中的危机与遭遇，教师的困惑、思索、探索与解决这些危机与遭遇，就是我们生命叙事中的波澜，是我们生命意义的源泉。所以，重要的不是生命有没有遭遇困境、问题，而是生命如何将这种遭遇书写为创造意义的叙事。就像每一部打动人心的小说一样，我们的生命正是在解决不可能的任务中，成为动人的故事的。

七、生命叙事的诗、思、史

生命叙事，就是"诗"与"思"交织出一个或完整或破碎的"史"。

任何生命，最初都蕴含着无穷的生命力和可能性，蕴含着独特的生命密码，这是生命的浪漫阶段。但是，当生命被抛入世界，或者被抛入职业之中，往往会经历各种各样的迷失。或迷失于名利场，或迷失于另外的各种喧嚣之中，生命的可能性因此被抑制，人往往找不到自己。因此，生命必须经历一个不断的思的过程，这是生命的精确阶段。生命通过反思、梳理，不断明确方向，拒绝各种诱惑，从而不断地蓬勃向前。最终，生命仍然会朝向诗的方向，在诗与思的交织中，进入真正的自由之境，并唱出一首伟大的歌，这是生命的综合阶段。

教师的职业史，也是这样的一个诗与思交织的过程，或者说，也是一个"浪漫—精确—综合"不断交织循环的过程。

一般而言，教师总是先感性地、直觉地、自发地进入教育场景的，这时候，教育教学对教师而言，是朦胧的、新鲜的、整体的，教师凭借着师范院校学的知识，凭借着对学生的爱进入教育教学之中。这是职业史的浪漫阶段。

许多教师终生处于浪漫阶段。但是一个教师，不可能仅仅依赖于直觉和生活经验去面对孩子，也不可能仅凭热爱，他必须去理解孩子，理解生命，理解教学，这需要一种精确的修炼，这一过程，即是专业发展的过程。例如，他需要不断地学习教育学、心理学、课程理论，以及本学科的专业知识来迎接挑战。这是职业生涯的精确阶段。

经过浪漫期的大量积累，经过精确期的专业训练，教师可能会形成丰富的专业素养，拥有比较自觉的教育哲学和专业方面的个人知识，能够凭借专业技能解决大部分专业问题，即在一定程度上达到自动化水平。这是职业生涯的综合阶段。

新教育实验认为，理想的专业发展路径是，拥有足够丰富的浪漫阶段，并能够进入足够清晰和深邃的精确阶段，最终进入足够丰富和开放的综合阶段，形成足够卓越的专业洞察力和解决问题的能力。

"浪漫—精确—综合"不是一种机械的阶段划分，而是职业史中不可逃遁的内在的发展结构或者说节奏。从本质上讲，教师专业发展，不是单纯给予教师不断增多的知识，而是在教师个体内部形成一种"深刻的状态"。这种状态，可称为信仰与智慧。信仰是属于职业认同，包括对工作的热爱以及对自我的认识，智慧是指处理工作问题的能力。

一部完美的生命史，既是诗与思这两股生命之绳的永恒纠缠，同时也是一个"浪漫—精确—综合"不断循环的过程。但无论哪一种生命，只要不失其本来面目，那么它就必定不能丧失生命的"诗"与"思"，而艺术与哲学（以及从这里分化出的科学），就是生命本真的诗与思的学科化。这种学科化既是对生命的精确化，也隐含着对生命完整性的可能的损害。当思极端地发展为体系哲学，以及科学主义的时候，我们已看不见生命的面目，把体系本身当成了真理，把对自然的研究当成了全部意义。当诗否定思，并以一种粗俗的方式出现的时候，同样我们看不到那种深邃、清澈的生命。

如果童年和少年时期是一个人生命中诗思未分的浪漫期，那么职业生涯就意味着步入精确期（分工、学科本身都是一种精确），但是，生命还告诉我们只要我们愿意与努力，就还能在这特定的职业中实现生命的意义，达到生命的综合期——也就是诗思实现重新一体的状态。

任何人的生命，如果得到完美的实现，那么它都孕育着一首伟大的诗，这就是生命之歌，存在之歌。在生命的混沌的童年与少年时期，是由我们身为教师者，传授、给予他生命叙事的元语言，告诉他何谓英雄，应该以谁为榜样，什么是本质的诗。而我们自己，也正是从这样的童年和少年中走来，直到某一天，我们站在人生的楼头：

"昨夜西风凋碧树，独上高楼，望尽天涯路。"人生首先需要寻找，寻找你的"良人"。这个"良人"，不是别人，而是你自己，是你的榜样、范本，是你的自我镜像，是未来之你，是你要走向的地方，是你要成为的人。你终身都在寻找，并渐渐长成他的样子。

"衣带渐宽终不悔，为伊消得人憔悴。"这是你调理弦索，为这首伟大的歌曲做准备的阶段。你需要经过痛苦，经过艰辛的练习。你必须学会向崇高之物俯首，以谦卑的姿态修炼自身。同时，还要学习远离那些轻浮的音符的诱惑，在不断的选择中形成自己。

"蓦然回首，那人却在，灯火阑珊处。"最终，你会找到自己，会唱出你的生命之歌。你的生命之歌，一定不在万众瞩目的地方，那倒可能是异化或迷失之所。相反，它始终在你的内心深处，需要足够的寂寞和艰辛才能够真正找到。

八、像孔子一样做教师

有没有一位老师曾经在他的一生面临重重困境却依然如此信任世界，如此信任生命？

有没有一位老师曾经在他的一生中孜孜不倦地学习，不知老之将至，生命将息？

我们知道，至少有一个人曾经那样，自觉地把一生视为修炼的过程，努力地让自己的生命与"天""道"或"真理"融为一体。他就是我们的先师孔子。

孔子的一生，是一个伟大教师的一生。他曾这样描述自己的一生：

"吾十有五而志于学，三十而立，四十而不惑，五十而知天命，六十而耳顺，七十而从心所欲，不逾矩。"

"吾十有五而志于学。"这是指生命要进行漫长的学习修炼，这种学习，是终身学习，是"吾日三省吾身"的学习，是"朝闻道，夕死可矣"的学习，是朝向真理、朝向生活的永恒探索。同样重要的是，孔子所讲的学习，乃是原初意义上的学习，即一种反思性实践。《论语》中有这样一节：

"子夏曰：'贤贤易色，事父母能竭其力，事君能致其身，与朋友交言而有信。虽曰未学，吾必谓之学矣。'"

由此可见，孔子的学习是知行合一的学习。孔子不但开创了终身学习的传统，同时还开创了学以致用、知行合一的实用主义传统，与几千年后美国实用主义哲学家、教育家杜威在许多方面遥相呼应。

"三十而立。"何谓"而立"？"立"，即生命独立、独特地站立于天地之间，成为一个充沛的个体。在孔子身上，它主要体现为对"礼"的信守与张扬。对今天的教师而言，则体现为能够熟练地处理各种事务，拥有基本的工作能力。一个教师因何立于讲台甚至立于世？这种基本修炼，是职业生涯的基础。因此，"而立"既是一个职业的境界，同时也是真正意义上职业生涯的开端。

"四十而不惑。""不惑"，即是指不再迷惑。有了信仰，有了绝对的信念，人就不会再被种种声音所迷惑。这些迷惑，既有外界的种种诱惑，又有内心的种种困惑。为何先是"而立"，然后再是"不惑"？为何先是专业发展然后才是职业认同？因为专业发展是技艺之事，而职业认同关系到生命最深的意义感，它是朝向对真理的体悟。没有道（真理、神性）在心中，人便既不能对付世界的喧嚣，也不能对付内心的躁动。让一片土地不生荒草的办法是种上庄稼，不惑的办法，是获得信念，是培植对生命、对世界、对人类历史的根本信任。

"五十而知天命"。"知天命"是指皈依之后,经历西天取经般的漫长历程,最后获得的对自己来世一遭使命的清晰认识。"理一分殊",真理与大道,在每个时代,在每个独特的生命里,总会呈现为不同的实现方式。这一独特的实现,就是天命。它对于孔子而言,就是在礼崩乐坏的时代,重新弘扬一种超越的准则,不屈从于功利主义与现世主义,不屈从于强权与武力,而以道德(仁)的绝对价值,来规范社会和人生。在当今这个时代,对我们站在平凡的小小教室中的每个教师,我们的天命是什么?它也必然同样是真理与大道在此处的一种显现与规定,问题在于,对它的认知与体认,需要我们用一生的时间来完成。

"六十而耳顺。"在担当天命的过程中,生命既已洞察对自己内在奥秘的认识,又已洞察对天时、地利与他人的认识,它就能够倾听各种不同的意见,理解不同意见背后的合理性但又不失自己的原则判断。同时,这也意味着生命获得一种新的姿态,一种对于整个世界的同情与悲悯,以及不失原则地与世界上的一切和谐相处的态度。

"七十而从心所欲,不逾矩。"这可能是儒家人生之最高境界,生命之圆满状态,也就是自由之境。也许对此一境界,我们终身不能企及,但是,它的存在,让我们的生命以及职业,也有了一份共同的高贵与神圣。

在这里,孔子用简洁的语言把他自己的生命,以及职业之进阶,勾勒出来供我们阅读。我们在这里读到的,是不同于耶稣反抗、牺牲、成圣的宗教先知叙事,不同于苏格拉底追索、启迪、批判、献身的哲学先知叙事,更不同于康德等学院智者的叙事,而是一个丰富、丰盈,既娓娓动人,又不断超越乃至悟得大道真理的独特的生命叙事。

细读孔子的一生,他没有作过一首诗,但是他的整个生命呈现为本质的"诗"性;他没有写出一篇正式的哲学论文,但他的整个生命呈现为本质的"思"的状态;他没有波澜壮阔的生命经历,但是却提供了一个在平凡生活中由最普通的生命达到至高境界的叙事与史诗。

和后世许多写出一部部专著的哲学教授相比,孔子的生命有着更多思想原创性;和后世许多以音乐或其他艺术为生的艺术家相比,孔子的生命更经常地呈现出本质的"乐"(诗)。这种诗性与思性,贯穿于成熟后的孔子的全部生命，我们在《论语》的大多数语句中，可以体悟到这种深切的思与诗。如《论语》开篇说：

"学而时习之，不亦说乎？"

"说"，是语言的兑现，是对学了的为人处世的道理、知识与技能在适当的时候得到印证的高兴，是活学活用，这种"学"与"习"的状态，因为"说"，就处于本质的"思"中。

"有朋自远方来，不亦乐乎？"

"乐"，源自音乐之乐，是生命与艺术、与自然万物、与知识、与他人乃至与真理的共鸣。这种生命与生命之间的"乐""共同语言""共鸣"，使得孔子的生命与道家的消极遁世不同，使得儒家的道不局限于道家的道（自然之道），而是基于共同天道的人道。

"人不知而不愠，不亦君子乎？"

虽然世间的"圣人"是儒家的最高标准（不同于基督教与佛教的神），但是孔子一生只以追求成为儒家君子自诩。或者可以说，君子才是儒家知识分子所追求的真正目标。而这个君子，既"学而时习之"，以达到与知识共鸣，存在于真理之中；又与友朋相"乐"，以达到仁的标准；更"人不知而不愠"，以内在的对道的体认为真正的尺度。

如何做到"人不知而不愠"？为何要把"人不知而不愠"作为君子的一个尺度？因为孔子在告诫门人，生命的价值需要向内寻求。如前所述，孔子的一生，不是一个官阶不断上升的一生，不是一个财富不断积累的一生，不是一个声誉不断增添的过程，而是自在生命体悟逐渐深入的一生。

我们可以相信，孔子会赞同生命需要保持于一种诗与思的状态中，而真正的叙事说到底是内在精神的叙事。同样的，他也一定会赞同，虽然我们追求共同的大道与真理，但是因为际遇的差异，生命终将呈现出不同的历史面貌。因此子路与子贡，宰我与颜回，注定会以不同的方式叙事，并拥有不同的叙事风格。

是的，这个叙事确实在向世人宣告"道不远人"，"非道弘人，人能弘道"的内在超越的道路。它告诉我们，在平凡的教书育人工作中，一个生命就可能悟得最深的真理，获得最高的成就。作为中国第一圣人，他的平生之志，居然就是"老者安之，朋友信之，少者怀之"。让长者、尊者对我们安心，愿意把事务交托；让朋友、同事对我们信任，愿意与我们共事、共同创造与承担；让年轻的生命在离开我们之后，会对我们共同经历的岁月念念不忘，并从中受益终身……这看似朴素的人生志向，不正是一个教师的最高梦想吗？

同时这个完美叙事也正在穿越时空向我们宣告：生命短暂，时光匆匆，在彷徨犹豫之际，岁月正大踏步地走向终点。如果我们每一个人此刻用最简短的文字来勾勒出自己的生命叙事，那么这已经过去的三十年或者四五十年，我们又已为自己写下了什么？还将为自己写下什么？！

九、结语

在任何一个时代，理想主义者为了让世界变得比昨天更为美好，也为了让自己偶然的生命具备恒久的意义，总是主动和世俗进行着或宁静或激烈的抗争。在这种永恒的争斗中，理想主义从来没有完全地胜利过，也没有彻底地失败过。但是，秉承理想或者背弃理想，却永远是人类裁定生命意义的重要标尺。

成为一个理想主义者，成为一个知行合一的理想追求者，这几乎是一个教师的宿命。因为教育一事本为理想而设，我们无法想象教育之事可以放弃理想主义而依然存在。为改造社会而终身奔波的孔子和孟子，最后也都把"得天下英才而教育之"当成了他们人生的归宿、意义的所托，并最终成就了自己的生命意义，为中国社会不断更新提供了永久的资源。

以孔子为职业榜样，为人生典范；重新体认以儒家精神为主体的依然有生命力及超越意义的思想传统，把它们作为自己生命叙事的元语言；把自己的生命看成一首由自己书写的诗歌，一部精神的小说（传奇）；选择一种优美与崇高兼具的生命文风；无论如何，对世界抱以一种开放的信任，对生命抱以一种坚定的信念，对职业抱以一种深沉的敬畏；既让自己的生命恒久地处于诗与思的状态，又不断地修炼自己的职业技能，以努力达到在教育教学上左右逢源的自由之境；并最终把这一职业生涯锻铸成一部精致而隽永的历史……这就是新教育教师专业发展项目对理想教师的一个概述。

面对生无所息的职业倦怠与现时代的精神危机，是自甘沉沦还是自我救赎？新教育实验提出这个问题，把对教师职业的思考逼到一种"非此即彼"的信仰抉择的处境之中，就是为了重申教师职业的崇高天命，让每一位新教育教师对这个问题进行自己的追问与解答。谁向着生命深处提出这个问题，谁就是开始对之作出最初的解答，而最后的答案，是他最后的整个叙事，由他自己在今日书写，由他的学生和后人们阅读与流传。而重要的不是这阅读与流传，而是他在自己的有限的人生中，最终体认到真理在自己生命中如此确定的实现。

非常高兴的是，我们已经看到，以常丽华为代表的一群年轻的新教育人，已经开始自觉地以孔子为职业生涯的榜样，成为我们民族元语言的守护者和传播者。五年以来，她和她的 30 多个孩子们，读了 500 本左右的图书，许多书是与父母亲共读的。2007 年，她又领着孩子们用唐诗宋词、用音乐图画穿越 24 个节气。前不久，她又和孩子们一起完成了孔子课程。一年多的时间，在小小的教室里，他们一起走过了春夏秋冬，走过了孔子的人生，感受着诗词的温暖和气息，触摸着一颗颗伟大的灵魂，在农历的天空下，他们唤醒了唐诗宋词，唤醒了中国文化，也唤醒了自己。

我们也看到，越来越多的新教育教师，开始自觉地将自己的生命与学生的生命编织在一起，把自己的生命汇入由孔子开创的伟大的传统之中，汇入正在形成的新教育传统之中，真正地摆脱种种虚无与倦怠，过上一种幸福完整的教育生活。

其实，这就是新教育人的承诺，也是新教育人的梦想。

带着这种承诺与梦想，愿所有新教育人联合起来，书写教师的生命传奇，也书写新教育的传奇，书写中国教育的传奇。

第二章

阅读教育大师

报载，某学者 2007 年从北京飞香港，飞机上，只有两个人在读书。几天后，从香港飞台北，飞机上只有两个人不在读书。他说，中国人向来讲"耕读"，读书的位置可想而知。他感慨，现在的中国人普遍不读书，几代之后，这个民族都变种了！不知为什么，读这段文字，我的鼻子总酸酸的。但愿，这读书的两个人是我们的中小学教师。我一向以为，教师首先应该是一个读书人，一个真正的十足的读书人，一个终身读者。在我的视野里，一个学校，一个地区，最优秀最能为学校和地区争光的教师一定是最喜欢读书的人。我主张，教师一定要读学科方面的专业性学术著作，读包括哲学、教育学、心理学在内的理论著作，读优秀文学作品，读优秀知识分子特别是优秀教育家的人物传记。优秀教师的优秀和幸福也许正在于，他们一辈子就只做了两件事——读书和教书。本章向大家推荐了 9 位人类历史上一流的思想家和教育大师，走进他们的人生，阅读他们的著作，能让我们的眼睛更加明亮、心里更加明白、头脑更加清醒，从而让自己成为一个拥有思想和独立思考精神的优秀教育工作者。

站在巨人的肩膀上，脚下的路和未来的方向才能看得更加清晰！

一、孔子：中国第一位"校长"的教育奠基

孔子（前551～前479）是中国最早、最有影响的教育家和思想家。他创立的儒家学说，对中国传统文化产生了不可替代的巨大影响。作为中国历史上首屈一指的"圣人"，孔子已成为精神偶像和文化符号，牢固地树立在不同时代、不同年龄和不同文化水准的人们心中，他在两千多年前用精练的语言总结出的许多思想，至今依然是规范人们行为的准则和经验。可以说，只要是中国人，只要是全球华人，我们的身上都流淌着孔子和儒家思想的精神血液，因为我们的一言一行、一举一动，甚至一颦一笑，都自觉不自觉、或明或暗地受着它的影响。集孔子思想大成的《论语》，是中国人的"圣经"，它融入了每位中国人的血液，至今生生不息，奔腾流淌。

然而，作为中华文明的奠基者，孔子的一生并非一帆风顺，他的生活和事业都历经坎坷，苦难和失败像摆不脱的阴影，始终伴随着他，可是，他并没有被挫折、痛苦和失败击倒，为了实现人生抱负，他苦苦奋斗，直到生命的最后一刻。贵族世家，但在他之前三四代就已没落。父为军官，可惜在他三岁时病亡。父母年龄差距很大，老夫少妻，本不为家族和世俗相容，父亡后孤儿寡母，不得已远走他乡，落脚曲阜。从小饱尝人世间的世态炎凉，养成了好学、敏感、善思之本性。幸得母亲贤淑，望子成龙，精心培育并终成善果。首先和最关键的是他发愤读书，博学多才而闻名乡里。很快朝野著名，连国君都给他的新生儿送来礼物。名声渐隆，世人皆以为不凡，纷纷把孩子

送来做他的学生，包括朝中高官的孩子也正式投奔他的门下。由此，他开创了中国私学之先河；由此，他成了中国历史上的第一位真正意义上的"教师"和"校长"。

孔子的伟大建树和对中国乃至世界的贡献是多方面的，这里只从教育角度撷取精华，与教师朋友分享。

第一是"有教无类"的平民教育观。"有教无类"是全世界教育史上最有名的一句成语，也是几千年来中国人追求大众教育和均衡教育的思想武器。在孔子30岁办学以前，平民没有地方读书。孔子创办了中国也是世界上第一所平民学校，打破了贵族对教育的垄断。作为推动中国平民教育的第一人，他从30岁到73岁去世，无论做官还是周游列国，一直没有停止过教育活动。他奔波各国，都带着一批学生，随时言传身教，具体指导。办学四十多年，"三千弟子，七十二贤人"，学生分别来自鲁、齐、卫（豫北冀南）、楚（湖北、安徽）、晋、秦、郑（河南）、陈（河南）、宋（皖北、豫南）、吴（江苏）等各国，且大多是民间百姓子弟。这在当时是不可想象和具有划时代意义的。

第二，孔子办教育，德育第一位。全部《论语》记录的孔子对学生的教诲，绝大多数属于德育。孔子德育的核心内容是做君子。"子谓子夏曰：'女（汝）为君子儒，无为小人儒！'"要求学生做知识分子中的君子，不要做知识分子中的小人。古人曾把孔子的德育内容总结为"孝、悌、忠、信、礼、义、廉、耻"八个字，或"忠、孝、仁、爱、信、义、和、平"八个字，概括了孔子德育的全部精髓。孔子有鲜明的教育主张。"子以四教：文、行、忠、信。"孔子在四个方面教育学生：文献、行为、忠诚、信任。这里有一个先后顺序问题。"文"指诗书六艺之文，包括了知识和文章。"行"可理解为德行和品性的实践，以及一生事业的成果。先学习书本知识，然后去努力践行，才能有真正的学问收获，是谓"知是行之始"也。"弟子入则孝，出则弟，谨而信，泛爱众，而亲仁。行有余力，则以学文。"在另外的场合，孔子也主张先把该做的事认真做好，行有余力，再去努力学习书本上的知识。"忠"是对国家、社会、父母、朋友以及任何一人一事，答应了的话，就要兑现，就要贯彻到底，有永恒不变的诚心。对一事一物始终尽心尽力就是"忠"。这是孔子倡导的君子应该具备的人格特征。最后是"信"，就是有信义。"言必信,行必果。"孔子主张说话一定要守信用,行动一定要有结果。当然,孔子讲"信"有一个重要原则——信义兼顾。他的学生有子说:"信近于义,言可复也。"你跟别人约定的事情,只有符合道义,你才能去实践。这是孔子提出的君子应有的道德境界。孔子的教育方针是人的全面发展,核心是立己立人。"子曰:'志于道,据于德,依于仁,游于艺。'"孔子的教育旗帜上写着"道、德、仁、艺"四个大字。去山东曲阜孔子研究院,一进门就能看到这句话。孔子研究院一定认为这十二个字能够代表孔子的思想,所以才放在进门的地方。这句话的意思是:立志追求人生理想,确实把握道德修养,绝不背离人生正途,自在涵泳艺文活动。"道"代表人生的康庄大道,也指人生理想或完美人格,所以要立志追求。"德"指个人的道德修养。"据"是紧紧把握的意思。"仁"是指个人选择的人生正途。你要选择自己人生可以走的路,正道直行,绝不背离,叫作"依于仁"。最后"游于艺"。"艺"是六艺——礼、乐、射、御、书、数,可统称为艺文活动。"游"指优游自在,悠然自得,涵泳其中。孔子这里强调的是生活情趣。人的生活不能过得太严肃紧张了,一天到晚讲人格、德行、仁义,神经绷得太紧张了,不利于身心健康和人生发展。生命需要调节,生活需要情趣。该忙就忙,该闲则闲。文武之道,一张一弛。

第三,给人印象深刻的还有孔子主张的诗教。孔子开创了我国诗教的先河。"子曰:'小子!何莫学夫诗?诗,可以兴,可以观,可以群,可以怨。迩之事父,远之事君,多识于鸟兽草木之名。'"中国上古时代,不像西方文化把宗教放在首位,中国上古时代十分重视诗的文学境界,它包含宗教的情感、哲学的情操,所以孔子十分强调学问修炼一定要好好阅读《诗经》,注重文学修养。诗"可以兴","兴"就是启发想象,排遣情感。"可以观",诗可以用来观察事物,增长知识。在诗中可以明白很多道理,获得很多启发。"可以群",指可以使自己合群,调整心境,以文会友,和朋友、和社会友好相处。"可以怨",指可以表达哀怨,抒发情感,或者发发牢骚,抒开胸臆。接下来说,近一点可以用诗带给自己的乐观态度陪伴和孝顺父母,远大一点可以对国家、社会有所贡献。最后,因为读诗,可以了解、认识和记住很多动物、植物的名称,使自己知识更加渊博、视野更加开阔。因为上古中国文哲不分,文史不分,文政不分,所以重视教育的儒家就特别注重诗歌的教育。"子曰：'诗三百，一言以蔽之，曰：思无邪。'"儒家认为，《诗经》三百首，用一句话概括，那就是：最真诚，不虚假。所以孔子致力于《诗经》的修订编辑，把它作为学生必读的基本教材，并把诗教提高到不能再高的高度："不学《诗》，无以言。"中国是诗的国度，中华民族的文化基因就是《诗经》和《楚辞》。中国的这种诗性文化能够得以传承，也许孔子是首创者和开拓者，功莫大焉！

第四，孔子的启发式教育理论也是中华乃至人类教育史上的宝贵财富。"子曰：'不愤不启，不悱不发，举一隅不以三隅反，则不复也。'"愤，刺激、激愤。启，启发、引导。悱，疑虑、质疑。发，发现、传授。孔子告诉我们，教育教学中，首要任务是激发学生求知的欲望和培养学生思考质疑的能力，然后才是启发引导和讲解传授。如果你指出桌子的一个角，学生不知道还有另外三个角，这时教学活动就不该再继续下去了。他还说："知之者不如好之者，好之者不如乐之者。"教育要循循善诱，触类旁通。孔子的这种启发式原则，成了后世公认并一直沿用的教育黄金定律。和启发式教育理论一样，孔子提出的"学而不厌，诲人不倦"的学习态度和治学原则，也是让千秋万世受益无穷和感激不尽的。学习不难，难在不厌，即一直保持旺盛的学习兴趣和热情。诲人不难，难在不倦，就是没有倦息，没有松懈，不会泄气偷懒。碰到再差的学生、再难的内容，也一直保持良好心态，拥有高昂热情。这是教师最重要的职业素养，是千百年来优秀中华儿女共同学习的乃至人生的座右铭。

二、柏拉图《理想国》：西方教育思想的家园

柏拉图（前 427～前 347），古希腊伟大的哲学家、思想家、教育家。出生于雅典附近埃癸那岛一个贵族世家，从小受到良好而完备的教育。参加过

骑兵军事训练，长于运动，喜欢绘画，爱好音乐。童年和青少年时期，正逢古希腊戏剧黄金时代的尾声，许多著名的悲剧、喜剧，他都直接看到它们公演。由于良好的教育和时代的熏陶，柏拉图少年时代就热衷于文艺创作，撰写过一些颂诗和抒情诗，还写过一部悲剧。20岁左右，柏拉图拜苏格拉底为师，深受老师影响并决心追随老师从事哲学研究。公元前399年，苏格拉底被统治雅典的民主派处死，柏拉图被迫流亡国外。这使他越来越清醒地认识到，在一个法律和道德正在以一种惊人的速度恶化着并放弃了传统道德准则的时代，要公正地治理国家是极不容易的，而要重建一种新的道德准则，更是极其困难。他得出一个结论："为社会和个人找到正义的唯一希望是在真正的哲学中，否则人类的烦恼不能得到缓解，直到要么真正的哲学家们掌握政权，或者由于得到某种奇迹，政治家们成了真正的哲学家。"经过约28岁开始的12年左右的他国游历考察，柏拉图强烈地意识到，要改革国家政体，最重要的是要培养一流人才。于是，欧洲历史上第一所综合性的传授知识、进行科学研究、提供政治咨询、培育贵族子弟成为统治者的学校——柏拉图学园，在雅典城的西北部诞生了。时间约为柏拉图回国的公元前387年。这所学园建立后，校址近三百年未变，而学校的办学更是绵延900年之久，直到公元529年，罗马皇帝下令关闭了这所学园。

从开办学园起，柏拉图致力于这所人类最早的学校近20年之久。其间，他写下了他所有著作中最重要的一部——《理想国》。这是欧洲历史上第一次有人对教育进行系统的理论阐述。在《理想国》中，柏拉图用大量篇幅谈论他的教育主张，以至于法国杰出的思想家、教育家卢梭把《理想国》看成是论教育的专著："这本著作，并不像那些仅凭书名判断的人所想象的是一本讨论政治的书籍，它是一篇最好的教育论文，像这样的教育论文还从来没有人写过。"正如黑格尔所言，柏拉图的《理想国》是西方教育思想的精神家园。走进《理想国》，我们可以沿着柏拉图的指点，找寻教育的精神家园。

教育为国家服务。柏拉图教育思想的一个最突出的特征，就是着眼于国家，立足于国家，重视教育在社会、国家中的地位和作用，并始终把教育与国家紧密联系在一起。因此，他也是西方历史上第一位将教育与政治联系起来考察的思想家。教育要为国家培养人才，通过人才维护国家政治的稳定，促进国家的繁荣。教育是为了安邦治国和人民幸福,这样的观点至今仍是人类教育共同的准则。

柏拉图认为"理想国"由三种人构成:生产者(匠人、农民、商人等)、辅助者(军人)和护国者(统治者)。"理想国"应该是一个正义的城邦。对于"正义",柏拉图这样解释"我们在建立我们这个国家的时候,曾经规定下一条总的原则。这条原则就是:必须每个人在国家里执行一种最适合他天赋的职务"。天赋原则要求适合做鞋的做鞋,作战勇敢的做军人,有管理能力的担任统治者。三种人"各做各的事",这就是正义。立法者所追求的应该是整个城邦的幸福,而且任何一个社会阶层的幸福不能建立在其他社会阶层的痛苦之上。而创造这种共同幸福的主要途径就是教育。

柏拉图开创了人类艺术和体育教育的先河。他提出,初等教育阶段的音乐和体育教育,主要是培养公民的节制美德,有利于在国家生活中接受统治者的统治。儿童首先要接受艺术方面的教育。例如,在早期教育阶段可以给儿童讲故事,但给儿童讲的故事内容要受到严格的控制,因为这些故事对儿童来说都是非常重要的基础性知识。因此,城邦(即国家)必须控制讲故事者,并且在剔除不良故事的同时,挑选出那些最容易的故事。母亲和保姆只能给孩子讲述得到城邦允许的利于塑造儿童思想的故事。在他强硬实施的所谓积极的教育计划中,诸如上帝对不道德行为有惩罚不当的故事,提倡城邦文化百花齐放的故事,与勇敢温和节制思想背道而驰的故事,以及夸大对死亡的恐惧和反映不义之徒获利的故事,都是坚决禁止的。他特别重视音乐教育,认为音乐可以陶冶灵魂,形成高尚优美的性格,使人举止优雅。有音乐才能的人,才有发展的可能性。他认为,一个人18岁以前接受的都是学前教育,而18岁开始能否继续接受高等教育,选拔的首要条件是审美能力和音乐素养。而军事教育主要是为了形成勇敢的美德,为培养辅助者服务。而"四艺"、辩证法的学习,则是为了形成智慧的美德,为培养统治者服务。柏拉图所设计的教育过程和教育内容,都是为国家服务的。

注重理性教育。柏拉图指出,正如城邦有三种人,人的心灵也由三个部分组成:理性、欲望和激情。理性部分是"人们用以思考推理的","用来学习的",这是人心灵中最高贵的因素。正是这部分,将人与兽区别开来。当人的这三个部分彼此友好和谐,"理性起领导作用,激情和欲望一致赞成由它领导而不反叛",这样的人就是有节制的正义的人。因此,他认为教育的最终目标就是培养和造就以理性驾驭情感、控制欲望的人,使全国公民以"理性"处世,以"公道"行事,从而各安其位,各司其职。

理性教育是掌握理性知识和发展心灵能力相结合的过程。在柏拉图看来,知识是启迪智慧、培养理性的基础,也是提高心灵认知能力和逻辑思辨能力的基础。因此,柏拉图非常重视数学、几何、天文等学科教学对培养人理性的重要作用。相传柏拉图在所建学园的门楣上写着这样的铭文:"不懂几何者莫入此门。"可见柏拉图对数学这门"自然科学的皇后""大脑理性思维的体操"学科的重视。

重视体验教育。柏拉图并没有明确提出"体验教育"这个概念,但他的教育思想中已包含"体验教育"的因子。"体验教育"就是让教育对象在实践中认知、明理和发展。这里的"体验"至少应包括两个层面,即行为体验是一种实践行为,是亲身经历的动态过程,是学生发展的重要途径;内心体验则是在行为体验的基础上所发生的内化、升华的心理过程。两者是相互作用、相互依赖的,对促进少年儿童的发展具有积极作用。体验教育既应注重教育活动的形式与过程,更应注重少年儿童这一实践主体的内心体验。柏拉图说,"请不要强迫孩子学习,要用做游戏的方法。你可以在游戏中,更好地了解到他们每个人的天性"。他认为,被迫进行学习,不能在心灵上生根。在童年时期,可以寓教学于游戏,让孩子在体验游戏的过程中认知、明理。

三、现代教育之父——夸美纽斯

夸美纽斯(1592~1670)是世界上第一个倡导全民教育的伟大的教育理

想主义者。1592 年 3 月 28 日生于波希米亚王国（捷克东部）摩拉维亚地区的尼夫尼兹镇一个小业主家庭，父亲是当地一个新派"摩拉维亚兄弟会"的成员。12 岁时，父母及两个姐姐相继病亡，给他幼小的心灵留下了一道深深的伤痕。家庭一下子破落，通过亲友的帮助才得以读完小学和中学。夸美纽斯天资过人，家庭的不幸又使他格外懂事，所以在同龄人中出类拔萃。16 岁开始学习拉丁文，20 岁毕业于黑博恩大学。他生活的时代，欧洲虽然经过了人文主义运动与宗教改革的冲击，但中世纪的幽灵仍盘踞在教育这块世袭领地上，校园内外到处是蒙昧主义的陈污积垢。他回顾自己的读书经历时感慨不已："我便是数以千计的人们中的一个，悲惨地丧失了一生一世最甜美的青春，把生气勃勃的青春浪费在学校无益的事情上面。"他对学校把各种课程通过填鸭和惩戒的方式灌输给学生愤怒至极，称学校是"男孩们的一种恐怖经历，也是对他们智商的扼杀"。他立志改革教育并献身教育事业，尽管大学读神学，职业方向是牧师，但他如饥似渴地阅读教育著作，哲学思想和教育思想渐趋成熟。

　　1614 年，夸美纽斯回到家乡任教并做校长。1618 年波及欧洲诸多国家的 30 年战争爆发。一方为德国、西班牙的封建"天主教同盟"，另一方为"新教公爵同盟"。尽管后者是反封建的新兴力量，但因势单力薄而不敌前者。处于新教阵营中的夸美纽斯和他的捷克兄弟会同胞总是处在被击败、被驱逐、被流放的境况之中。1622 年，他的妻子和两个孩子被战争引起的瘟疫夺去了生命。少年丧失父母的夸美纽斯，在壮年又体味了丧妻失子的巨大哀痛。1628 年他和三万多不愿改变信仰的新教徒离开了世代久居的家园，从此再也未曾回国，而在漂泊中度过余生。离开祖国后，夸美纽斯主要是定居在波兰的列什诺等地。1650 年他当选为兄弟会大主教。狂热的天主教徒毁坏了他的住所，私人财产被洗劫一空，包括耗费 20 年心血撰写和收集的全部手稿和资料。无奈他又流亡到荷兰的阿姆斯特丹。但无论在祖国还是在波兰或荷兰，无论政治上遭受多么沉重的打击，无论生活中发生多么巨大的灾难，他始终坚持着自己的教育实践和教育研究。他一生笃信教育具有政治力量，教育能改造社会。1657 年，在荷兰政府的帮助下，他出版了《夸美纽斯教学论著全集》，收集 1627 年至 1657 年间的皇皇 43 部著作，包括 20 多年前就完稿的《大教学论》。1670年，现代教育之父夸美纽斯客逝阿姆斯特丹，并葬于此地的纳尔登。

夸美纽斯是一位倡导现代全民教育的理想主义者。16至17世纪的欧洲教育不仅混乱分散，也是精英型的，获得受教育机会只能依靠特权。是夸美纽斯的全民教育思想把人们带到了现代社会。他用我们现在才认识到的人权语言去描写教育：教育应当是普遍的，适合社会中所有的孩子。教育必须具有易接受性，在"每一个秩序井然的人类居住区里"，都应当提供学校，学校应当由经过专门挑选和培训的教师去主持教育管理。他的教育倡导有一种特殊和亲切的现代口吻：教育作为一项人权应由所有人分享，"所有生来具有人的身份的群体都有与生俱有的并且是看得见的相同结局，那就是他们都是人，都是理性生物"。甚至是明显迟钝的人们也需要能够让他们获得极大提高的一种特殊教育——"某些个体的特质越迟钝或者越落后，他们就越需要更多的帮助。没有一个人的智力差到了不能得到提高的程度"。因此，他设想的学校应该是公众的学校，不以性别、能力、阶级或者财富进行等级划分。他允诺，他的教育体系保证年轻人在所有学科中得到教育，这种教育能使年轻人有智慧、善良、虔诚。这种教育应当在完全成熟的条件下完成，在尽可能文雅、愉悦以及自然的方式下，没有殴打、苛刻或强迫的情况下进行。这种教育将完全引导学生获得真正的理解。

夸美纽斯的全民教育观点和今天的教育之间有着惊人的相似：幼儿教育一直持续到6岁，6岁到12岁是初等教育或本地语即母语的教育；12岁到18岁是中等教育或拉丁语学校教育；最后的大学教育是以美德和成绩为依据。正是这种惊人的相似，或者说是惊人的先知先觉，人们把"现代教育之父"的桂冠赠送予他。尽管从孔子、柏拉图开始，人类先贤就一直在憧憬着全民普及教育的美好蓝图，比如孔子主张"有教无类"，柏拉图提出教育应该向全体市民开放，然而如夸美纽斯这样提出如此具体且切实可行的全民教育结构，在人类的教育发展史上，确实具有划时代的意义。

《大教学论》是夸美纽斯关于教育改革的鸿篇巨著，是他全部教育思想的精华所在。支持他伟大构想的是"把所有事物教授给所有人的教学艺术"的规划，教育必须以可靠的、令人愉快的、有趣的以及完整的方式进行，"这样才能得到真正的知识、公认的美德以及最深的虔诚"。夸美纽斯生活于17世纪，他的一生和学校改良运动、宗教改革运动及民族复兴运动有着十分密切的联系。17世纪是介于文艺复兴和启蒙运动之间的一个世纪，人们带着对上帝的信仰惊讶于自然的秩序，上帝依然是人们心中的最高存在，但自然之门已悄然打开，上帝和自然正是夸美纽斯《大教学论》的两块"先验的"基石。

第一，以上帝论证教育的目的。上帝造物，人是造物中最崇高、最完善、最美好的，因为上帝在我们身上预埋了学问、德行与虔信三颗种子，教育就是使这三颗良种萌生、发芽和成长的力量，因此，假如要形成一个人，就必须由教育去形成，而人的终极目标在今生之外，今生只是永生的预备，最后的果实就是皈依上帝。同时，我们看到夸美纽斯遵循了奥古斯丁的分类法，把人的精神能力分为智力、意志力和记忆力。通过对这些能力的正确运用，我们追求三个教育目标——知识、美德和虔诚。这三种教育目标是不可分离的，知识离开美德和虔诚就一无是处，一个不具备美德之人的学识"如同金环套在猪鼻子上……"

第二，以自然类比学校教育。万物的严谨秩序是改良学校的基础，如同万物同受阳光普照，一切青年都应受到教育，并且都能学到一切可使人变成有智慧、有德行、能虔信的知识。这种教育、学校是可能的吗？这就是"把一切知识教给一切人们的全部艺术"——教学艺术！它能够使男女青年毫无例外地、全部迅速地、愉快地、彻底地懂得科学，纯于德行，习于虔敬，而全部教学艺术皆导源于自然的本性——秩序。秩序是把一切事物教给一切人们的教学艺术的主导原则，由此主导原则下发出教学的便宜性、彻底性、简明性和迅速性等几十条教学原则。由这些原则综合起来的教学艺术不是别的，只不过是要把时间、科目和方法巧妙地加以安排而已，它像精工雕镂的钟一样机械地运作不致失败。这种按自然秩序安排的教学方法，使教员因此而少教，但是学生可以多学，使学校因此而少些喧嚣、厌恶和无益的劳苦，多具闲暇、快乐和坚实的进步。这一切到底是什么？正是我们今天学校教育的基本教学组织形式——班级授课制！班级授课制是夸美纽斯及其《大教育论》对近现代学校教育的第一大贡献，建立在此基础上的普及教育思想是其第二大贡献，接着带来的就是知识的普及——这是学校对社会进步的最大贡献。

读毕《大教学论》，我们有理由把夸美纽斯提出的教学艺术比作人类活字印刷术的发明。或许读者们会以为这些"发明"在今天看来是多么的正常，而班级授课制在今天看来又是多么的"不艺术"。一个时代的困惑就这样成了下一个时代的笑谈，在今天看来谁都会做的，但在夸美纽斯之前为什么谁也不会做呢？这就是人类创造和进步的奥秘！

四、卢梭《爱弥儿》：近代教育思想史上的丰碑

卢梭 1712 年 6 月 28 日生于瑞士日内瓦一个钟表匠家庭，刚出生八天母亲就因为难产去世，十岁时父亲逃亡他乡，他遂成了孤儿，从此寄人篱下、颠沛流离。流浪儿，雕刻家的学徒，富人家的仆役和家庭教师，有时还是一个小偷。幸运的是，通过广泛而系统的自学，卢梭成了影响人类历史的最伟大的思想家、文学家和教育家。经过二十年思考和耗时三载写就并于 1762 年出版的《爱弥儿》，成了世界教育史上不可逾越的一座丰碑。有人这样评价，只要柏拉图的《理想国》和卢梭的《爱弥儿》留存于世，即使其他教育著作全部焚毁，人类的教育园地依然馥郁芬芳。可是，这部教育哲理小说的问世，却将卢梭的生活推向了更加悲惨的境地——《爱弥儿》一书在巴黎广场被当众烧毁，卢梭因为巴黎高等法院的批捕而开始了长达八年的多灾多难的逃亡生活。然而，包孕在《爱弥儿》及卢梭其他作品中的光辉的教育思想是烧不了的。1778 年 7 月 2 日，卢梭在巴黎近郊小村庄阿蒙农维拉去世，身边只有妻子一人。正如人类历史上一切伟大的思想圣徒或先知一样，卢梭在生前历尽磨难，忍受了难言的屈辱，死后却得到了他本人在世时并未刻意追求的巨大荣耀。1789 年法国大革命爆发，巴黎人民抬着他的半身像在街上游行。1790 年 6 月 20 日法国国民会议大厦树起他的雕像。1794 年 4 月 15 日，巴黎

全体政要和各界代表把他的灵柩护送到"供奉不朽的人的殿堂"——巴黎先贤祠。作为不朽经典,《爱弥儿》哺育了西方的现代教育学。裴斯泰洛齐、福禄培尔、蒙台梭利、杜威等名家巨匠都源源不断地从他那儿汲取了思想智慧,谱写出一曲又一曲教育史上的华彩乐章。

《爱弥儿》的核心观点是:人可以通过教育达到完善的境地。没有这个信念,就没有这本书的写作。卢梭从他的基本哲学思想出发,认为科学与艺术的进步,败坏了社会的善良风俗,人类的物质文明使人类背离了原本的天性,养成了骄奢淫逸等恶习。人类表面上是在进步,实际上是在腐败和堕落。在《论科学与艺术》和《论人与人之间不平等的起因和基础》两篇名作中,他把整个人类作为研究对象,接着在《爱弥儿》中就把研究对象锁定为个人,因为人类堕落的历史不就是个人堕落的历史吗?人类变坏了,但人是善良的,是可以通过教育得到新生的。他乐观地相信,他提出的教育理论和方法,便是实现新人重新塑造的理想途径。而"爱弥儿"正是他假想中的经过了这种新教育培育出来的"新人"。因为卢梭理想中的新人教育是顺乎自然的,因此卢梭的新人教育又被称为"自然教育"。他主张教育必须遵照儿童天性的发展而因势利导,必须在尊重儿童天性的基础上,发展他们的独立性、创造性,不强迫他们做不愿意做的事,因为儿童的天性足够完备和崇高。

《爱弥儿》共五卷,按"自然的秩序"分阶段叙述爱弥儿成长的过程并阐发作者的理论。下面让我们循着主人公的成长足迹,对各卷做一个简要的内容一瞥。

第一卷论述 0~1 岁的婴儿期教育。卢梭提出,教育和生命一起开始。婴儿期教育最重要的是培养他的体格,使身体得到充分和健康的发育。他坚决反对把婴儿束缚在襁褓里,使得儿童一生下来"收到的第一件礼物是锁链,他们受到的第一种待遇是苦刑"。要给婴儿穿上宽松肥大的衣服,让他们的四肢能自由活动;母亲应以母乳喂养孩子;啼哭是婴儿的第一种语言,须认真聆听分辨;要让孩子多到户外去接受大自然给他们的恩赐,接受阳光和空气给他们的洗礼。让后人一直津津乐道的还有卢梭对教师职业道德的要求。他说,教师应当具备的第一个品质是"绝不做一个可以出售的人","有些职业是这样的高尚,以致一个人如果是为了金钱而从事这些职业的话,就不能不说他是不配这些职业的，军人从事的就是这样的职业，教师所从事的，就是这样的职业"。

第二卷论述人生的第二时期，即从学步开始到12岁以前的教育，卢梭告诉我们，"人生当中最危险的一段时间是从出生到12岁"，因为在这个年龄，往往有人为地使之早熟的危险。"在万物的秩序中，人类有它的地位，在人生的秩序中，童年有它的地位，应当把人看做是人，把孩子看做孩子。""大自然希望儿童在成人以前，就要像儿童的样子。如果我们打乱了这个次序，我们就会造成一些早熟的果实，它们长得既不丰满也不甜美，而且很快就会腐烂；我们将造成一些年纪轻轻的博士和老态龙钟的儿童。"《爱弥儿》开宗明义第一句话便是："出自造物主之手的东西，都是好的，而一到人的手里，就全坏了。"要读懂卢梭，首先必须读懂卢梭眼里的儿童。有人说，人类对儿童的真正发现以《爱弥儿》的问世为标志。卢梭的新人教育首先是从遵从和顺应儿童的天性开始的。卢梭指出，儿童天性善良，一切罪恶都是后天环境造成的，人是在一个腐败的社会和人为的教育里才变坏的。卢梭认为，儿童天性好动。"什么东西都想去摸一摸，什么东西都想去弄一弄"，儿童这样动个不停，正是他们的学习方式。儿童永远生活在活动之中，在活动中感受发现世界，体验自我，满足自己的好奇心，使身心获得自由发展。因此，教师的职责，主要不是教授儿童知识，而是与儿童一起活动，一起学习，在活动中指导和引导儿童学习。卢梭指出，儿童具有内在发展的潜能，儿童尽管弱小，但身上具有"大自然赋予他们的一切力量"。他认为，儿童生来就有学习能力。在《新爱洛伊丝》中，他指出："他们对自己所看见的一切，所听见的一切，都感到很新鲜，所以全部记在脑海里。他们把大人的言行举止全部记在心里。他们周围所有的一切全都等于是书，他们不知不觉地便从中不断地丰富自己的记忆，从而增强了他们的判断力。"卢梭指出，儿童有他特有的看法、想法和感情，如果成人想用自己的看法、想法和情感去代替，那简直是最愚蠢的事情。儿童生活在一个一切都拟人化的世界，在儿童的心里，一切东西都是活的，都会讲话，都有情感。儿童的这种拟人化心理，既体现了人类天性的美好，也是人类博大的关怀、同情和奇特想象力的源泉。卢梭指出，儿童真正的幸福在于尽情地玩耍和自由自在地嬉戏。他说，儿童期是人生最幸福快乐和天真烂漫的时期，应该让他尽情地去享受他的游戏、他的嬉笑和愉快的本能。他愤怒地指责："当我们看到野蛮的教育为了不可靠的将来而牺牲现在，使孩子受各种各样的束缚，它为了替他在遥远的地方准备我认为他永远也享受不到的所谓幸福，就先把他弄得那么可怜时，我们心里是怎样的想法呢？"儿童现在的生活与未来的生活有相同的价值，没有儿童今天的快乐生活就没有明天的幸福的成年。多么朴素而又亲切的真理！捍卫童年，不要剥夺孩子童年的快乐，今天我们依然需要启蒙！总之，卢梭认为，12岁以前的教育，不必急于教孩子读书识字，不能让孩子成天沉闷地啃书，而应当让他多接触大自然，到大自然中去观察周围的事物，去发现他从前没有见过的新奇的东西。

第三卷讲述12岁以后的少年期教育，卢梭称"童年的第三个阶段"。卢梭认为，这一阶段重要的教育内容是好奇心培养。"开始，孩子们只不过是好动，后来就变得好奇。这种好奇心只要有很好的引导，就能成为我们现在所讲的这个年龄的孩子寻求知识的动力。"要引导孩子的好奇心，就要注意不能急急忙忙地把答案告诉孩子，不能用教师的权威去压制学生的奇思怪想。要给学生充分的时间和空间，让他自己通过亲身探索去满足好奇心。这就是"从做中学"。"你要知道，他从一小时工作学到的东西，比听你讲一整天学到的东西还要多。"他认为，千姿百态的自然现象是好奇心产生的源泉，因此要引导孩子的好奇心，最好的办法就是带领他们观察大自然的各种现象，并从中获得知识和得到启发。在这一阶段的教育中，卢梭十分强调劳动和劳动教育的重要。他认为劳动是每个人的义务，"无论贫富和强弱，凡懒惰者，都是窃贼。劳动可使人独立生活，做一个自由、健康、真实、勤勉、正义的人"，"只有靠劳动生活的人，才是真正自由的人"。这方面，卢梭为爱弥儿提供的榜样人物是鲁滨逊。卢梭没有倡导阅读，这给我们带来了遗憾，卢梭唯一要求爱弥儿阅读的一本书是《鲁滨逊漂流记》，借此表达了劳动创造生活、劳动创造幸福、劳动创造世界的观点，至今仍有积极的启迪意义。在本卷结束的时候，爱弥儿是什么样子呢？卢梭告诉我们："爱弥儿知识不多，但他所有的知识都真正是属于他自己的，而且其中没有一样是一知半解的……他心思开朗，头脑聪敏，能够临机应变……他虽然不是一个学识渊博的人，但至少是一个善于学习的人……他喜爱劳动，性情温和，为人又耐心又顽强，而且还充满了勇气……能够坚忍不拔地忍受一切痛苦。"

第四卷讲述约 15 岁开始的少年向青年过渡期的教育。本卷一开始，卢梭就告诉我们，一场暴风骤雨似的变化，即将在爱弥儿身上发生——一种生理上和心理上的巨大变化已经在这个 15 岁的孩子身上显露端倪。卢梭认为，人有两次诞生，一次是生物学意义上的生命的诞生，另一次是生活和人生意义上的社会人的诞生。到了这个时候，人才真正开始生活，真正的人的教育也从此开始。他指出，对于暗暗骚动的情欲的增长，不可能也没必要采取遏制的办法，有效的方法是引导孩子去观察社会，关怀穷苦，以及在他们心里播撒正义的种子等等，去转移他的注意力。同时讲述两性贞操、婚姻和繁衍后代的意义，为他将来寻找伴侣做准备。卢梭在《爱弥儿》中主张对青少年进行青春期教育，这在当时是冒天下之大不韪的，也足以说明他是一个有卓越见识的教育家和思想家。在这一时期，卢梭的新人教育与众不同的还有对孩子进行宗教信仰教育。他说，当孩子还没有能力理解真理时向他宣讲真理，就等于是散布谬误，结果必定是把孩子教成一只学舌的鹦鹉。

第五卷侧重论述女子教育问题。开卷说："一个成年人单独一个人生活，那是不好的。爱弥儿现在是一个成年人了，我们曾经答应过给他一位伴侣，现在应该把她给他了。这个伴侣就是苏菲。"在介绍了苏菲是一个怎样的人以及男女身心之异同之后，本卷主要以小说形式叙述爱弥儿去寻找苏菲的故事。然而，当爱弥儿历尽千辛万苦终于找到心上人并彼此爱慕不已的时候，老师却义正词严地说服他离开苏菲，去远游欧洲，考察各国的社会状况和政治制度。这是爱弥儿的最后一门功课，是必须经历的社会和政治教育，只有如此，游历归来，才能充分履行一个公民的职责，并娶妻生子，等待着新的爱弥儿的诞生，担负起教育下一代的任务。

五、国民教育之父——裴斯泰洛齐

裴斯泰洛齐（1746～1827），1746年1月12日出生于瑞士，祖父是一位牧师，父亲是当地的外科医生，但在他5岁时就不幸去世了，是母亲和女仆把他抚养成人，这一点对他日后形成人道主义思想和博爱精神有着很大的影响。

中学毕业后，裴斯泰洛齐又到加罗林学院深造，最初的愿望是想读完大学后能像祖父一样从事宗教工作。但几年的大学生活很快就改变了裴斯泰洛齐的初衷，尤其是他如饥似渴地阅读了法国启蒙主义思想家卢梭的著作，如《社会契约论》《爱弥尔》等，并立志要成为一名法律工作者，选修了法律课程（虽然后来他又发现自己的政治主张会妨碍前途而放弃了）。在晚年撰写回忆式著作《天鹅之歌》时，他动情地回忆了这段往事，认为正是《爱弥尔》一书使他感到自己所受的教育"太不充分了"。

19岁时，裴斯泰洛齐大学毕业，怀着"拯救农村、教育救民"的理想，走向社会。先是于1768年在家乡诺伊霍夫买了60亩地办了一个叫"新庄"的示范农场，帮助农民掌握农业生产技术，走致富道路，但没过多久因经营不善而难以为继。次年，裴斯泰洛齐与安娜·舒尔特斯结婚，并有了他们自己的儿子。在抚养儿子的过程中，他重新想到了卢梭，并完全按照《爱弥尔》一书的要求教育儿子，并对这一教育过程及其效果进行了细致的观察与记录。正是这种活动，使他对教育产生了浓厚的兴趣，开始进行"教育冒险"。从此，裴斯泰洛齐在异常艰难的情形下，以极为顽强的毅力，百折不挠地投身于国民教育。

1774年，抱着拯救贫苦儿童的唯一途径是教育这一信念，裴斯泰洛齐在

"新庄"开办了一所孤儿院，招收 50 个 6~18 岁的最贫穷孩子——乞丐、孤儿、流浪儿，与他们同吃同住同劳动同学习。他说："我自己的生活，也像个乞丐，为的是教那批小乞丐能生活得像个人。"这项教育史上第一个教育与生产劳动相结合的实验，经过了一年的努力取得了成功，儿童不仅在身体上显得强壮，而且乐于劳动和学习，进步显著。此后，孤儿院的规模逐年扩大，但由于裴斯泰洛齐不擅长管理，经济情况并没有随着规模扩大而改善，相反却越来越紧张，同时，又得不到社会的支持，所以，1780 年，这项实验宣告失败，孤儿院也随之破产。

实验的失败和孤儿院的破产并没有动摇裴斯泰洛齐的教育信念，孤儿院进行的教育与生产劳动相结合的实验也为他积累了大量第一手教育素材，此后，他便开始总结自己的教育经验，著书立说。在这个时期他最重要的著作《林哈德和葛笃德》第一卷于 1781 年 2 月问世，第二、三、四卷也分别于 1783、1785 和 1787 年出版。这部书是裴斯泰洛齐以文学的形式叙述一位农村母亲（葛笃德）教育自己孩子的故事：这位母亲的教育方法十分简单，整天让孩子种花，而她自己则通过谈话讲一些实际事例来培养孩子，如教算术就让他们数通过房间时走的步数，数窗子有多少格玻璃，等等。这部著作实际上是裴斯泰洛齐在孤儿院时办学思想与经验的一个系统总结。该书尖锐批评了当时等级制度下的国民教育，呼吁教育要成为所有人的财富，主张学校要成为社会发展的有力杠杆，提出教育的目的在于全面、和谐地发展人的一切天赋与能力。作为实现这一教育目的的基本途径，裴斯泰洛齐提出了教育要与手工业、农业生产相结合这一著名的思想。

《林哈德和葛笃德》一书的出版，为裴斯泰洛齐赢得了声誉，国民教育问题一时间也成为社会十分关注的热门话题，德意志、奥地利、意大利等国家的许多权贵或王子都向他请教教育改革甚至社会改革问题的良策。1798 年建立的瑞士革命政府十分重视教育工作，邀请已逾"知天命"的裴斯泰洛齐一起参与政府的教育改革，并同意他赴位于阿尔卑斯高峰上的斯坦兹孤儿院任职的申请。由于战争的原因，裴斯泰洛齐在这所孤儿院只待了短短的 5 个月。尽管时间不长，但成效却十分显著，全体儿童在身体、智力和道德等方面都发生了很大的变化，他本人对这段时间的实验工作极为满意。

此后，裴斯泰洛齐又来到布格多夫，于1800年与朋友一起建立了一所新的学校，即著名的"伊弗东学院"，开始了他第三次教育实验。在这所学校中，他工作了3年，不仅有时间将自己的教育心理学化思想体现在教学内容与方法的改革方面，而且还设立了师训班培训教师，传播新的教育思想。1805年以后，伊弗东学院走向它的鼎盛时期，最多的时候有40多位教师和150多名学生，许多国家都派教师来此学习新的教学方法，从而使它成为一所闻名全欧洲的著名学校。也正是在这所学校，他撰写了著称于世的《葛笃德怎样教育她的子女》一书，系统地提出了一整套在当时看来是革命性的教学原则与方法，全面论述了体育、德育和智育的基本要素，从教育心理学化角度阐述了包括算术教学法、测量教学法、语文教学法、地理教学法等在内的初等学校各科教学法。这本书成为19世纪西方初等教育最受欢迎的著作，并且为裴斯泰洛齐本人赢得了世界性的声誉。

1824年，伊弗东学院因内部意见不统一而宣布停办，年近80的裴斯泰洛齐十分沮丧地回到久别的故乡，潜心总结自己一生的教育经验与思想，先后写了《天鹅之歌》和《生命归宿》这两本书，前者是一部自传体式的回忆录。1827年2月17日，裴斯泰洛齐因病与世长辞，享年81岁。

六、杜威：对中国影响最大的西方教育家

加在杜威（1859～1952）头上的冠冕很多。有20世纪最著名的哲学家、教育家、伦理学家、心理学家、社会政治活动家、实用主义大师。还有：美国的良心、美国民主的代言人、美国人民的良师益友。我要送他另外一个称号：对现代中国教育影响最大的西方教育大师！

1859年10月20日，杜威生于美国佛蒙特州伯林顿市的一个村庄里。祖

上世代务农，到他父亲那一代才改行经营食品杂货店。杜威出生不久便爆发了南北战争，父亲参军。对杜威成长影响最大的是母亲。母亲出身名门，受过良好的教育，有教养，性情温和，举止优雅，重视对孩子的培养。杜威没有哥哥那样过人的聪明才智，甚至令母亲伤透脑筋。杜威害羞、内向，不善言谈交际，喜欢读书，却不喜欢上课，情愿整天侍弄家园花草和整理父亲的店铺，却不肯坐在教室里听老师讲一节课。很难说他对学习没有兴趣，母亲的书房是他最喜欢的乐园。他只是反感于那种生硬死板的教育方式，更喜欢自己从实实在在的生活中学习知识。于是上学成了他十分厌恶的负担，一度提出要求退学。当然屈服于母亲，杜威还是坚持在学校里待了下去，而且成绩逐步上升。1875年中学毕业后升入家乡的佛蒙特大学，成为家族里的第一代大学生。尽管是一所职业大学，规模很小，同届只有18个毕业生，但希腊文、拉丁文、古代史、地质学、动物学、生理学、心理学等，柏拉图的《理想国》、英国经验主义、进化论和哲学，丰富的课程让他十分着迷。他一生极力主张要"在做中学""教育就是生活"，对传统教育抨击颇多，然而他从传统教育中实在是获益匪浅，甚至可以说是奠定了他一生的学术根基。1879年大学毕业。七年后即1886年和大学同班女生爱丽斯结婚。爱丽斯是一个好妻子，也是杜威事业的有力支持者。杜威任职芝加哥大学时，就是和爱丽斯一起创办了有名的实验学校即"杜威学校"。后来，杜威总结办学经验，出版了一系列教育论著，特别是1899年出版的《学校与社会》一书，使他成了美国最著名的教育家。1916年出版的《民主主义与教育》更是人类历史上不朽的教育名著。可惜的是爱妻于1927年病逝。

  杜威教育思想的理论基础是实用主义哲学。这是现代西方一个重要的哲学流派，源头是古希腊哲学。在希腊文中，"实用主义"的含义是行为或行动。因此，实用主义哲学往往被看做是"行动的哲学"。在美国，杜威虽然不是实用主义哲学的奠基者，但作为首屈一指的哲学家，他的贡献主要是实用哲学在教育、道德和社会问题的实际运用方面。杜威把他的实用主义哲学称为"自然主义的经验论"，他强调哲学和教育是有机的一个整体，如果说教育是促进美好生活的手段，那么，哲学就是研究美好生活的性质、内容及其实现所需要的条件。真正的哲学总是要形成影响人生行为的智慧，而教育正是一种智慧训练的过程。哲学上的主要问题一般也就是教育上的主要问题。"教育哲学并不是一般哲学的一个穷亲戚……它是哲学最有重要意义的一个方面。"杜威的教育哲学对 20 世纪人类教育特别是中国教育产生了极为广泛深远的影响,其主要内容可概括为以下方面。

第一,教育即生活,教育即生长。这是杜威教育理论的核心所在。他提出,"教育是一种生活的方式,是一种行动的方式"。这里的"生活",既包括个人生活,也包括社会生活。教育是生活过程而不是为未来生活做准备。教育成为促进美好生活的一种手段的同时,教育本身也是一种美好的生活。因此,学校应该成为儿童能真正生活、获得他所喜爱的生活经验、发现经验本身意义的地方。从心理学角度出发,杜威又提出"教育即生长"。由于他认为生活就是生长,因此"教育即生活"与"教育即生长"实为同一个意义。杜威指出,"生长"不仅指身体的,也包括智力和道德的生长。儿童的基本任务就是生长和成熟。儿童的生长,尽管是一种未成熟状态,但它具备可塑性和依赖性两个主要特征,因而这种未成熟状态并不是虚无和缺乏,而是一种潜力,一种积极的向前发展的动力。他认为,无论什么生物,凡有生命都能生长,所以生长就是生命的标记。生长即是生命,生命即能生长。当人们把一粒种子播到地里,它就会发芽生长,这是因为它有生命。因此生长就是天赋本能的继续发展,并使它的机能更加有力,构造更加复杂。生活即生长,生长是一切生活的特性,生长和教育就是完全一体的。从"生长"的含义出发,教育就是发展,教育的过程就是一切持续不断乃至终身的生长过程。正规学校教育最大的意义,就在于能使受教育者获得更进一步的教育。杜威提出,把生长理论运用于实际的关键在于,提供适当的环境条件以及适当的刺激,使儿童的各种能力不断地发展。就生长的外部条件来说,主要是环境尤其是社会环境,社会环境即人类的生活环境,"由社会任何一个成员在活动过程中和他结合在一起的所有伙伴的全部活动所组成"。一个人的活动会激励他人的活动并且和他人的活动联系起来。他所做的事情,有赖于别人的期望、要求、赞许或谴责。一个和别人有联系的人,如果不去考虑别人的活动,就不能完成他自己的活动。

第二,学校即社会。杜威认为学校本身就是社会生活,学校首先就是一个社会机构。在杜威看来，儿童的生长离不开社会生活，社会生活具有教育作用，而学校正是一种特殊的社会生活环境。社会正是通过学校的传递和沟通继续存在发展。学校的特殊功能在于提供一个简化的纯化的平衡的生长环境。因此杜威强调校内学习和校外学习必须互相连接互相影响，学校生活应当从家庭生活里逐渐发展出来，让儿童继续进行在家庭里已经熟悉的活动。学校应该使儿童能将在校外生活中获得的经验带到学校中并加以利用，同时能将学校中学到的东西带回去并应用于校外日常生活，学校应成为一个校内外学习连接起来的有机整体，校内外学习必须统一，家校生活应该互补，校内外不能有两套伦理原则，所有的行动和行为准则都应该是一致的。

第三，课程应该以儿童为中心。传统教育轻视学生的经验而依靠人类积累下来的知识，学生被看做一个被动的容器，他们唯一的任务就是去接受学者们编辑出来的学科材料。在这种材料里，知识被划分成具体的科目或者学科，历史不是地理，数学不是艺术，科学不是宗教，文学不是历史。而杜威的教育思想恰恰相反，他认为最重要的是儿童而不是教材。传统教育犹如中世纪的地球中心说，现在杜威要把它改变过来，天体不是绕着地球转，而是地球绕着太阳转，为此他称自己的观点是教育学里的"哥白尼学说"。首先，在课程教材与儿童的关系上，杜威认为，必须站在儿童的立场上，并且以儿童为出发点来安排课程教材。儿童是教育的中心，是教育的起点，也是教育的目的。一切科目都是处于从属的地位，它们是工具，服务于儿童成长的各种需要。衡量教育的价值标准是儿童的成长，教育目标不是知识的获取，而是儿童的自我实现。"拥有了世界上的所有知识但却迷失了自我，这种教育环境就像在宗教中迷失自我一样命运悲惨。"为了儿童的成长，至少在开始阶段，课程应当以综合的而不是分科的方式呈现。把儿童经验划分为具体的学科门类是逐渐实现的。其次，在课程教材与现实生活经验的关系上，杜威认为，课程教材必须适应现在社会生活的需要，选材时必须以改进生活使将来比过去更美好为目的。他认为，一切学科，都是从生活的各方面产生的，如果把学校作为整体和把生活作为整体结合起来的话，那么教育的各种目的和理想——文化修养、心灵完善、知识技能——就不再是各不相同的东西。从这一观点出发，他把课程教材分为三类：一是游戏、体育活动以及手工训练等日常生活需要的主动作业；二是历史、地理等为儿童提供社会生活背景的科目；三是阅读、语法、数学、自然科学等需要儿童运用智力去探究交流的科目。杜威的这种课程论主张，对后人影响很大。

第四，知行合一，"从做中学"。创办"杜威实验学校"时，他想买一些他认为最适合儿童需要的课桌椅，但是找遍了芝加哥，也没买到。最后一个有点灵气的供应商说，恐怕我们拿不出你所要的东西，你所要的桌椅是儿童用来进行工作的，而我们这些都是供"静听"的。这话说出了美国传统教育的情形。那时，一般的教室里，都是按几何图形排列着的一行一行简陋的课桌，课桌大小一致，仅能放些书、笔和纸。儿童和课桌一样，很少有活动的余地。工场、实验室、材料等等都被教育权威们视为"赶时髦""玩花招"的玩意儿。以"教育即生活""教育即生长""教育即经验的改造"为依据，杜威对知与行的关系进行了论述，并提出了举世闻名的"从做中学"的观点。由于确信一切真正的教育都从经验中产生，一切学习都来自经验，因此，杜威所主张的"从做中学"，实际上也就是"从经验中学""从活动中学"。在他的实验学校里，孩子们动手、动脑，从做中学。上烹调课，学习煮鸡蛋，孩子们先是用不同温度的水进行实验，观察水从烫、冒泡到沸腾的过程，并测出不同温度对蛋白产生的不同影响。学习石器时代，孩子们检验各种不同的石头，寻找最适于制造石箭等各种武器的石头，上了一堂矿物学课。讨论铁器时代时，在老师指导下，学生们用泥土建造了一个相当大的熔炉，并用钢、铅等金属来实验，熔制成器件，从而学习到有关燃烧的原理、制图和燃料性质方面的知识。这种崇尚功利、讲究实际的实用主义教育，使杜威在美国这片土地上大受欢迎。"从做中学"的内容主要有三个方面。一是艺术活动，如绘画、泥塑、唱歌等。二是手工训练，如木工、金工、纺织、烹饪、缝纫、园艺等。三是要动手的科学实验和研究。杜威认为，"从做中学"是儿童天然欲望的表现和需要。他说，儿童身上蕴藏着充满生机的冲动，生来就有一种天然的欲望，要做事，要工作。儿童最大的兴趣是活动。"当儿童连续不断地从事任何一种不受压抑的活动时，当他们在忙碌时，他们几乎总是幸福和高兴的——成人也如此。"他认为，人的这种固有的本能正是学习的根本动力和主要工具。"从做中学"符合儿童的成长规律。从身体上说，"从做中学"可以促使儿童进行身体活动，促进儿童手和眼的协调。从心理上说，"从做中学"能使儿童提高自制力和增强自信心。从智力上说，"从做中学"能使儿童获得知识和锻炼能力，有利于思维和智力的发展提高。从道德上说，"从做中学"可以帮助儿童更好地了解社会，培养社会性习惯和应对新环境的忍耐、坚持和毅力。

杜威的这些教育思想对中国现代教育产生了巨大的影响。1919年4月底到1921年7月，在胡适、陶行知、蒋梦麟等学者的邀请和极力挽留下，杜威偕夫人到中国访问、讲学、考察。在两年零三个月中，其足迹遍及上海、北京、天津、奉天（今辽宁）、直隶（今河北）、山西、山东、江苏、浙江、江西、湖北、湖南、广东、福建等十四个省市，先后作了二百多场讲演。来华访问时间之长、地区之广及影响之大，在西方教育家中史无前例。接着，从1923年开始，他的主要著作相继在中国出版。杜威是对近代中国影响最大的西方教育家。同时，杜威对世界上许多国家的教育产生了影响，但是他对中国教育的影响最大。

七、蒙台梭利：上帝派来的天使

1870年8月31日，蒙台梭利生于意大利安科纳地区的希亚拉瓦莱市。5岁随家人迁罗马。1883年（13岁）入米开朗琪罗工业学校，16岁毕业后又进入达·芬奇技术学院，立志做工程师。1890年（20岁）从技术学院毕业时，因迷上生物学，立志从医，经努力进入罗马大学女子医学院。女子学医，这在当时是大逆不道的，父亲和她断绝关系，幸好有酷爱阅读的母亲支持。1896年（26岁）她成为意大利第一个医学女博士。1898年（28岁）进入国家弱智儿童教育联合会，主持一个弱智学校，从医生转变为教育工作者。

1901年重返罗马大学，学习心理学和哲学。1907年罗马住宅改善协会创办了一所幼儿学校，她成了这所"幼儿之家"的负责人。学生都是棚户区拆迁户的孩子。1915年巴拿马—太平洋国际博览会在旧金山举行，蒙台梭利搭建的教室参加展出。21名从未上过学的孩子在便于观看的玻璃墙做的教室里，自理生活和学习了40天。她荣获了仅有的两枚教育金牌。1949年到1951年，她连续三年被提名诺贝尔和平奖。1952年5月6日（82岁）逝世于荷兰。蒙台梭利以广博的医学、生物学、哲学、心理学、教育学、人类学、精神学和病理学等知识为基础，在实践中形成了独特的幼儿教育理论。有人说，她是上帝派来的天使。正是因为她的到来，因为她对儿童的新发现，儿童才得到真正的理解和最适当的教育。一个多世纪以来，蒙台梭利创立的儿童教育理论和方法经欧洲传到美洲大陆，后又传入日本、新加坡等亚太国家，上世纪末传入中国大陆，对全球20世纪幼儿教育事业产生了巨大的影响，对人类精神的复兴、解放及发展，作出了伟大贡献。如今，包括中国大陆在内，全世界各地都有蒙台梭利国际学校，而且它们的运作具有很强的一致性。蒙氏教育好比幼儿教育领域的"英语"，成了世界上最为通用的语言之一。

第一，敏感期和精神胚胎期理论。蒙氏提出，儿童在3岁前处于潜意识发展阶段。婴幼儿会思考，能得出结论、做出预言和寻找解释，甚至会做实验。在某种程度上，他们简直和科学家有类似的思维过程。"望着摇篮里的孩子，我们极力想象着他们身体里那躁动的生命力量。"她指出，幼儿具有一种特殊的心理天性和建设性能力，不断地推动着他们自我构建和自我创造活动。这是埋藏在幼儿精神世界里的宝藏。这是一种"有吸引力的心理"，即天生具有的吸收文化的能力，能直接从环境中吸收文化而无需任何直接教学。这是一种创造本能，使他能依靠适当的环境，从无到有地构建起他的精神世界。她认为，0~3岁幼儿的敏感期发展，具有无意识性和整体性。语言学习特别能说明这一点。婴儿在4个月左右开始观察模仿，6个月时发出第一个词如"爸——爸——妈——妈——"，10个月时开始意识到语言是有意义的，成人是在跟他说话，也明白成人说话的意思。1岁左右说出了一定意义的单词，1岁半左右，发现每样事物都有名称，词汇学习也由此打开了大门。2岁左右，经历了词汇、短语的爆发性增长之后，各种句子结构、简单句、复杂句、并列句、主从句，开始出现在儿童的语言中，他们开始喋喋不休地说话了。这一切神奇而且意义极为重大的变化并非老师传授，而是自发形成的。由于这一切都是在无意识中完成的，蒙氏称之为语言形成的"自然机制观"或"超自然机制观"。而且，对于语言，儿童是将其作为一个整体来吸收的。她提出，语言的学习发展分为"习得"和"学得"两类。"习得"是一种自然的无意识的语言发展过程，"学得"是一种人为的有意识的语言学习过程。母语学习就是一种典型的习得过程，其高效轻松使人们相信，语言习得是儿童语言发展的最佳途径！

第二，儿童在"工作"中发展自己。这是蒙氏幼儿理论的精粹之一。这里的"工作"，是指在敏感期的内部指引下，在适宜的环境作用下，幼儿的一种本能活动。如在喋喋不休中学会了说话，在跌跌撞撞中学会了走路，完善了双腿。对于儿童的成长和发展而言，这种"工作"比游戏和休息都更为重要。儿童的所有"工作"背后都隐藏着一种动力。这种动力源于本能，指向发展。基于这种理论的蒙氏感官训练课程堪称举世无双的经典。至今，全世界好多国家幼儿园还在使用她的长棒、粉红塔、有插座的圆柱体、色板、纺锤棒、金色串珠棒等大量经典教具。她认为，教育的目的在于发现儿童和帮助儿童发现自己。无论是身体方面还是智力方面，孩子与生俱来就拥有去完成这些"工作"的能力。家长的责任是协助孩子完成他们要做的事情。应该让孩子自己做，哪怕是错的。只有这样，孩子才会修正自己。她认为，儿童的"工作"任务就是造就自己，过程就是目的。而且儿童永远充满精力地在"工作"。儿童生来就是有秩序的成人世界的不合群者和破坏者，他们天生好动，使得成人企图驯服他们，于是托儿所和学校成了囚禁他们的地方，成了成人惩罚他们的"流放地"。他必须像一个被剥夺了公民权的人那样服从成人。在儿童眼里，成人都是他的主人或者君主，他必须绝对服从命令，而且不存在申诉和上诉！因此，让儿童自由和自主地"工作"，才是真正的解放和造就儿童。童年是人生最重要的一个部分，反对违背儿童天性、扼杀生命活力，保卫孩子的童年，蒙氏的这一主张无疑具有划时代的意义。

第三，我们应该怎样做教师。蒙氏提出，儿童依赖成人并敏于向成人学习，这既赋予了成人极大的权利，也赋予了成人庄重的使命！成人要谨慎地规划自己的行为，使自己成为一本打开的书，让儿童通过这本书而学会正确的行动。她认为，人生的最初两年将会影响人的一生，儿童早期的心理形成如果得到恰当的支持，会使儿童受益终身。相反任何粗暴的行为不仅会引起即刻的不良反应，还会造成终身的缺陷。"教育的真正准备就是研究自己。"清除自己眼中的沙粒，才能消除儿童眼中的尘埃。"全部问题的关键是教师对待儿童的态度"，教师最重要的职业素养就是大爱情怀。蒙氏认为，教师之爱有两个层次。一是对儿童的爱所激起的内在情感，二是对童年秘密的了解和体验所获得的爱，这是超越了个人的。后者能让教师着迷于这个缤纷多彩的精神世界，惊叹于这个世界里每时每刻发生着的创造奇迹，这会使教师重新认识自己的工作并爱上自己的工作。从这个意义上，"教育学就是迷恋他人成长的学问"，使人对教职不离不弃的，无他，实在是人之成长的欣赏而已。她说，人的生命中，最初三年发展最为迅速，他们往往以自然奇迹中最伟大最令人欣慰的形象出现在我们面前，他不是一个弱小的生命，而是一个具有崇高尊严而且能够塑造我们自己心灵的人。教师和父母只能如仆人侍奉主人那样地帮助儿童进行"工作"。然后，我们才能变成人类灵魂发展的见证人。一个小生命降临人世，尽管外表看起来十分孱弱，然而却拥有世界上最生机勃勃的力量。说亲子或师生是主仆关系，绝不是从人格和权利意义上说的，而是从"教育即帮助"角度作的形象类比。父母或教师应该从一个好的贴身男仆伺候其主人的方式中找到一种很好的行为模式。如仆人将主人的梳妆台保持整洁，把物品放到适当的位置，但他并不告诉他主人什么时候使用毛刷。一日三餐，他都得伺候，但他并不强迫他的主人用餐。他做好每一件事以后一句话也不说就悄悄走了。当儿童的精神正在形成时，我们也必须这样。教师或父母对儿童的"工作"归根结底是对儿童精神的服务和呵护。当儿童表现出某种需要时，教师必须迅速作出反应。正如当主人一个人时，仆人绝不会打搅他，但当主人叫他时，他迅速地跑去看主人需要什么，而且很快回答："是的，先生。"如果他觉得主人需要赞赏，他就表现出赞赏，甚至他觉得一点都不美的东西，也可能伸出大拇指说："多美啊！"从教师和儿童的心理关系方面讲，教师的作用和方法与仆人相似。因此，与其说要成为儿童成长的仆人，不如说充当儿童内在自然发展规律的仆人。教师是儿童精神成长的引导者，是他们生命和心灵发展的导师。正是在从教书后变为人之生命和心灵的导师这个意义上,我们才能说教师决定人类的未来。蒙氏认为教师应具备科学和科学家的精神,这着重于一种对生命奥秘的深深兴趣和执著于揭示生命奥秘的忘我乃至牺牲精神。她深情地说:"如果我们设法把科学家的自我牺牲精神和基督徒的虔诚与热心都移植到教育者的心灵中来,那么我们就会培养出教师精神。"另外,蒙氏反对教师运用奖励和惩罚,她说这都是灵魂的"板凳",都是来自外部的压力,不能给孩子带来自然发展。她认为,奖励和惩罚对于主动纪律的形成无效,甚至是奴役精神的工具,不能减少畸形,而是用来制造畸形,犹如给拉磨的驴的眼前放上一块可望而不可即的食物一样,不能激发驴的热情和快乐。同样,奖惩最大的害处在于,它使孩子不再因学习本身的乐趣而学习,而是为了获取或避免学习以外的某种东西而学习,"这是对孩子内在生命力的一种扼杀"。由蒙氏的观点,我们想到了,当整个教育制度都建立在考试基础上的时候,学校就沦落为"文凭交易所"了。用考试和升学迫使学生努力学习,不仅是对人类知识,也是对人类自身尊严的一种侮辱。

八、伟大的人民教育家陶行知

陶行知(1891~1946),原名文濬,1891年(光绪十七年)出生于安徽歙县一个经商破产的农民家庭,幼时在当地私塾中读了两年书后即失学,主要靠自学和父亲的传授。1906年考入歙县一所教会学校——徽州崇一学堂(相当于现时的中学),3年后毕业,考入杭州广济医学堂,半年后因故又转至南京金陵大学文学科。1914年以总分第一的成绩提前毕业,同年赴美国留学。在美国留学期间,他师从杜威,接受了杜威实用主义教育思想。1917年,陶行知获得哥伦比亚大学硕士学位后回国。

回国后,陶行知受聘于南京高等师范学校,先后任教授、教育科主任、教务主任等职。在这段时间，他是杜威教育思想的传播者，积极宣传杜威"教育即生活""学校即社会"等思想，并积极促成邀请杜威来中国讲学。20世纪20年代，陶行知担任了《新教育》杂志的编辑，兼任"中华教育改进社"主任干事，大声疾呼改造中国教育，并与朱其慧、晏阳初等人一起发起成立"中华平民教育促进会"，积极推进平民教育活动，编写《平民千字课》等教材，立志创造一个可以安居乐业的社会。

在经过近十年的探索与尝试后，陶行知意识到中国教育的根本性问题是绝大多数民众得不到教育，故而把主要精力放在推动乡村教育方面。1926年，起草了《中华教育改进社改造全国乡村教育宣言书》，"决心要筹募一百万元基金，征集一百万位同志，提倡一百万所学校，改造一百万个乡村"。1927年3月15日，作为他改造乡村教育的示范学校——晓庄试验乡村师范学校正式开学。正是在这所学校的办学实践中，陶行知开始对杜威理论产生怀疑，否定了"教育即生活""学校即社会"等实用主义教育的基本命题，形成他自己的"生活教育"思想。此后，他发起了"科学下嫁运动"，编辑《儿童科学丛书》和《大众科学丛书》，积极从事科学普及工作。1932年，陶行知又发起组织生活教育社，创办山海工学团，并发明了用学生教学生的"小先生制"，对普及教育作出了很大的贡献。

一二·九爱国运动后，陶行知积极参加抗日救亡运动，提倡国难教育、战时教育，投身于抗日民主教育这个大潮之中。正是在这种火热的政治斗争中，陶行知得到了极大的教育，思想也有了很大的进步，与此同时，他在晓庄师范初步形成的"生活教育"理论也得到不断的发展与完善。他本人曾对"生活教育"理论作了非常简洁的表述：生活即教育，社会即学校，教学做合一。这一理论的基本精神是反对传统教育，反对洋化教育，主张教育从劳动人民的需要出发，为提高劳动人民的生活水平服务。因此，"生活教育"理论是陶行知平民教育思想的一个新的发展。

陶行知"生活教育"以及"教学做合一"的理论源于王阳明又高于王阳明。明代大儒王阳明（王守仁，号阳明）的哲学思想"知行合一"论，是对儒学特别是对朱熹"知先行后"理论的批判发展，其核心是强调如何在道德修养方面下功夫。王阳明认为，世界上，只有能让人们都去实践和行动的知识，才是真正的知识，道德理论和伦理观念只有落实在行动上才具有真正的价值。这种利世功效、强调实践操作的人生哲学，和杜威的实用主义教育哲学论，也许是一拍即合的，所以对作为杜威高足的陶行知影响很大。这从他改名一事亦可略知其脉络梗概。1911年（一说1910年），他改陶文濬为陶知行，1934年又改陶知行为陶行知，简单的文字变化的背后，是他教育哲学思想的重大变化和发展过程。"王阳明的话我可以把他翻半个——180度的筋斗，意思就是把他的话来个倒栽葱。他说'知是行之始，行是知之成'，我的侧转法就是'行是知之始，知是行之成。'爱迪生由试验才把电灯发明成功。婴儿明白火烫手，也是从实际经验得来的。所以教育应培养行动，应当培养知识。""在二十三年前，我开始研究王学，信仰知行合一的道理，故取名'知行'。七年前，我提出'行是知之始，知是行之成'的理论。正与阳明先生的主张相反，那时以后，即有顽皮学生为我改名，常称我'行知吾师'。我很乐意接受。"当然，更令后人敬仰不已的是他的办学和教育实践，比如参加"中华教育改进社"、创办晓庄乡村师范。要知道，他当时身为东南大学教育科主任，放弃几百大洋一个月的教授工资，以后又拒绝了让他出任东南大学校长和河南省教育厅厅长等邀请，宁可去办学校，搞平民教育，还身体力行，亲自挑水挑粪，过农民生活，这在世界教育史上也是十分罕见和突出的啊！

学习王阳明的哲学人格思想，陶行知砥砺自我，决心"立真去伪"，在自己心中建立真我主宰，并勉励自己，"行出一真是一真，谢绝一伪是一伪"。以后，他积修身教育和社会实践于一体，凝练出"千教万教教人求真，千学万学学做真人"这一旷古名言，这是人类教育史上最为精辟的熠熠闪光的醒世诤言！

1939年，陶行知在重庆创办了著名的育才学校，这所学校虽然是难童学校，但却按照大学的模式设计，分成文学、音乐、绘画、戏剧、舞蹈、社会科学和自然科学七个"组"（相当于专业），主要目的是为了培养人才，尤其是使一些有特殊才能的儿童在这所学校中得到充分的发展。陶行知认为，育才学校是实施并且进一步丰富他的"生活教育"原理与方法的一所实验学校。在这所学校中，他强调了知、情、意合一的教育，强调了创造教育，强调了学生个性充分和谐的发展。在育才建校两周年的纪念会上，陶行知总结了这所学校要从四个方面进行创造：一要创造健康之堡垒；二要创造艺术之环境；三要创造生产之园地；四要创造学问之气候。育才学校 100 多个学子中，后来有很多成为我国的优秀人才。

九、苏霍姆林斯基教育思想：人类精神的高地

苏霍姆林斯基（1918～1970），1918 年出生于乌克兰帕夫雷什镇附近一个叫作奥良尔尼克村的农民家庭，祖父是农奴，父亲是苏联共产党员。他 8 岁时入当地一所农村七年制学校读书，毕业后又在一个为期一年的师资训练班中接受师范教育。之后，苏霍姆林斯基当了一名农村小学的教师，在这段时间又利用业余时间参加语文学科的函授学习，1939 年获得中学教师证书。

卫国战争期间，苏霍姆林斯基参加了苏联红军，在 1942 年一次战役中负了重伤，伤愈后被分配到一所中学，先是当语文教师，后来担任教导主任、校长、区教育局长。在 29 岁时，苏霍姆林斯基主动要求回故乡工作，得到同意后被任命为家乡十年制普通学校——帕夫雷什中学校长。

帕夫雷什中学是一所规模不大的典型的农村中学，地理位置较为偏僻，因此，在 20 世纪五六十年代，这所学校的在校生数基本保持在 400 至 600 名之间。苏霍姆林斯基来到这所学校之后，再也没有离开过，工作时间长达 23 年之久。苏霍姆林斯基极为重视自己的身体力行，长期深入教育第一线，除了长年坚持自己亲自授课、当班主任以外，还坚持每天听两节课，与学生同活动、同读书、同游戏、同旅行，几十年如一日地对学生的教育情况进行"跟踪观察"，记下大量笔记，他还组织全体教师定期对学生做"教育学评定"和"心理学评定"。为了系统总结自己在帕夫雷什中学的办学理念、教育经验与理论探索，苏霍姆林斯基专门写了一本《帕夫雷什中学》，并于 1969 年出

版。该书在苏联多次重版，并被译成多国文字。帕夫雷什中学也因此由一所极为普通的乡村学校成为享誉全球的著名中学。

在苏霍姆林斯基短短的52年人生之旅中，有35年献身于故乡的教育事业，其中担任帕夫雷什中学校长一职就长达23年。他生前共写了41部专著，600余篇论文，1000多篇童话和故事。其中包括《培养学生的集体主义精神》（1956）、《学生的精神世界》（1961）、《苏维埃学校中个性的培养》（1965）、《把整个心灵献给孩子》（1969）、《和青年校长的谈话》（1973）、《给教师的一百条建议》（1973）等。

苏霍姆林斯基在苏联教育界享有极高的威望，他写的论著被誉为"先进教育经验的完整总结""学校生活的百科全书"，他提出的教育理论被公认是一部"活的教育学"，苏联政府授予他两枚列宁勋章、一枚红星勋章、多枚苏维埃联盟勋章，并授予他苏联教育科学院通讯院士等荣誉称号。苏霍姆林斯基的著作或论文，已被翻译成30多种文字，在世界上得到广泛的传播，产生了极大的影响。

1970年9月2日，苏霍姆林斯基英年早逝。

我们认为，苏霍姆林斯基的全部教育思想和教育实践，可以概括为一句话：培养全面发展和谐发展的大写的"人"！解读苏霍姆林斯基全面和谐发展这一伟大教育思想，解读帕夫雷什中学"培养真正的人"的伟大教育实践，应抓住以下要点。

做一个精神高尚的人。"教育必须保护孩子们心灵中巨大的、无可比拟的精神财富——欢乐和幸福。""学校的任务不仅仅在于授给学生从事劳动及合乎要求的社会活动所必备的知识，而且也在于给每个人以个人精神生活的幸福。没有丰满的内在的精神世界，没有劳动和创造的欢乐，没有个人尊严感、荣誉感，就不可能有幸福。"也许，这是苏霍姆林斯基一生最大的追求，也是苏霍姆林斯基教育理论对后人最重要的贡献。我以为，青少年的精神财富，青少年时代的真正的欢乐和幸福，很重要的内容是好奇心和求知欲。

做一个信仰神圣的人。"信仰神圣的东西，信仰理想，这是精神的刚毅、勇敢、不屈不挠、生活充实、真正幸福的根源之一。"在苏霍姆林斯基看来，信仰神圣的东西是精神高尚和精神力量强大的表现之一，同时也是重要的精神动力和精神源泉。"真正的精神力量则表现在人的善良、敏锐和宽宏大量上。只有善良、宽宏大量才能使人成为坚强的人。""人最可怕的不幸，就是精神的空虚。"

做一个诚实可信的人。苏霍姆林斯基说："一个有教养的人，他良心的呼唤甚至都不会允许他有是否抄袭同学作业的念头，这对于他，就如同赤身裸体出现在大庭广众之下一样是做不出来的事。""不要让那些高尚而神圣的词句，特别是关于热爱祖国的话，变成磨光了的旧分币！……应当教会儿童去爱，教会儿童体验和珍藏自己的情感，而不是寻找词句去诉说并不存在的感情。""对于一种人、一种行为、一件事情，你是怎样想的就要怎样讲。任何时候不可试图猜想别人想要让你说些什么。这种企图会使你成为一个伪君子。"在他看来，"只有从小就是有这种忠诚的人，才会成为忠实的丈夫，成为忠诚的可敬的父亲"。他认为，诚实可信的品质有一个重要的表现就是知道羞耻。"羞耻往往比来自外面的最严厉的惩罚更有力，因为这是用自己的良心去惩罚自己的良心。培养孩子有羞耻感，这是每位老师需要掌握的一个魔杖。""知道羞耻才会自尊自爱。"

做一个酷爱读书的人。在古今中外许许多多杰出的教育家当中，苏霍姆林斯基关于书籍的作用和阅读教学的阐述是最为全面、深刻和生动的。"一个真正的人应当在灵魂深处有一份精神宝藏，这就是他通宵达旦地读过一两百本书。"不会阅读就是后进生。智力发展取决于阅读能力。学生的第一爱好应该是爱好读书，这种爱好应当终身保持下去。热爱书籍才会有学习愿望。朗读要不少于 2200 小时。好书是"自我教育"的老师。不读书的社会是一个牢狱。名人传记是百科全书。自我教育从读一本好书开始。读书，可以从人类的道德财富中找到榜样。优秀书籍决定一生。读书可以提高现代人的自尊感和自豪感。让每一个学生找到一本属于自己的终身受益的书，这是教育的开端。生活在书籍的世界里，才能使自己变得更加高尚。青少年精神空虚的原因之一，就是缺少真正的阅读。学校毕业后的教育主要是自我教育，只有在上学年代就爱上书籍，学会从书籍里认识周围世界和认识自己，他在毕业后的自我教育才有可能。学生除了教科书以外什么都不阅读，那他就连教科书也读不好。我坚定地相信，少年的自我教育是从读一本好书开始的。30 年的经验使我深信，学生的智力发展取决于良好的阅读能力。如果一个人没有在童年时期就体验过面对书籍进行深思的激动人心的欢乐，那就很难设想会有完美的教育。如果少年、男女青年没有自己心爱的书和喜爱的作家，那么他们的完满的全面的发展就是不可设想的。

做一个有爱心、懂合作的人。苏霍姆林斯基认为，爱心、同情心，是人类所有美德的核心。"当一个男孩子得知同学生病而不能上学时，就会眼里泛出泪花来的话，那他长大成人之后，必定会是个会体贴关心人的丈夫和父亲；他的良心就不会允许他做出损害姑娘、妻子、母亲的事情。善良情感，是良心的头道防线。"

为了培养人的仁爱之心，苏霍姆林斯基特别强调人际交往的必要和重要。"一个人最大的幸福和欢乐就在于与他人交往。""儿童的孤独，是学校生活最可怕的不幸之一，如同怕火那样可怕。这既不奇怪，也不稀奇。有时教育者迷恋于摆样子的、外表动人的措施，忘记了教育的本质——人的相互关系。""在教育上很重要的一点，就是要经常让孩子们树立这样一个思想：一个人离开人们越远，他就会越不幸。"

做一个热爱劳动的人。"面包是神圣的"，"我们的语言中有成千上万个词汇，但是应当放在第一位的，我认为是三个词：粮食、劳动、人民"。尊重和热爱劳动，做一个能为社会创造财富的为自己为他人创造幸福的人，这是苏霍姆林斯基教育的思想核心。

做一个热爱并敬畏自然的人。"为每一个人培养起善良、诚挚、同情心、助人精神及对一切有生之物和美好事物的关切之情等品质，是学校教育的基本的起码目标。学校教育就要由此入手。薄情会产生冷漠，冷漠会产生自私自利，而自私自利则是残酷无情之源。为了防止薄情的滋生，我们培养孩子们要学会真诚地关怀、惦念、怜惜一切有生之物和美好的东西——树木、花草、禽鸟、动物。如果一个孩子会深切地关心在隆冬严寒中无处栖身的小山雀，并设法去保护它免遭灾难，能想到保护小树过冬，那么这个孩子待人也绝不会冷酷无情。"

苏霍姆林斯基的教育思想是人类精神的高地。他的伟大实践和丰富的理念充实了世界教育史册，是人类共同享有的文化财富和精神高地。

第三章

不可或缺的心理学知识

　　心理学是人际学，是关系学，是生活学。它不脱俗，不隐秘，不矫情。心理学的理论和法则也无时无刻不存在于我们的一举一动中。这些理论和法则一直在我们的生活中发挥作用，只是有急有缓。

　　科学研究表明，人的行为是由人的心理支配和指导的。许多现象的背后，都受到心理学的支配，都反映了心理学的原理和法则。作为一名教师，你拥有了比一般人更多的机会去发现、探索和影响青少年细腻而敏感的心灵。因此，懂得必要的心理学原理和法则，对教师的助人成长工作是有很大帮助的。

一、作为教师，需要知道的心理学理论

（一）积极心理学

积极心理学是美国心理学界正在兴起的一个新的研究领域，以马丁·塞利格曼（Martin Seligman）和米哈利·契克森米哈伊（Mihaly Csikszentmihalyi）2000年1月发表的《积极心理学导论》为标志，愈来愈多的心理学家开始涉足此领域的研究，矛头直指过去近一个世纪中占主导地位的消极心理学模式，逐渐形成一场积极心理学运动。

积极心理学英文为 Positive Psychology，它是指利用心理学目前已比较完善和有效的实验方法与测量手段，来研究人类的力量和美德等积极方面的一个心理学思潮。积极心理学的研究对象是平均水平的普通人，它要求心理学家用一种更加开放的、欣赏性的眼光去看待人类的潜能、动机和能力等，把它作为一种提高生活质量和预防"单调、无意义"的生活所引起的心理疾病的方法。在那之前，心理学家已经了解了人们在逆境中是如何表现的，但是他们对人们在顺境中是如何发展的却知之甚少。这两位先驱心理学家希望能够发扬使我们生活更加美好的人类积极特征，包括希望、智慧、创造力、前瞻性、勇气、精神、责任以及坚忍意志。

对于这两位心理学家而言，得出这些关于积极心理学和消极心理学的结论并非易事。契克森米哈伊目睹了第二次世界大战中欧洲的毁坏和绝望，他周围的很多人都失去了自信和动力。然而，他发现也有一些人保持了他们的平静和决心，正是这些人启发了契克森米哈伊去研究人类的积极方面。塞利格曼讲了这样一个故事。他很不喜欢除草，当他的小女儿玩那些他刚从花园里拔掉的野草时,他就责骂了这个孩子。他对小女儿大喊大叫后,她走开了。但是过了一小会儿,她又回来了,并且说:"爸爸,我想跟您谈谈……从三岁到五岁,我是个爱发牢骚的人,我每天都在抱怨。五岁过后,我决定不再抱怨了,这是我做过最难的事情。但是如果我能停止发牢骚,您也可以。"

塞利格曼说在那一时刻他意识到人们可以更加积极地生活。

为了让你了解科学对心理学,尤其是积极心理学有多重要,让我们来看一个积极心理学研究——乐观主义。乐观(optimism)被定义为对普遍积极结果的期望。这就是说,乐观主义意味着我们期望有"快乐的结局"。然后与此相反,悲观(pessimism)被定义为对普遍消极结果的期望。

常和桑那(Chang & Sanna, 2003)研究了青少年的乐观和悲观问题,特别是,他们致力于研究对结果的两种解释风格是如何影响那些经历过生活困扰的青少年。常和桑那想确定乐观是否可以减缓压力,而悲观是否增加了压力。将那些经历过生活困扰,但是采取乐观或悲观的青少年作为研究对象,常和桑那发现在同样程度的压力下,悲观的青少年比乐观的青少年更加消沉、忧郁。与积极心理学一致,常和桑那提出,干预(例如心理治疗)可以提升青少年的乐观程度(而不只是消除悲观看法),从而帮助他们应对压力,并降低抑郁风险。

事实上,塞利格曼(1992)创造了"习得性乐观"(Learned optimism)这个词,并且对它进行研究。他认为悲观的人可以学着去变得乐观。当今世界正随着科技、人口增长、环境污染以及其他不可控制和不可预测的变化而变化,在这一个世界中,人们能够在生活中找到美好的方面吗?答案是肯定的。塞利格曼运用网络评估系统监控了2001年9月11日恐怖分子袭击美国前后人们的性格变化,发现在恐怖袭击之后有些性格特点得到了增强。感恩、希望、善良、领导力、爱心、精神面貌和团队合作都增强了。此外,在恐怖袭击10个月后,这些增强仍然显著。

(二)鲍尔比的依恋理论

依恋是儿童早期生活中最重要的社会关系,是个体社会性发展的开端和重要组成部分,它对于儿童身心发展尤其是社会性发展具有重要的影响。我们会在讲述依恋的形成及类型基础上探讨早期的安全型依恋对儿童的能力、性格、情绪及人际关系模式等方面的影响,由此,希望引起家长及教育工作者对依恋的存在及其意义的重视,从而使儿童抚养及教育的具体实践更科学化。

"依恋理论"是有关心理学概念"依恋"的一种理论(或一组理论)。"依恋"是寻求与某人的亲密,并当其在场时感觉安全的心理倾向。依恋理论起源于对动物的观察及实验。早期对人类依恋的大量研究由英国精神分析师约翰·鲍尔比(John Bowlby,1907~1990)及同事所做。

1. 依恋及其形成

依恋是一种社会性情感联结,一般被定义为婴儿和他的照顾者(一般为母亲)之间存在的一种特殊的感情关系。它产生于婴儿与其父母的相互作用过程中,是一种感情上的联结和纽带,表现为儿童对抚养者的一种追随、依附和亲密行为以及由此带来的归属感和安全感。

依恋形成的主要阶段是 6 个月到 3 岁,是在婴儿与成人相互作用下形成的。依恋最早是产生于母婴之间,因为母亲是婴儿接触最多、最广泛的抚养者。在与母亲最亲密、最密切的感情接触与交流中,婴儿与母亲之间建立了一种特殊的社会性情感联结,即对母亲产生依恋。其通常表现为:婴儿将其多种行为,如微笑、咿呀学语、哭叫、注视、依偎、追踪、拥抱等都指向母亲;喜欢与母亲在一起,在母亲身边感到安全、轻松,与母亲分离感到焦虑、紧张不安;生理需要得不到满足时,会寻找母亲,在遇到陌生人和陌生环境而产生恐惧、焦虑时,母亲的出现会使其感到安全。虽然婴儿最初的依恋对象是母亲,如果父亲与婴儿交往的时间增多,婴儿也会形成对父亲的依恋。坎普斯的研究表明:父亲积极参与抚育越多,婴儿对父亲依恋越深,依恋安全感越强。依恋的形成是相互的,父母对婴儿的精心护理和关爱,使婴儿对父母产生依恋,但婴儿的微笑、发声、可爱长相及满足父母希望等也吸引父母对婴儿的依恋。

2. 依恋的类型

由于婴儿与抚养者相互作用的模式不同,依恋也存在不同的类型。根据我国学者的研究，儿童早期的依恋可以分为安全型依恋和不安全型依恋，不安全型依恋又可分为淡漠型依恋、缠人型依恋和混乱型依恋。

安全型依恋的儿童（73%）表现出舒适、安全的总体特征。与母亲在一起时能愉快地玩游戏，自信地探索环境，能与母亲进行近距离或远距离交往，不总是注意母亲是否在场，在紧张情境下迅速回到母亲身旁，寻求保护和安慰；在母亲鼓励下能很好地与陌生人交往。当母亲离开时，探索的行为会受到影响，有的哭泣，如果不哭泣，也明显地表现出一种苦恼但没有明显的分离焦虑，对玩具的注意力减少。当母亲重又回来时，他们会立即寻求与母亲的亲近和安慰，并能很快地与母亲做游戏。

淡漠型依恋的儿童（11%）的人际关系趋于冷淡，疏远。与母亲在一起时，很少关注母亲的行为，母亲在场或不在场对他们影响不大。在自由活动和其他不同程度的压力下，与母亲的身体接触很少，也很少与母亲主动交谈，与母亲的分享行为少。对陌生的人和事物，表现得胆子大，不退缩，能进行自主探究活动。母亲离开时，不哭泣，悲伤程度小，对母亲的归来不积极地欢迎，也无明显的喜悦。

缠人型依恋儿童（7%）表现出依赖、退缩的特征。与母亲在一起时，喜欢缠在母亲身边，和母亲的身体接触比较频繁，探索活动不积极；对陌生的人和事物拘谨、退缩；与母亲分离时表现出反抗，哭泣，悲伤的程度高；与母亲重聚时急切地寻求母亲的安慰，但是不容易平静下来。

混乱型依恋儿童（9%）对母亲有较多的身体接近或接触，与陌生人交往少、不友好。有的儿童分离时表现出混乱的不适宜的行为，有的儿童表现为既亲近又反抗母亲的矛盾行为。

3. 早期安全依恋对儿童发展的积极意义

不同的依恋类型对儿童发展的影响是不一样的。安全型依恋是一种高质量的依恋，最有利于儿童的发展，具体表现在：

（1）影响儿童的探索欲和能力的发展

安全依恋的儿童与父母建立了良好的依恋关系，他会把父母作为"安全基地"，积极而愉快地去探索未知的世界，提高智力和能力水平。一项以孤儿院的

19个月的发展落后孤儿为实验对象的实验研究表明,改变他们的抚养条件,让他们有机会对温柔的充当代理母亲的阿姨形成依恋,4年后实验组平均智商提高32分,而在孤儿院中的对比组落后21分。20年后追踪调查发现,实验组中有三分之一进了大学,而对比组的大多数儿童则不超过三年级水平,可见依恋关系的确立可以提高智力水平。另一项研究也发现,父亲对自己的婴儿越是关心、照顾,婴儿以后就可能越聪明、机灵、好奇、愉快,其智商往往也高。

另外,父母与儿童建立良好的依恋关系,有利于儿童把父母作为安心学习语言的"语言基地"。婴幼儿期是语言发展的最佳时期。如能在这一阶段提供良好的语言教育环境和条件,不仅能促进婴幼儿语言的发展,而且能提高儿童口语表达的质量。在这一阶段,父母与儿童建立良好的依恋关系,对儿童语言发展至关重要。良好依恋关系的建立,就意味着父母与婴儿交往的时间多,与孩子说话、逗他玩的时间多,这有利于刺激婴儿调动各种感官感知父母的语言,积极地模仿父母的语言,父母自然就成为婴儿学习语言的重要基地,在敏感而热情的父母的关注和有意的教导下,儿童的语言技能会得到更加快速的发展。研究也表明:母亲亲切的拥抱,热情地对待早期婴儿的程度预示了2岁时这批婴儿在认知、语言能力上的发展程度。而在孤儿院成长的婴儿因缺少父母充满关爱的精心照顾,多有语言发展迟滞或不同程度的语言障碍问题。由此可见,婴儿需要成人的精心护理和教导。

(2) 影响儿童性格的发展

儿童在2岁左右显露出性格的萌芽,对父母的爱有依恋感。4岁左右具有想独占父母并讨父母欢喜的感情。6岁左右,孩子初步形成性格的特征。性格一旦形成就具有相对的稳定性,较难改变。因此,儿童早期形成的性格往往可能成为他一生性格的雏形。早期亲子之间的良好依恋关系的建立,对儿童良好性格的形成具有奠基作用。首先,安全依恋的建立,使儿童在心理上产生安全感,从而形成对他人和周围世界的信任感。如果孩子在早期的关系中体验到爱和信任,他就会觉得自己是可爱的,能够毫无惧怕地离开母亲,自如地到处探索,他相信可供他依赖的人不会丢弃他,在他需要的时候会和他在一起并为他提供必要的保护。这样,婴儿就会对父母产生信任感并由此推及对他人和周围环境的信任,儿童就能很好地与他人进行交往,对环境有较强的适应能力。如果婴儿的依恋需要没有得到满足，他就会对自己形成一个不好的印象，对他人、对周围环境产生不信任感，难以适应陌生环境，形成多疑、孤僻、冷漠的性格特征，影响他以后对待周围人的方式。其次，安全依恋的建立，会促进儿童自我认同感的形成，从而会帮助其逐渐建立起自信心。研究者发现，对父母或幼儿园阿姨依恋较强的儿童，其自我认同感也较好。如果儿童缺乏依恋感，他往往很少与大人进行情感上的交流，他的一些想法和行动也就难以得到大人的理解和支持，最后连他自己也会对这些想法和行为产生怀疑。缺少自我认同感的孩子，很难建立起良好的自信心，有的甚至会产生一种焦虑和恐惧心理。害怕与他人接触交往、行为退缩，产生自卑的性格特征。

(3) 影响儿童情绪的发展

婴儿是以情绪的方式同世界发生联系的，婴儿不是"知觉的人，认知的人，而是一个体验焦虑、快乐和愤怒的人"。早期持久的情绪经验对其一生情绪的发展至关重要。婴儿期能与父母建立良好依恋关系的儿童具有稳定而快乐的情绪。"情绪是早期婴儿适应生存的首要心理承担者。"婴儿生理需要的满足最初是通过向母亲发出情绪信号得以实现的。如果母亲能对信号做出迅速的反应，母婴之间积极而又愉快的相互作用将得以保证，安全的依恋关系将发展起来。处于安全状态中的婴儿，他是快乐的，富有爱心和善于表达情感的，而缺乏依恋安全感的婴儿，经常担心母亲离开而处于焦虑、恐惧、不安状态中。或者由于需要延迟满足而遭受挫折感，产生失望、愤怒等负性情绪，长此以往，儿童就会情绪多变，甚至成为感情冷漠的人。

(4) 影响儿童的人际交往模式

婴儿期的人际交往对象首先是父母或亲近的成人，1岁以后出现与同伴的交往，早期儿童的依恋会对儿童以后的人际关系发展产生影响，主要是儿童在与周围人和物不断复杂化的交往中形成的反应方式与决定这种反应方式的认知方式逐渐沉淀定型，形成最初的"内部工作模型"，即儿童对自己、重要他人（如父母或其他照看者）及自己与他人的人际关系的稳定的认知模式。安全依恋有利于儿童学习和掌握人际交往技能，与人交往时表现出较高的积极性、主动性、独立性和合作性。具有依恋安全感的儿童，对父母有信赖感，这样，父母就可以树立自己的威信。父母与他人的交往行为就自然成为儿童的榜样，儿童在与父母的交往中也可以学到许多行为规则和交往的技巧。同时，儿童也乐意接受来自父母对自己在人际交往方面的指导，积累成功的交往经验和掌握交往技巧。另一方面，有安全依恋感的儿童所具有的健全人格特征，为其良好人际关系的建立奠定了基础。研究表明，儿童的合作、友善、亲社会行为和同伴接受性成正相关，而攻击与破坏行为则会导致同伴的拒绝。大多数研究也得出了不安全依恋与攻击性的相关较为一致的结论。

总之，早期儿童的依恋质量会对儿童的发展尤其是社会性发展产生不同的影响，这种影响既是现实的，又是长远的，它"建构了婴儿终生适应的特点"，使婴儿终生向更好适应生存的方向发展。因此，应该创造良好的抚养环境和条件，提高儿童的依恋质量，促进儿童个性和社会性健康发展。

近来，西方的一些研究者提出了多重依恋关系的假设。他们认为，儿童可以与在不同环境中（如家庭、学校）扮演不同角色的成人（如父母、教师）建立不同的依恋关系。

从儿童与母亲关系的特质和由此而形成的"内部工作模式"，可以预测儿童与同伴以及其他人的社会交往方式。有些学者认为，由于儿童在学校与教师、同学一起度过的时间比较长，因此，师生关系会成为儿童建立同伴关系的模式，而且良好的师生依恋关系能够对安全性低的亲子关系起到补偿的作用。

（三）艾里克森社会心理发展阶段理论

艾瑞克·艾里克森（Erik Erikson）是弗洛伊德的女儿安娜·弗洛伊德的学生，是继哈特曼之后自我心理学的杰出代表。他进一步发展了哈特曼所重视的社会环境对自我适应作用的思想，从生物、心理和社会环境三个方面考察了自我的发展，提出了以自我为核心的人格发展渐成说。

艾里克森认为，人的发展过程要经历八个阶段，固定地以不同的先后顺序逐渐展开。每一阶段都有其特定的发展任务，包含着个人与环境相互作用时所产生的特殊矛盾。人格发展的每个阶段都存在一种冲突或两极对立，构成一种危机。

"危机"是划分心理发展阶段的主要标准，它表示心理发展的转折点，既可能是灾难或威胁，又可能是发展的机遇。每一阶段的危机都具有两重性，一种是积极的解决，另一种是消极的解决。积极的解决有助于自我的加强，使人格得到健全发展，促进对环境的适应；而消极的解决会削弱自我，使人格不健全，阻碍对环境的适应。前一阶段危机的积极解决会增加下一阶段危机积极解决的可能性，前一阶段危机的消极解决则会缩小下一阶段危机积极解决的可能性。所有的发展阶段都是依次相互联系的，每个人在每一发展阶段所完成的发展任务的方向不同，总是处在每一发展阶段的两极之间的某一点上，依次向下一阶段过渡。教育的作用在于发展积极的解决，避免消极的解决。

艾里克森在《儿童期与社会》这本书里，提出了"人的八个阶段"及每个阶段的发展任务。

艾里克森的心理社会性发展阶段

大致年龄	危机	充分解决	不充分解决
婴儿期 0～1.5岁	信任对不信任	基本信任感	不安全感、焦虑
儿童期 1.5～3岁	自主对自我怀疑	知道自己有能力控制自己的身体、做某些事情	感到无法完全控制事情
学龄初期 3～6岁	主动对内疚	相信自己是发起者、创造者	感到自己没有价值
学龄期 6～12岁	勤奋对自卑	丰富的社会技能和认知技能	缺乏自信心，有失败感
青春期 12～18岁	同一性对角色混乱	自我认同感形成，明白自己是谁，接受并欣赏自己	感到自己是充满混乱的、变化不定的，不清楚自己是谁
成年早期 18～25岁	亲密对疏离	有能力与他人建立亲密的、需要承诺的关系	感到孤独、隔绝；否认需要亲密感
成年中期 25～65岁	再生力对停滞	更关注家庭、社会和后代	过分自我关注，缺乏未来的定向
成年晚期 65岁以上	自我实现与失望	完善感、对自己的一生感到满足	感到无用、沮丧

1. 信任对不信任（0～1.5岁）

这个阶段的儿童对父母和成人的依赖性最大，如果能够得到他们足够的爱和有规律的照料，满足基本的需要，就能对周围人产生一种基本的信任感，反之则会产生不信任感和不安全感。这一时期的主要任务是满足生理上的需要，发展信任感，克服不信任感。婴儿是否得到了充满爱的照料，他们的需要是否得到了满足，他们的啼哭是否得到了注意，这都是生命发展中的第一个转折点。需要得到满足的儿童，会产生基本的信任感，这种信任感不仅指对他人的信任感，也指对自己的信任感。儿童的这种基本信任感的形成是以后人格健康发展的基础。如果婴儿没有得到所需要的关爱和照顾，就会产生一种不信任感，这样的儿童在一生中对他人都会是疏远的、退缩的，不相信自己，也不相信他人。主要的社会动因是照料者。

2. 自主对自我怀疑（1.5～3岁）

这个阶段的儿童学会了爬行、走路、推拉和说话等。他们想知道，我能做什么？外界的哪些东西是我能控制的？外界的什么东西控制着我？他们不仅能在一定程度上自主控制外界事物，而且能够控制自身大小便的排泄。在这一阶段，如果父母能有足够的理智和耐心，对儿童的行为既给予必要的限制又给予一定的自由，就会使危机得到积极解决，使儿童形成自我控制和意志的品质，反之则会形成自我疑虑。父母的过度保护会阻碍这个年龄段儿童自主性的发展，如果不允许儿童进行探索，不能获得个人控制感和对外界施加影响的认识，儿童就会产生一种羞怯和怀疑的感情。主要的社会动因是父母。

3. 主动对内疚（3～6岁）

这个阶段的儿童的活动能力更进一步增强，语言和思维能力也得到了很大的发展，开始希望按照自己的意愿行动。在这一阶段，如果父母能经常肯定和鼓励儿童的自主行为和想象，儿童就会获得主动性；如果成年人过多地干涉，儿童将会缺乏尝试和主动性。艾里克森认为，个人未来在社会中所能取得的工作上、经济上的成就，都与儿童在本阶段主动性的发展程度有关。儿童试图像成人一样做事，试图承担他们能力所不及的责任。他们有时候采取的目标或活动与父母或其他家庭成员是冲突的,这些冲突可能使他们感到内疚。成功地解决这些危机要求达到一个平衡:儿童保持这种主动性,但是要学会不侵犯他人的权利、权益和目标。主要的社会动因是家庭。

4. 勤奋对自卑（6～12 岁）

这一阶段的儿童开始进入学校,接受小学教育,学习成为他们的主要活动。如果儿童能够从需要稳定的注意力和一定努力的学习活动中获得满足,他们就能发展勤奋感,对未来自己能成为一个对社会有用的人有信心,反之则产生自卑感。本阶段儿童依赖的重心已由家庭转向外部世界,许多人将来对学习和工作的态度源于本阶段的勤奋感。如果这一阶段的危机得到积极解决,就会形成能力;消极解决,就会形成无能。主要的社会动因是老师和同伴。

5. 同一性对角色混乱（12～18 岁）

这一阶段儿童接受了更多的关于自己和社会的信息,并要对它们进行全面深入的思考,为自己确定未来生活的策略。对"我是谁"的回答,如果是成功的,他们的自我认同感就建立了,理解自己是怎么样的人,接受并欣赏自己;反之会产生角色混乱和消极同一性。研究表明,同一性建立的情况可以分为四种:①获得角色同一性;②拒斥,个体未充分考虑到将来的各种可能性,而是把这种选择权利交给父母或其他人;③同一性迷乱,未对自己的社会角色和将来的人生目标形成定论;④同一性延迟。艾里克森强调,同一性及其反面都与社会的要求和儿童对社会环境的适应有关。同一性的形成对个体健康人格的发展十分重要,它标志着儿童期的结束和成年期的开始。主要的社会动因是同伴。

6. 亲密对疏离（18～25 岁）

这一阶段属于成年早期。发展任务是获得亲密感以避免孤独感,体验着爱情的实现。此时青年男女已具备能力并自愿准备着去分担相互信任、工作调节、生儿育女和文化娱乐等生活,以期最充分而满意地进入社会。这就需要在自我同一性的巩固基础上获得共享的同一性,才能导致美满的婚姻而得到亲密感，但由于寻找配偶包含着偶然因素，所以也孕育着害怕独身生活的孤独之感。艾里克森认为，发展亲密感对是否能满意地进入社会有重要作用。主要的社会动因是爱人、配偶或亲密朋友（同性或异性）。

7. 再生力对停滞（25～65岁）

这一阶段属于成年中期，个体通常已经建立了家庭和自己的事业，兴趣扩展到下一代。繁殖不仅指个人的生殖力，还指关心建立和指导下一代成长的需要，因此，有人即使没有自己的孩子，也能达到一种繁殖感。该阶段个体面对的主要任务是繁殖，他们要承担工作和照顾家庭、抚养孩子的责任。繁殖的标准是由文化来界定的，不能或不愿意承担这种责任会变得停滞或自我中心。主要的社会动因是配偶、孩子和文化规范。

8. 自我实现与失望（65岁以上）

这一阶段属于成年晚期。大多数人通常都停止了工作，处于对往事的回忆之中。个体如果感到自己的一生很充实，没有虚度，就会产生一种完善感，认为自己的生命周期与新一代的生命周期融合为一体，不惧怕死亡；如果达不到这种感觉会对人生感到厌倦和失望，对死亡感到惧怕。个体的生活经验，尤其是社会经历，决定着最终的生活危机的结果。

艾里克森的这个理论为不同年龄段的教育提供了理论依据和教育内容，任何年龄段的教育失误，都会给一个人的终生发展造成障碍。在每一个心理社会发展阶段中，解决了核心问题之后所产生的人格特质，都包括了积极与消极两方面的品质。如果各个阶段都保持向积极品质发展，就算完成了各阶段的任务，逐渐实现了健全的人格，否则就会产生心理社会危机，出现情绪障碍，形成不健全的人格。

（四）马斯洛的需求层次理论

亚伯拉罕·马斯洛（Abraham Harold Maslow，1908～1970）出生于纽约市布鲁克林区。美国社会心理学家、人格理论家和比较心理学家，人本主义心理学的主要发起者和理论家，心理学第三势力的领导人。马斯洛对人的动机持整体的看法,他的动机理论被称为"需求层次论"。1968年当选为美国心理学会主席。

马斯洛需求层次理论(Maslow's hierarchy of needs),亦称"基本需求层次理论",是行为科学的理论之一,由美国心理学家亚伯拉罕·马斯洛于1943年在《人类激励理论》论文中所提出。该理论将需求分为五种,像阶梯一样从低到高,按层次逐级递升,分别为:生理上的需求,安全上的需求,情感和归属的需求,尊重的需求,自我实现的需求。另外两种需求是求知需求和审美需求。这两种需求未被列入到他的需求层次排列中,他认为这二者应居于尊重需求与自我实现需求之间。并且认为只有在较基本的需求得到相对满足后,才能体验到高层次的需求。

他描述了五个需求层次,如下所示:

自主进化

自我实现需求:真善美至高人生境界获得的需求

尊重需求:成就、名声、地位和晋升机会等

社交需求:友谊、爱情及其隶属关系的需求

安全需求:人身安全,生活稳定免遭痛苦、威胁或疾病等,以及对金钱的需求

生理需求:食物、水、空气、性欲、健康

按照马斯洛的观点,低层次的需求没有得到满足时,它就支配着人们的动机;只有当它得到适当满足,高层次的需求才能吸引人们的注意。在到达下一等级之前每一等级的需求都必须得到满足——这些需求按低级到高级的顺序排列。在这个需求层次的最底层的就是基本的生理需求,如饥和渴等。在其他任何需求开始起作用之前,这些基本的生理需求必须满足。如果基本的生理需求很紧迫,其他需求就处于压抑状态,而且不可能影响你的行为。当它们得到合理的满足后,下一个层次的需求——安全需求——就会对你产

生激励作用。当你不再关心安全问题时，你又会被归属的需求所激励——融入他人中间和他人发生联系的需要，爱以及被爱的需求。如果你饮食无忧并且安全，而且有社会的归属感，你就会上升到尊重的需求——喜欢自己，认为自己有能力和有效率，以及去做能赢得别人尊重的事情。

人类是会思考的动物，拥有需要思想激励的复杂大脑。你会被这样的认知需求所激励，即了解你的过去，理解现实存在状态的奥秘，以及预测未来。就是这些需求的力量使得科学家能把毕生的精力都花在探索新知识上。马斯洛需求层次的下一级就是人类对秩序和美感的渴望，以审美需求的形式展现了人性富有创造性的一面。

位于需求层次顶端的是这样一些人，他们生活富裕，安全，被别人爱以及爱别人，有信心，善于思考并有创造力。这些人已经超越了人类基本的需求而寻求他们潜力的充分发展，或者说实现自我。一个要实现自我的人有自知之明，能理解自己，在社会中反应灵敏，有创造性，自然优雅，愿意接受新事物和挑战。马斯洛的需求层次论包含有超越个人潜力的全部发挥的一步。超越需求会导致更高层次的意识状态和人在宇宙中角色的宇宙观。

最低层需求的满足具有最大的紧迫性，要求我们给予相当的关注和投入一定的精力。一旦满足了给定的需求等级，我们就比较容易会被上一层尚未满足的需求所激励。马斯洛还指出，我们只能相对地满足自己的需求。他曾经做过估计，一般的人生理需求的满足程度只能达到85%，安全需求达到70%，爱的需求达到40%，而自我实现需求仅达到10%。因此，人们总是不断努力来满足需求。这样的努力能够促进个人成长，并且它本身就是个人成长的一部分。

马斯洛理论是人类动机一种特别乐观的观点。这个理论的核心就是每个人成长并发挥他最高潜力的需要。你也许从你的个人经验中发现马斯洛的需求层次理论并非完美无缺。例如你可能曾经忘记饥饿去追求更高层次的需要。特别作为教师，对于这个理论的理解与实践，将有助于我们帮助和指导学生自我实现。

（五）情绪 ABC 理论

情绪 ABC 理论是由美国心理学家埃利斯创建的。就是认为激发事件 A（activating event 的第一个英文字母）只是引发情绪和行为后果 C（consequence 的第一个英文字母）的间接原因，而引起 C 的直接原因则是个体对激发事件 A 的认知和评价而产生的信念 B（belief 的第一个英文字母），即人的消极情绪和行为障碍结果 C，不是由于某一激发事件 A 直接引发的，而是由于经受这一事件的个体对它不正确的认知和评价所产生的错误信念 B 所直接引起的。错误信念也称为非理性信念。

如图中，A（Antecedent）指事情的前因，C（Consequence）指事情的后果，有前因必有后果，但是有同样的前因 A，产生了不一样的后果 C_1 和 C_2。这是因为从前因到结果之间，一定会透过一座桥梁 B（Belief），这座桥梁就是信念和我们对情境的评价与解释。又因为，同一情境之下（A），不同的人的理念以及评价与解释不同（B_1 和 B_2），所以会得到不同的结果（C_1 和 C_2）。因此，事情发生的一切根源缘于我们的信念、评价与解释。

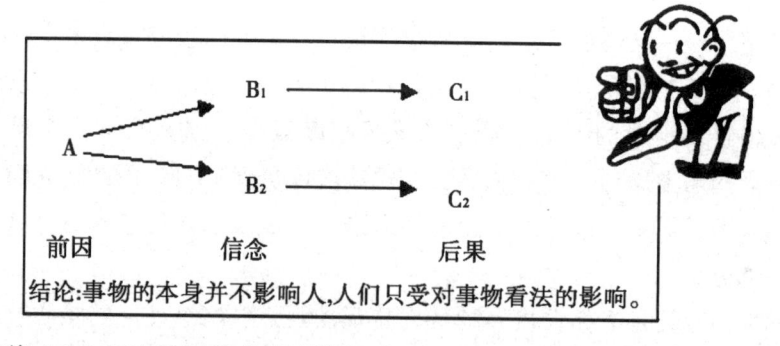

前因　　　信念　　　后果

结论：事物的本身并不影响人，人们只受对事物看法的影响。

情绪 ABC 理论的创始者埃利斯认为：正是由于我们常有的一些不合理的信念才使我们产生情绪困扰。如果常有这些不合理的信念，久而久之，还会引起情绪障碍。

情绪 ABC 理论中：A 表示诱发性事件，B 表示个体针对此诱发性事件产生的一些信念，即对这件事的一些看法、解释。C 表示自己产生的情绪和行为的结果。通常人们会认为诱发事件 A 直接导致了人的情绪和行为结果 C，发生了什么事就引起了什么情绪体验。然而，你有没有发现同样一件事，对不同的人，会引起不同的情绪体验。同样是报考英语六级，结果两个人都没过。一个人无所谓，而另一个人却伤心欲绝。为什么？就是诱发事件 A 与情绪、行为结果 C 之间还有个对诱发事件 A 的看法、解释的 B 在作怪。一位学生可能认为：这次考试只是试一试，考不过也没关系，下次可以再来。另一个学生可能会说：我精心准备了那么长时间，竟然没过，是不是我太笨了，我还有什么用啊，人家会怎么评价我。于是不同的 B 带来的 C 大相径庭。所以，教师在教育学生时，关键是要不断影响他们的信念，谈话中要注意识别学生存在的不合理观念。

依据 ABC 理论，分析日常生活中的一些具体情况，我们不难发现人的不合理观念常常具有以下三个特征。

1. 绝对化的要求

是指人们常常以自己的意愿为出发点，认为某事物必定发生或不发生的想法。它常常表现为将"希望""想要"等绝对化为"必须""应该"或"一定要"等。例如，"我必须成功""别人必须对我好"等等。这种绝对化的要求之所以不合理，是因为每一客观事物都有其自身的发展规律，不可能依个人的意志为转移。对于某个人来说，他不可能在每一件事上都获成功，他周围的人或事物的表现及发展也不会依他的意愿来改变。因此，当某些事物的发展与其对事物的绝对化要求相悖时，他就会感到难以接受和适应，从而极易陷入情绪困扰之中。

2. 过分概括化

这是一种以偏概全的不合理思维方式的表现，它常常把"有时""某些"过分概括化为"总是""所有"等。用埃利斯的话来说，这就好像凭一本书的封面来判定它的好坏一样。它具体体现在人们对自己或他人的不合理评价上，典型特征是以某一件或某几件事来评价自身或他人的整体价值。例如，有些人遭受一些失败后，就会认为自己"一无是处、毫无价值"，这种片面的自我否定往往导致自卑自弃、自罪自责等不良情绪。而这种评价一旦指向他人，就会一味地指责别人，产生怨忿、敌意等消极情绪。我们应该认识到，"金无足赤，人无完人"，每个人都有犯错误的可能性。

3. 糟糕至极

这种观念认为如果一件不好的事情发生，那将是非常可怕和糟糕的。例如，"我没考上大学，一切都完了"，"我没竞选上班干部，不会有前途了"。这种想法是非理性的，因为对任何一件事情来说，都会有比之更坏的情况发生，所以没有一件事情可被定义为糟糕至极。但如果一个人坚持这种"糟糕"观，那么当他遇到他所谓的百分之百糟糕的事时，他就会陷入不良的情绪体验之中而一蹶不振。

因此，在日常生活和工作中，当遭遇各种失败和挫折时，要想避免情绪失调，就应多检查一下自己的大脑，看是否存在一些"绝对化要求""过分概括化"和"糟糕至极"等不合理的想法，如有，就要有意识地用合理观念取而代之。

二、心理效应中的育人秘诀

心理学是描述规律的科学，教育自然要遵循科学，但应用科学规律则是艺术，有赖于我们根据自己的特定情境去创造。

（一）教育教学中的心理效应

1. 皮格马利翁效应

典故 1968年，美国心理学家罗森塔尔考察某校，随意从每班抽3名学生共 18 人写在一张表格上，交给校长，极为认真地说："这 18 名学生经过科学测定全都是智商型人才。"事过半年，罗森塔尔又来到该校，发现这 18 名学生的学业表现变得突出，再后来这 18 人在不同的岗位上干出了非凡的成绩。

思考　教师在与学生交往过程中，有意或无意地对学生表达出与众不同的期望，学生就会产生出相应于这种期望的特性。教师对学生的赞扬与期待对学生的学习、行为乃至成长产生巨大作用。美国心理学家威廉·詹姆斯也发现，"人类本性中最深刻渴求的就是赞美"。其实每个人的内心世界都一样，没有一个学生不想得到老师的赞美和期待。罗杰·罗尔斯出生在纽约的一个贫民窟，跟当地其他孩童一样顽皮、逃课，令人头疼。有一次，当调皮的罗尔斯从窗台上跳下，伸着小手走向讲台时，出乎意料地听到校长对他说，我一看就知道，你将来是纽约州的州长。校长的话对他的震动特别大。从此，罗尔斯记下了这句话，"纽约州州长"就像一面旗帜，带给他信念，指引他成长。他衣服上不再沾满泥土，说话时不再夹杂污言秽语，开始挺直腰杆走路，很快成了班里的主席。终于在 51 岁那年，他真的成了纽约历史上第一位黑人州长。

2. 暗示效应

典故　二战期间，由于兵力不足，美国政府决定组织部分犯人上前线战斗。几个心理学专家对犯人进行了战前的训练和动员，并随他们一起到前线作战。训练期间，心理学专家要求犯人们每周给自己最亲的人写一封信。信的内容是统一拟定的，叙述自己的表现是如何地好，如何地接受教育、改过自新等。三个月后，犯人们开赴前线，专家们要犯人在给亲人的信中写自己是如何地服从指挥，如何地勇敢等。结果，这批犯人在战场上服从指挥，勇敢拼搏。后来，心理学家就把这一现象称为"暗示效应"，也叫"标签效应"。

思考　之所以会出现这种效应，主要是因为"标签"具有定性导向的作用，它对"个性意识的自我认同"有强烈的影响作用。"贴标签"的结果往往是使其向"标签"所喻示的方向发展。如果贴的标签不是正面的、积极的，那么被贴标签的人就可能朝非正面的、消极的方向行动。在学校教育中，我们教师应充分发挥此效应的功能，为学生"贴"上合适而积极的"标签"，让学生能充满希望地为自己的将来而努力。

3. 蝴蝶效应

典故　蝴蝶效应是气象学家洛伦兹 1963 年提出来的。其大意为一只南美洲亚马逊河流域热带雨林中的蝴蝶，偶尔扇动几下翅膀，在两周后可能在美国德克萨斯引起一场龙卷风。其原因在于：蝴蝶翅膀的运动，导致其身边的空气系统发生变化，并引起微弱气流的产生，而微弱气流的产生又会引起它四周空气或其他系统产生相应的变化，由此引起连锁反应，最终导致其他系统的极大变化。此效应说明，事物发展的结果，对初始条件具有极为敏感的依赖性，初始条件的极小偏差，将会引起结果的极大差异。

思考　教育无小事。一句话的表述，一件事的处理，正确的，恰当的，可能影响学生一辈子；错误的，专断的，也可能贻误学生一辈子。学校里的许多意外事件（如学生斗殴、打群架）的发生，往往是从小事酝酿成的，所以教师要有"风起于青蘋之末"的防患于未然的意识，不要等事件闹大了再来处理。

4. 刺猬效应

典故　刺猬效应来源于西方的一则寓言。在寒冷的冬天里，两只刺猬要相依取暖，一开始由于距离太近，各自的刺将对方刺得鲜血淋漓，后来它们调整了姿势，相互之间拉开了适当的距离，不但互相之间能够取暖，而且很好地保护了对方。教育心理学家根据这一寓言总结出了教育心理学上著名的"刺猬效应"。教育者与受教育者日常相处只有保持适当的距离，才能取得良好的教育效果。然而在实践中，不少教师将这一"效应"误读，教师与学生之间的距离太大，学生失去了温暖感，产生了陌生感，因此，教师的教育效果不可能好。

思考　教育者与受教育者之间只有保持恰当的距离，教育者才能顺利地实施教育，受教育者也才会自愿接受教育，双方才能和谐相处。如果教育者与被教育者过分亲密，不分彼此，教育教学就会无序进行，最终导致教学质量与效果受到影响。相反，如果彼此间保持的距离较远，教育者与受教育者之间会因为缺少必要的沟通而产生冷漠、生疏感，最终又不利于教育教学的有效开展。教育过程中的刺猬效应有多种表现形式，我们要敏锐地发现各种表现形式背后的深层本质，把握宽严得当的管理尺度，摒弃违背教育规律的教学方法，处理好教学中涉及的各类复杂人际关系。

5. 情绪效应

典故 古代阿拉伯学者阿维森纳把一胎所生的两只羊羔置于不同的外界环境中生活。一只随羊群在水草地快乐地生活，而另一只则拴在了一只狼的旁边。总是看到自己面前那只野兽的威胁，小羊羔虽然不缺少食物，却根本吃不下，不久就因恐慌而死去。实验告诉我们：恐惧、焦虑、抑郁、嫉妒、敌意、冲动等负面情绪，是一种破坏性的情绪，长期被这些心理问题困扰就会导致身心疾病的发生。

思考 教学中，师生的不同情绪会带来不同的教学效果。教师的眼睛能表达深刻而丰富的内容，能使师生感情和谐交流，使教学过程有声有色地进行。教师讲课语言幽默，可以激发学生的学习兴趣，活跃课堂气氛，让学生轻松愉快地掌握知识，受到启迪；也可以缓解课堂紧张、慌乱的情绪，让学生心理安宁。恰如其分地运用手势、表情、动作、眼神等，可以加强课堂的情绪气氛，加深学生的印象，引起心理的共鸣，产生良好的情绪效应。

6. 手表定律

典故 只有一块手表，可以知道时间；拥有两块或者两块以上的手表并不能告诉一个人更准确的时间，反而会制造混乱，会让看表的人失去对准确时间的信心。这就是著名的手表定律。其深层含义在于：每个人都不能同时挑选两种不同的行为准则或者价值观念，否则他的工作和生活必将陷入混乱。

思考 没有判别正误的标准就会陷入两难选择。拿破仑说：宁愿要一个平庸的将军带领一支军队，也不要两个天才同时领导一支军队。既然是领导，当然都想下属按自己的命令做事，哪怕是一个平庸的领导。但是如果两个人同时领导一个部门，又彼此意见不一，一个说要向东一个说要向西，那下属该怎么办？所以，同一个班级的任课老师要经常沟通，统一在班级里的奖惩、规章制度，让学生能明确地去执行而不至于混乱。每一位任课教师对于自己的课堂规定以及作业要求，也要有明确而相对固定的要求，便于学生遵照执行。

7. 三明治效应

典故 在批评心理学中，人们把批评的内容夹在两个表扬之中从而使受批评者愉快地接受批评的现象，称之为三明治效应。这种现象就如三明治，第一层是认同、赏识、肯定、关爱对方的优点或积极面，中间这一层夹着建议、批评或不同观点，第三层总是鼓励、希望、信任、支持和帮助，使之回味无穷。这种批评法不仅不会挫伤受批评者的自尊心和积极性，而且还会积极地接受批评，并改正自己的不足。

思考 在与学生沟通时，三明治效应很值得借鉴。以真诚的关怀赞美之言开场，可以制造友好的沟通氛围，并可以让对方平静下来安心地进行交往对话。建议之后，要以期待与信任收尾，给予挨批评者以希望与支持，使受批评学生振作精神。三明治式的批评不伤人的感情，不损坏人的自尊心，能激发人向善的良心，使人的积极性始终维持在良好的行为上。

8. 超限效应

典故 马克·吐温听牧师演讲时，最初感觉牧师讲得好，打算捐款；10分钟后，牧师还没讲完，他不耐烦了，决定只捐些零钱；又过了10分钟，牧师还没有讲完，他决定不捐了。在牧师终于结束演讲开始募捐时，过于气愤的马克·吐温不仅分文未捐，还从盘子里偷了2元钱。这种由于刺激过强或作用时间过久，而引起逆反心理的现象，就是超限效应。

思考 超限效应对那些喜欢拖拉下课时间、给学生布置大量作业的老师有较大的警示作用。无限制延长学生的学习时间绝非聪明之举。如果你发现学生已经在不断看手表，或者开始东张西望，你的讲话就要准备结束了，要记住"少就是多，多就是少"。

9. 犯错误效应

典故 美国社会心理学家埃利奥特·阿伦森设计了这样一个实验：在一场竞争激烈的演讲会上，有四位选手，两位才能出众，几乎不相上下，另两位才能平庸。才能出众的一名选手在演讲即将结束时不小心打翻了一杯饮料，而才能平庸的选手中也有一名碰巧打翻了饮料。实验让测试观众从中选出他们最喜欢和最不喜欢的。结果表明：才能出众而犯过小错误的人更有吸引力，才能出众但未犯过错误的排名第二，而才能平庸却犯错误的人最缺乏吸引力。

思考 心理学上对这种现象有两种解释。一种解释是一个能力非凡的人给人感觉总是不安全不真实的，人们对这样的形象不是真正的接纳和喜欢，而是有距离地敬而远之或敬而仰之。鲁迅先生曾说："凡是神圣的、神秘的事物都是值得怀疑的。"另一种解释是从人的自我价值保护角度来说的。通常人们喜欢有才能的人，才能与被喜欢的程度成正比例关系。但是，什么事情都有一个限度，如果一个人能力过强过于突出，强到足以使对方感到自己的卑微无能和价值受损时，事情就会向反方向发展。该效应提示我们，如果你是一个强者，请不要过于"包装"自己，追求"锦上添花"，适当地"示弱"，适度地暴露些"瑕疵"反而会赢得更多人的喜欢。作为老师，有时也不妨在学生面前适度地"示弱"，接受学生的帮助，学生也会更乐于与你亲近。

10. 费斯诺定理

典故 国王收到了三个一模一样的金人，但进贡人要求国王回答问题：三个金人哪个最有价值？无论是称重量还是看做工，三个金人都一模一样。最后，一位老臣拿着三根稻草，插入第一个金人耳朵里，稻草从另一边耳朵出来。第二个金人的稻草从嘴巴里掉出来。第三个金人的稻草掉进肚子里。老臣说：第三个金人最有价值！使者默默无语，答案正确。善于倾听，才最有价值，是成熟的人应具备的基本素质。英国联合航空公司总裁费斯诺归纳类似的现象说，人有两只耳朵却只有一张嘴巴，这意味着人应多听少讲。这就是"费斯诺定理"。

思考 教师这一职业的特点，往往是喜欢说。说得过多了，可能说的就会成为做的障碍。善于倾听别人的意见，既是对他人的尊敬，又能赢得他人对自己的尊敬。费斯诺定理的核心意义就是倾听,倾听既是一种获得有效信息的途径,又是一种有效沟通的方法,也是对学生或周围人的一种尊重。例如,当学生犯错误时,我们能先听听他们说说,而不是急于下判断,可能更利于事情的澄清;当家长来找我们反映情况或是投诉时,我们的耐心倾听能让家长感觉到我们的重视和诚恳的态度,这要比急于解释和辩驳来得更利于事情的妥善解决。

(二) 管理中的心理效应

1. 罗密欧与朱丽叶效应

典故 在莎士比亚的经典名剧《罗密欧与朱丽叶》中,罗密欧与朱丽叶相爱,但由于双方有世仇,他们的爱情遭到了极大阻碍。但压迫并没有使他们分手,反而使他们爱得更深,直到殉情。这样的现象我们叫它"罗密欧与朱丽叶效应"。所谓"罗密欧与朱丽叶效应",就是当出现干扰恋爱双方爱情关系的外在力量时,恋爱双方的情感反而会加强,恋爱关系也因此更加牢固。

思考 心理学家的研究还发现,越是难以得到的东西,在人们心目中的地位越高,价值越大,对人们越有吸引力;轻易得到的东西或者已经得到的东西,其价值往往会被人所忽视。因此,当家长或者老师过分要求学生放弃自己的选择或者喜好时,由于心理抗拒的作用,学生反而更转向自己的选择或喜好,并增加对它们的喜欢程度。

2. 登门槛效应

典故 这个效应是美国社会心理学家弗里德曼与弗雷瑟从1966年做的"无压力的屈从——登门槛技术"的现场实验中提出的。心理学家派人随机访问一组家庭主妇,要求将一个小招牌挂在窗户上,她们愉快地同意了。后来在再次访问这组家庭主妇时,要求将一个大而不美观的招牌放在她们的庭院里,超过半数的家庭主妇同意了。与此同时,工作人员随机访问另一组家庭主妇,直接提出将招牌放在庭院里,结果只有不足20%的家庭主妇同意。

思考 登门槛效应蕴涵的是一种教育的理性。教师在教育过程中,应将远期目标和近期目标结合起来,将较高的目标分解成若干层次不同的小目标,以调动学生的积极性。对学习有困难的学生,教师一下子不宜对他们提出过高的要求。先提出一个小要求,当学生达到这个要求后再通过鼓励逐步向其提出更高的要求,学生往往更容易接受并力求达到。

3. 南风效应

典故 南风效应也叫作"温暖法则",它来源于法国作家拉·封丹写的寓言。北风和南风相约比武,看谁能把路上行人的衣服脱掉。于是北风便大施淫威,猛掀路上行人的衣服,行人为了抵御北风的侵袭,把大衣裹得紧紧的。而南风则不同,它轻轻地吹,风和日丽,行人只觉得春暖身上,始而解开纽扣,继而脱掉大衣。北风和南风都是要使行人脱掉大衣,但由于态度和方法不同,结果大相径庭。这则寓言告诉我们:温暖胜于严寒。

思考 教师在转化"差生"过程中采取"暖风长吹""细雨润物"的教育方法,可能收到意想不到的效果。要点一:真诚鼓励,平等对待;要点二:"南风"长吹,保持耐心。

4. 扇贝效应

典故 山坡上住着一群兔子。兔王规定,兔子们采集回来的食物经过验收后,可以按照完成的数量得到胡萝卜作为奖励。一时之间,兔子们的工作效率大增,食物的库存量大有提高。过了一段时间,兔王想:库存这么多了,可以不奖励了吧!于是,就取消了这个奖励制度。马上,兔子们热情尽失。谁也不愿意再去找食物。兔王只好恢复了奖励制度。这样一来,如果没有高额的奖励,谁也不愿意去劳动。兔王无奈之下就宣布,凡是愿意为兔群作贡献的志愿者,可以立即领到一大筐胡萝卜。谁料,报名的兔子之中居然没有一个能如期完成任务的。兔王气急败坏地责备他们,他们却异口同声地说:"这不能怨我们呀,既然胡萝卜已经到手,谁还有心思去干活呢?"在心理学上,胡萝卜就是强化物,是对兔子们做出某一期望行为的奖励。奖励某一种行为,这一行为就频繁出现,这就叫作强化。强化分为多种方式。其中一种方式就是固定时间的强化,即每隔一定的时间,就提供强化物,强化做出的行为。这种根据奖励强化的固定时间形成工作高峰、低峰——兔子们的行为效率趋势就如扇贝一样，我们就称之为"扇贝效应"。

思考 那么在教育孩子的过程中，我们是不是应该彻底避免这种连续的、固定时间的强化呢？不！虽然在长时间的过程中，持续地应用连续的、固定的强化会产生扇贝效应，但是，在新知识、新行为、新习惯的初始学习阶段，连续的、固定的强化是必要的。这能够让学生很容易地完成要求的任务，尽快地得到奖励；紧接着，当学生的学习或者行为达到了一定的程度，就要不断延长强化的间隔时间，直到最后撤销强化。在延迟强化的过程中，可以变化间隔的时间，使学生无法找到变化的规律，避免他专心地等待强化。

5. 从众效应

典故 从众效应也称乐队花车效应，是指当个体受到群体的影响，会怀疑并改变自己的观点、判断和行为，朝着与群体大多数人一致的方向变化。在研究从众现象的实验中，最为经典的莫过于"阿希实验"。1952年，美国心理学家所罗门·阿希设计实施了一个实验，来研究人们会在多大程度上受到他人的影响而违心地进行明显错误的判断。他请大学生自愿参与他的"人的视觉"实验。某个来参加实验的大学生走进实验室时，他发现已经有5个人先坐在那里了。事实上他们是阿希串通好了的"托儿"。在两次正常判断之后，5个假被试故意异口同声地说出一个错误答案。于是真被试开始困惑了，他是坚定地相信自己的眼力呢，还是说出一个和其他人一样但自己心里认为不正确的答案呢？总体的实验结果是，33%的人判断是完全从众的，有24%的人一直没有从众。

思考 从众效应既有积极意义，也有消极作用，主要看从众行为的具体内容。中小学生的知识、经验都不足，自制能力又不强，因此在多数情况下，从众行为是比较普遍的。在班级建设和管理当中，要改变个别学生的不良行为和习惯，可以通过发挥班级中优秀群体的力量，去对个别学生施加无形的影响或加以正确引导。在教师的启发下，选中的群体成员就可以集体"代言人"的形式向目标学生表明立场，指摘其错误言行，并对其施加压力或正确引导，从而促使该目标学生对自己的不良行为或错误观点有所认识。

6. 木桶效应

典故 木桶效应又称水桶原理或短板理论,提出者为美国管理学家彼得。其核心内容为:一只水桶盛水的多少,并不取决于桶壁上最高的那块木板,而恰恰取决于桶壁上最短的那块。此效应还有两个推论:(1)只有桶壁上的所有木板都足够高,那水桶才能盛满水。(2)只要这个水桶的桶壁有一块木板不够高度,水桶里的水就不可能是满的。这就是说构成组织的各个部分往往是优劣不齐的,而劣势部分往往决定整个组织的水平。

思考 一个孩子的综合素质好比一个大木桶,各科成绩、心理素质、生理机能、人际关系等都是组成这个大木桶的不可缺少的一块木板。孩子的发展不能仅靠某学科成绩甚至几门学科的成绩,而是应该取决于整体状况,特别取决于它是否存在某些突出的薄弱环节。从班级管理上来说,木桶效应还警示教师们,不要只将关注的目光停留在几个优秀学生身上,让所有的学生都热爱学习、积极向上、团结合作,这才是班级管理的最高目标。

7. 霍桑效应

典故 美国芝加哥郊外的霍桑工厂,是一个制造电话交换机的工厂,具有较完美的娱乐设施、医疗和养老制度等,但工人们仍愤愤不平,生产状况也很不理想。为探究原因,1924年11月,美国国家研究委员会组织了一个由心理学家参加的研究小组,在该厂开展"谈话试验",即用两年多的时间,专家们找工人个别谈话两万余人次,规定在谈话过程中,要耐心倾听工人对工厂的各种意见和不满,并做详细记录;对工人的不满意见不准反驳和训斥。"谈话试验"收到了意想不到的结果:霍桑工厂的生产水平大幅度提高。这是由于工人长期以来对工厂的各种管理制度和方法有诸多不满,无处发泄,"谈话试验"使他们将这些不满都发泄了出来,从而感到心情舒畅,干劲倍增。社会心理学家将这种奇妙的现象称为"霍桑效应"。

思考 教师每天都要处理大量繁重复杂的教学、教育工作,工作中难免会有差错或不尽如人意的地方,因此往往会引起学生的不满和愤恨。对于来自学生的不满和愤恨,是加以压制,还是让学生发泄出来?抽出时间与学生谈谈心不失为一个好办法：既能缓解学生的心理压力，增添学生的学习热情，又能了解学生的真实心理，了解他们的所思所想，以便进行正确的引导和教育。

8. 月曜效应

典故 日月之光，相去甚远。月曜效应是一种形容做事处于低潮的效应，是学习或工作效率很低的一种状态。我们经过一番休息以后，新的一轮学习过程大致分为：初级预备期→高效适应期→情绪转换期→迁移期。周末或假期的休息打乱了人们正常的工作节律，因而到正常工作时效率会降低，这种现象称为月曜效应，按英文直译为"星期一现象"。

思考 有这样一种现象：不少孩子在星期一上课时往往精神疲惫、注意力分散，这到底是什么原因呢？心理学家的解释是：双休日中，孩子在心理上开始自我放松，原来紧张有序的学习生活被悠闲随意的玩乐所取代，于是，晚睡晚起，精神不振。到了星期一，孩子的心理状态和生物钟还没有及时调整过来，结果出现了不少孩子在星期一注意力分散、记忆力差、纪律散漫等现象。因为我国古代把星期一又叫作"月曜"，所以心理学家将这种现象称为"月曜效应"。这种效应在每天的早上和下午第一节课中也常会出现，在假期过后的开学那段时间也甚为显著。对这种现象教师要给予充分的理解。同时，教师可以帮助学生合理安排休息日的活动，既不要有过多的作业负担，又不能过于放任自流。此外，星期一上课时可调整导入的思路，适当加入新旧知识的联系，或者加入一些建议活动的环节，给予学生积极的鼓励和支持，从而帮助学生从容地投入紧张的学习之中。

9. 马太效应

典故 马太效应源于圣经《新约·马太福音》中的一则寓言。从前，有一个国王要出门远行，临行前叫仆人来，依照各人的才干给他们钱。一个给了五千，一个给了两千，一个给了一千。领五千的仆人用钱去做买卖，另外赚了五千。领两千的也照样另赚了两千。但那领一千的将银子埋了起来。国王远行回来后结账，将那个埋了一千银子的仆人的钱索回，奖励给了第一个。

他说道:"凡有的,还要加给他叫他多余;没有的,连他所有的也要夺过来。"1968年,美国科学史研究者罗伯特·莫顿提出这个术语用以概括一种社会心理现象:任何个体、群体或地区,一旦在某一个方面(如金钱、名誉、地位等)获得成功和进步,就会产生一种积累优势,就会有更多的机会取得更大的成功和进步。

思考 在学校教育中,马太效应的消极作用是显著的。成绩优秀的学生经常荣誉"通吃",成绩差的再努力也得不到赏识。少数学生成为"精神贵族",多数学生成了班级中的"陪衬品"。这种好生好对待、差生差对待的做法一定程度上仍然存在。对于教师来说,公平对待每一个学生,多关爱差生,发掘他们身上的闪光点,这是很重要的。否则就很容易造成学生的分化。分化一旦开始,必然导致班集体的分化和瓦解,而集体分化的最大恶果,就在于丧失了学生发展的最佳环境。学校也要鼓励所有受教育者,调动和促使所有学生不断积极进取,设立相应的奖项,如既要有优秀学生、优秀班干部等奖项,同时也应该设立进步奖等,为后进生和具有更广阔跃进空间的学生创造条件。

10. 特里法则

典故 "特里法则"讲的是美国田纳西银行前总经理特里指出的一句管理名言:承认错误是一个人最大的力量源泉,因为正视错误的人将得到错误以外的东西。2001年,沃尔玛首次位列世界500强榜首。但据德国《商报》2002年3月报道,这个世界最大的连锁商进入德国市场四年来却连遭败绩,不仅损失超过1亿美元,而且其在财务上遮遮掩掩的做法,无法蒙混过德国法律这一道关,它将不得不对外公开2000年和2001年两年度的财务情况。沃尔玛在德国拥有一百多万职工,设有95家分店,但是,沃尔玛并没有因为在德国的受挫而灰心丧气,而是采取整顿措施,在德国市场上再搏一次,后来终于取得了成功。

思考 当我们犯错误的时候,脑子里往往会出现想隐瞒自己错误的想法,害怕承认之后会很没面子。其实,承认错误并不是什么丢脸的事。错误承认得越及时,就越容易得到改正和补救。而且,由自己主动认错也比别人提出批评后再认错更能得到别人的谅解。当教师能主动向学生坦承自己的错误时，往往更容易获得学生的原谅和尊敬。当然，前提是及时改正，这样也给了学生一个良好的示范作用。

第四章

师德的核心是大爱

　　什么是师德？师德是一种职业道德，是教师和一切教育工作者在从事教育活动中必须遵守的道德规范和行为准则，以及与之相适应的道德观念、情操和品质，正所谓"师爱为魂，学高为师，身正为范"。每个教师都应自觉遵守教师职业道德，并能给学生以很好的引导和示范作用，从而对学生的言行乃至一生产生积极而深远的影响。特别是在今天社会转型文化多元的大背景下，旗帜鲜明地加强师德建设，促进教师自觉加强师德修养，于教育整体发展和教师个体成长，都是必须而迫切的。

　　本章将从教师职业精神、师爱以及师德出路等三方面来谈，重点是师爱。对师爱，主要从"真粹""智慧""空间""用心"以及"和谐"等五个方面进行阐述。

一、永不褪色的职业精神

职业精神就是与人们的职业活动紧密联系、具有自身职业特征的精神。教师职业精神涵盖的范围很广，具体而言，就是形成明确的职业意识、专业的职业素养、坚定的职业信念、良好的职业信誉、深厚的职业情感、高尚的职业道德、尊贵的职业尊严和不可推卸的职业责任等等。一个人一旦从事教师这一职业，也就同时恪守着与之相应的职业精神。

（一）教育，是个良心活儿

民营教育家沈国松先生有一段座右铭："教育是一项良心工程，来不得半点马虎。一条路修不好，可以重新来过，如果人的时间被耽误了，那是无法弥补的。"教书育人，就要坚守师德最起码的底线，就要恪守教育的良心。

中南民族大学徐文清老师在《"教育良知"：师德的核心与底线》一文中写道：所谓"教育良心"，主要是指教师个体或集体在教育实践中，对社会向教师提出的道德义务的自觉意识，对履行教育职责的道德责任感的价值认同和情感体认，以及对自我行为进行道德判断、道德调控和道德评价的能力。它是师德的核心内涵，在教师与学生、教工、同事、社会成员的各种关系中起着表率、调节、教育、团结、促进的良性作用。（详见《光明日报》，徐文清，2012-11-01）

全国优秀教师、青海省互助土族自治县东山乡什巴小学校长刘让贤原是天津人，后响应党的号召随家迁居青海，在青藏高原的七沟八梁穷僻山村当小学校长。这个学校20多年里先后分来38位教师，走了32位，最长的干了两年，最短的只待了半年，而刘让贤却成了这个学校的长期守望者。他甘守清贫，为山村教育事业默默奉献自己的一切。有人说他是傻子，他说为了孩子们甘愿当傻子。面对贫困闭塞极其恶劣的环境，他没有怨天尤人，而是从一点一滴的小事做起，脚踏实地地进行教育教学工作，把穷乡僻壤的孩子们引入了知识的殿堂，取得了显著的成绩。他家境贫寒，穿的是补丁衣服，吃的是开水泡馍馍，他太需要钱了。可当他获得"香港柏宁顿（中国）教育基金会首届孺子牛金球奖"奖金十万元时，他一分不留，全捐了出去，设立了全县教育奖励基金，他说，我在物质上是贫乏的，但在精神上是富有的。

刘让贤坚守着教育的良知。他的良知是建立在对教师本身的深刻理解之上，是将教育事业应履行的责任、义务上升为了自己的责任和义务。这是教师最质朴的教育情感、最坚固的教育堤坝和最强劲的教育动力。

今天，做个有良知的教育者，让教师这个职业重新闪烁出它的光芒，迫切需要做好以下三点：

首先，要有一种淡泊宁静的精神。教育是一项良心工程，很多东西不能量化，教育良知，既是引导教师无怨无悔地努力工作的强大动力，又是工作倦怠、急功近利的免疫剂。

其次，要有自觉积极投入的境界。做个有良知的教育者，它绝不是一句简单的口号，而是应渗透在我们平常点点滴滴的教育实践中，体现在教师的爱的教育过程中，它是有教无类，是尊重个性差异，公正对待每一个学生。

第三，要尊重教育常识。在今天，不少教师遗忘了很多教育常识，背离了教育的原点，以浮躁功利之心，制造了大量的教育概念和成果。真理朴素，教育无华，从教育常识出发，才是坚守教育良知的正途。

（二）无悔的奉献精神

"奉献"就是恭敬的交付、呈献，"奉献精神"就是对自己事业不求回报的爱和全身心的付出。教师的奉献精神有着悠久而深厚的文化传统，是教师这一职业神圣与崇高的体现，是师德的直接诠释。

现代伟大的人民教育家陶行知先生，留学回国后拒不当国民党的教育官员，立志办学育才。他从教30年，终生安于"粉笔生涯"，以"捧着一颗心来，不带半根草去"的高尚情怀，献身教育事业，鞠躬尽瘁，死而后已。鲁迅先生这样描写他的教诲生涯："在生活的路上，将血一滴一滴地滴过去，以饲别人，虽自觉渐渐瘦弱，也以为快活。"这就是"俯首甘为孺子牛"的奉献精神的生动写照。

今天，教师的奉献精神，不是要弱化，而是要大力弘扬。

一谈起"教师要有奉献精神"，很多人会不满意，甚至会发牢骚：为什么单单是教师？为什么教师就应该奉献？有这些牢骚是正常的，因为在人们的心目中，一味地强调"奉献"似乎已经过时了，"吃的是草，挤出来的是牛奶"这样的世界观、人生观和价值观也许是人们对崇高精神境界的一种奢望了，但是不管你愿意与否，教师是需要有奉献精神的！

2009年颁布的《中小学教师职业道德规范》，将2008年的"爱岗敬业"修正为"敬业奉献"，这是为什么？很明显，2009年的教师职业道德规范对教师的奉献精神提出了更为明确的要求，而这一极具针对性的要求所指向的正是现实中越来越多的教师不道德或反道德现象。比如，教师中还一定程度地存在着歧视学生、体罚学生、不尊重学生等现象；有不少教师正摒弃优良的传统美德而越来越重视个人的利益诉求，教师已经不再是一个崇高的职业而只是一个谋生的手段，教师对教育变得越来越没有热情，也失去了对教育事业应有的虔诚。选择当教师就是选择了奉献，这并不是说要鼓励教师的"安贫"，但教师必须要"乐道"，而只有一个"乐道"的教师，才能在贫困的现实面前保持强大的心灵力量，以毕生精力投入其中。

奉献是我们教师的职业底色。让我们重温一下李镇西老师在《人民教师誓词》中所写的：

"面对国旗，面对学生，我宣誓：把整个心灵献给孩子，用人格引领人格，让智慧点燃智慧；以民主、平等的态度对待每一位孩子；呵护生命，尊重个性，激发创造；发展德智体，弘扬真善美；做学生爱戴的师长和真诚的朋友；为了中华民族的伟大复兴，我将通过每一天平凡的工作，培养具有世界胸襟的现代中国人，行使一名知识分子推动中国文明进步的神圣使命！"

多么渴望这段话能永远回荡在我们教育者的心里啊!

(三) 自觉的担当意识

"担当",有承担、负责任和承受的意思。"担当意识",则是指敢于负责并能够负责的最起码的职业道德之一。教师的担当意识,就是立足于教师岗位职责,做好应做的事情,承担应承担的责任,履行应履行的义务,完成应完成的使命,并在整个过程中发挥主观能动性,激发自己的全部能量。

今天,教师怎样培养自觉的担当意识呢?

首先,要做好当下教育的小事、实事。立足当下,以教育的情怀担当当下,是务实教育的担当本色。读王栋生老师的文章,听王栋生老师谈话,我们能强烈地感觉到他那种睿智风趣下涌动着深刻而强烈的自觉的承担意识。这种承担,绝非体现为拍案而起,振臂一呼,慷慨激昂,而是融在了教育的"琐碎"里。

他看到一个孩子在玩杀人的电子游戏,联想到电视里充斥的带有血腥暴力的影片,立即奋笔疾书:《不能让儿童接触残忍》。他说:"一个孩子从小就可以那样不经思考地去剥夺别人的生命,虽然不过是在虚拟的场合中,但是从对少年儿童的教育出发,必须考虑到:任何缺乏人道精神的暗示都会让他们变得缺乏人性,走向野蛮。"

他听到父母教育孩子"出门小心,外面坏人多",第一个反应是"孩子从小不懂得信任,是最可怕的事","如果没有对人世间的爱,世界在人的眼中也就没有了善良"。(《如果孩子们不懂得信任》)

在谈到学校招生腐败时,他说:"我最怕的是我们的学生过早地知道这些故事。可是现在的学生还有什么不知道的?"他因此感慨:"在这类问题上,学校伤害了多少学生?"(《老红军的难处》)

他还为官员当着教师、学生念白字而感到难堪,觉得这是糟糕透顶的事。官场的许多潜规则更让他感到不舒服,十分遗憾,也是因为"这些事过早地让孩子面对,会给他们的心灵蒙上难以摆脱的阴影"。(《先生,你怎样说话》)

他甚至害怕见到某些大人物的照片,因为"如果让学生每天都在某些以

权谋私、贪污受贿、不学无术的嘴脸下走来走去,对孩子们的纯洁的心灵将是多大的伤害啊"。(《如今怎样当校长》)

他说他经常为社会的各种问题魂牵梦绕,弄得无处藏身,就是因为"当今纠缠社会的许多问题,如环境污染、安全生产事故、犯罪、漠视生命、落后习俗,等等,最后无不归结为人的素质差","无不归于中国教育落后"。(《沉重的话题》)

其次,要有一种由小见大的审美和反思意识。用一种审美的情怀关怀教育的当下,又用一种反思的精神站得更高看得更远。钱理群教授在《做教师,真难,真好》一书中,有篇写王栋生老师的随笔,标题叫《这才是个合格的、真正的教师》。钱教授认为"王栋生老师从发现和欣赏、培育学生心灵的美中,享受快乐和感悟人生意义:这是教师职业对他自我生命的一种承担。而这里,当王栋生面对学生心灵被污染、伤害的教育和民族危机,所产生的'我们不思考,就没有人去思考'的历史使命感时,就引发了他对教师工作的自觉承担,以及对民族现实和未来,扩大了说是对人类未来的自觉承担"。自觉的教育承担,是一种态度,是一种感情,是一种能力。是否能担当,关乎你眼前学生的健康发展,关乎你作为教师的职业幸福,关乎国家和民族的未来。

(四) 做个堂堂正正的真人

专业素质过硬、品行端正、真诚可靠的教师,就是"真人"。"真人"是教师治学目标和育人标准的高度概括,正所谓"千教万教教人求真,千学万学学做真人"。

教师要教学生求真,首先自己要做真人。

陶行知在《中国大众教育问题》一文中谈到"怎样做大众的教师"时强调,教师要"追求真理","讲真话","驳伪话"。他说,"后生可畏"是对"一切教师提出来的警告","教师只能说真话。说假话是骗子,怎么能做教师呢","说假话的人太多了。教师要有勇气站起来驳假话。真理是太阳,歪曲的理念是黑云,教师要吹一口气把这些黑云吹掉,那真理的太阳自然而然地给人看见了"。陶行知是这么说的,也是这么做的。当他得知儿子陶晓光为了求职，托人搞到了一张假学历证明时，即刻写信指出，"宁为真白丁，不作假秀才，我们做人都应该有这种精神"，并叮嘱"追求真理做真人，不可丝毫妥协，决不向虚伪的社会学习或妥协"。还有一件事，1934年南开大学附设的南开中学和南开女中在河北省会考中成绩不佳，几乎不及格，校长张伯苓不以为意，说"只知道压迫学生读死书、夺高分的学校，结果不过是造出一群病鬼，一点用处也没有"，"南开就是造就活孩子的，不是造就死孩子的"。应邀前往演讲的陶行知对此十分赏识，并当场作诗《贺客与吊客》相赠——"什么学校最出色？当推南开为巨擘，会考几乎不及格，三千里路来贺客。请问贺客贺什么？贺你几乎不及格。倘使会考得第一，贺客就要变吊客。"

做"真人"，是社会转型时期教师发展的重大课题。教育者本是我们这个价值迷乱时代的良心。就像巴老，在封建迷雾笼罩社会时，他呼吁青年人冲出封建牢笼；"文革"灰飞烟灭时，他则用最沉重的笔深刻忏悔。他的宽大胸怀、悲天悯人及最纯粹的朴实，难道我们这么快就遗忘了？难道还不足以令我们汗颜不已并扪心自问？复旦大学教授、巴金研究专家陈思和说："他沉浸在噩梦般的恐怖之中，把自己作为箭垛，一鞭一条血痕地解剖自己、指责自己，提醒人们不要忘记20年前的民族劫难。这种对世人的爱心与对自己的苛刻情绪近似宗教信仰，可是在所谓'后现代型'的社会里，却变得那么不合时宜。人们在仪式上保持了对老人的尊重，但他的警告却被视为一种杞人之忧。"我们教育者秉承着社会的良心，如果连教育都昧着良心了，那将是一场社会的灾难。

我们不得不感慨，在这个浮躁而功利的社会中，说"真话"，做"真事"，成"真人"，做"真教育"，用自由之思想、独立之人格、批判和创造之精神，做一个"不跪着教书"的堂堂正正的教师，真难哪！说违心的假话、空话和大话，弄虚作假，做违背教育常识的事，似乎都可宽容。但是，学生不会买我们所谓教育的账，他们会因叛逆而抵牾我们，他们会继承着我们虚伪的精神，他们会痛恨和排斥我们的教育，他们的心底会回响着"告诉你吧，世界，我——不——相——信"的声音。

唤醒真我，做真的教育，我们太需要一场深切到骨髓里的反省，不是一个两个人，而是整个教育。让我们听听李镇西在遥远的乌克兰的真实自白，他的自白因真实而震撼，因真实而催人深思。

　　说实在的，置身于帕夫雷什中学，我却有了一种不想当校长的想法。那天站在苏霍姆林斯基墓前，我忍不住想，如果苏霍姆林斯基生在今天的中国，他会怎样当校长？或者说他能否胜任校长一职？相对来说，苏霍姆林斯基所面临的行政环境比较单纯，他只要考虑如何把学校办好就可以了！帕夫雷什中学不仅在苏霍姆林斯基时代，而且在现在也没有这样'评估'那样'督导'，没有'达标'、'创重'等任务，因而校长只需考虑一件事：如何把学校办好？单纯的人（校长）和单纯的事（教育），便诞生了不朽的苏霍姆林斯基和他的帕夫雷什中学。我当然知道这个常识：教育不是孤立的，学校也不可能是世外桃源。但是，教育需要相对单纯，而不应该负担太多的非教育的东西；学校也应该相对宁静，而不应该不断被折磨，让校长和师生疲于应付无穷无尽的'检查'、'验收'。回想我当初来到学校之前，我想的就是如何把学校办好，做一个单纯的校长。两年多过去了，尽管我所在的教育局非常理解并支持我的工作，可我的相当多的精力并没有（因为不可能）放在教育上，为了学校的发展，我不得不同方方面面打交道（其实我的社会协调能力很差，这方面做得很不成功），不得不遵守我曾经而且至今深恶痛绝的'潜规则'。对比苏霍姆林斯基，对比帕夫雷什中学，我这个校长当得太不单纯了！这样的校长不当也罢！可是，我知道，这些话只能在远离武侯实验中学万里之外的乌克兰当牢骚说说，实际上我是不可能辞职的，所以，回到学校，这样的校长我还得继续这样当下去。[1]

---

[1] 李镇西. 追随苏霍姆林斯基. 华东师范大学出版社，2009.

二、在真爱中一起行走

教育是充满感情、充满爱的事业，是爱的艺术。师爱是教师对教育的浓厚情感，是教育的灵魂，是师德的核心。它具有表率性、传递性、无私性、恒常性、共生性等特点。它既源于对教师这一职业的理解、责任、理想，也源于教育实践的爱的体验和教育的爱的反馈。教师如何在真爱中行走？

（一）爱，需要拎出个心来

作为师德的原核，师爱是真粹的。它真实而纯洁，健康而强大，质朴而深邃，不虚假，不做作，不标榜，不自私。苏霍姆林斯基对师爱有着深刻的论述。他坚定地认为，爱，首先意味着奉献，意味着把自己心灵的力量献给所爱的人，为所爱的人创造幸福，而热爱孩子是教师生活中最主要的东西。同时，他也不无担忧地认为，没有情感，道德就会变成枯燥无味的空话，只能培养出伪君子；精神空虚，思想枯竭，志趣低下，愚昧无知等，绝不会焕发和孕育出真正的爱。

只有真粹的师爱，才能收获教育过程的幸福和成就。在30多年的教育生涯中，苏霍姆林斯基"把整个心灵献给了孩子们"。他既当校长，又当普通教师；既教课，又当班主任；既做具体工作，又搞科学研究。他勤奋务实，笔耕不辍，著述没有任何一位教育家可与之相比：41部教育论著，600多篇论文，1200多篇儿童阅读的童话、故事等文艺作品。一个个浸润着爱的教育案例，一部部"活的教育学"，一部部"学校生活的百科全书"。苏霍姆林斯基这位"教育思想的泰斗"，拨动着教育最柔软最动人的爱的心弦，给予我们后人无限的启示。

只有真粹的师爱，才能以情感人，以情育人。情感教育的基础和前提就是师爱。一个玫瑰流香的日子，一个小女孩竟然将校园花房里的硕大的玫瑰花摘了下来，而这恰好被一位老师撞见。这位老师走上前去，问她为什么要摘下玫瑰。女孩害羞地说，自己的奶奶生病卧床，没法看到，所以，想将玫瑰摘下来带回去给奶奶看，看完后，还会还回来。这位老师随手又摘下两朵很大的玫瑰送给小女孩，并对她说："一朵送给懂得爱的你，一朵送给养你并教育你懂得爱的妈妈。"女孩懂得爱，老师用爱肯定爱，那玫瑰永不凋谢，永远散发着浓郁的爱的芬芳。那位老师就是苏霍姆林斯基，就是高举"爱的教育"伟大旗帜的爱的导师。

在今天要旗帜鲜明地提"真爱"。当我们读《德兰修女传》时，对那句"在爱中行走"难道不会有亲切而深刻的领悟？当我们读《帕夫雷什中学》时，对苏霍姆林斯基的智言中所蕴含的人道精神和生命关怀，难道不会有更震撼的共鸣？当我们读朱永新的《新教育之梦》时，难道我们不会因其激情诗意的崇高理想而激情澎湃？当我们读李镇西的《心灵写诗》时，难道不会沉醉于其爱的诗意中？当我们读吴非老师的《不跪着教书》时，难道不会因其深邃的思考和强烈的教育责任心而沉吟不已？真爱，是真教育的底色。没有真爱的教师，是亵渎"教师"；没有真爱的教育，是亵渎"教育"。没有"真爱"，永远享受不到无上的教育幸福。只有拥有一颗真爱的心，教师才能算是真正的"教师"，学生才能算是真正的"学生"，学校才能算是一所真正的"学校"。"有了真爱就有了一切"，这正是我们教育事业的幸福之途和当前整个教育的一剂良药。

付出真爱，教师才能尽享教育的幸福。我们不由自主地去亲近学生，了解他们，帮助他们，并乐于为他们做一切。在与学生的亲密相处中，他们会给予我们永远值得回味的甜蜜，他们每个人的点滴成功，都将是我们最大的满足。我们倾注心血，促进他们健康而自由的成长，他们用暂时的成功一次又一次地回报着我们，证实着我们是世界上最幸福的教师。他们一天天成长，我们与之既为师又为友，真是美妙的事情。

(二) 爱，需要智慧

师爱需要智慧。智慧，是教育艺术的制高点。教育发展到今天面临诸多的新情况、新挑战。一方面是感到现在的学生真是越来越难教了。由于信息社会的冲击，价值取向的多元化，学生自我意识的强化，学业与应试压力的增大，传统的教育方法有的可能难以奏效，这就需要教师调整思维方式，与时俱进，开拓创新。另一方面，教师既受到师道尊严的传统观念的禁锢，又易受到利益的驱动，不能对学生一视同仁，或者强制施爱造成学生的逆反。这就需要教师从"人"的角度来理解、关怀学生，加强理论学习，加强在具体实践中的反思，提高教育艺术性。

1. 从"人"出发

教育的爱的智慧，需要从"人"的角度，发扬教育的人文精神，始终关注"人"的成长，关怀"这一个人"的一生的全面持续的发展。教育的爱，有了这样的高度，才能更理性，更有内涵和深度。

大凡读了关于我国乡村教育家陶行知"四颗糖果"的故事，莫不为先生的教育智慧所折服。两个男生发生矛盾，其中一个男生动手打了另一个男生，恰巧被陶先生看到，便约那个打人的男生到校长室谈话。待来到办公室后，陶先生发现那个男孩已先到了，便从口袋里掏出一颗糖奖给他，对他说："这是奖励你到得很准时。"男孩很吃惊。接着陶先生掏出第二颗糖果给他，对他说："这是奖励你在听到我的劝阻之后就及时停手了。"男孩子更诧异了。接着，陶先生掏出第三颗糖果给他并说："据我所知，你是为了保护女生而去打那个男生，这是伸张正义的表现。"男孩听到这里流下了悔恨的泪水，说："可是我打的不是敌人，而是我的同学啊！"陶先生掏出第四颗糖奖给他："你已经知道错了，这是第四颗糖奖给你。今天的谈话结束了。"

教育的爱的智慧，需要教师明确一个个学生内在的发展需求到底是什么，需要反思自己是否真正理解了爱，以及自己的爱的教育是否有些霸道蛮横，特别是在甚嚣尘上的应试教育之下，亟须反思除教育的GDP外，是否丢弃掉了更重要的东西。

王栋生有篇题为《让学生追求诗意的人生》的文章，读来却颇感现实的"骨感"。一位有礼貌、懂诗的学生来找王老师谈话，原来，家长会的当晚，父母找他谈话，教导他以后的"生涯规划"，无非是勤奋读书，选择一所名校，进入热门专业，以后就业顺利，能有一份比较高的收入，过上体面的生活。父母的爱心、耐心与苦心，溢于言表，然而那些话让他流下了眼泪。这位平素刚强的学生伤感地对父母说："世界上有比这些更有价值的东西，人活着要有理想，没有理想的人生不是完美的人生；生活中有许多东西能抚慰人的心灵，能让世界变得更美好，譬如诗。"学生心中有"诗"，难能可贵，而我们却冷漠而世俗地抹去他心中的"诗意"，用"伟大"的爱和应试的机制来逼其就范。读懂学生心中的"诗"，对教师，真是个很大的挑战。

2. 追求精神共振

　　一个不可回避的现实问题是，在今天应试教育的桎梏下，爱的教育如何突围？或者说，如何达到这种境界——学生幸福地获取高分，教师也幸福地发展，两者同融共进？

　　首先，教育应以其固有的伟大精神魅力和道德力量来满足学生的精神需要，提升他们的精神力量。如此，一个真正幸福的真正能配得上"教师"称谓的人方诞生。

　　在我们身边，总有一部分教师，扮演着应试狂潮的弄潮儿，激情澎湃轰轰烈烈地忘我地执著地"死盯"学生，根本无视学生的精神需求和成长。他们死盯着高分并乐此不疲，因为高分可以换取名利。我们敬佩这种"幸福"的老师，但是同时，也鄙视之。这种教师成就越大，贻害越大；他蜡烛般的燃烧，焚坏了学生。当然我们也时常扮演这种角色，并在分数博弈中同样渴望满足自己的虚荣心，可我们却时常反省，能自责，甚至拷问自己的良心和作为教师的良知。我们憎恶现状，我们希望能踏踏实实地踏上一条幸福光明之征途。但是当我们想要披荆斩棘时，路在哪儿呢？我们可以从琴棋书画、影视歌曲等个人爱好中觅得乐趣，但是，我们是教师，最大的幸福应源于一种精神的不断丰腴成长，而这种成长一定是源于自己的学生。苏霍姆林斯基说："没有丰满的内在精神世界，没有劳动和创造的欢乐，没有个人的尊严感、荣誉感和自豪感，就不可能有幸福。"要幸福就要有种精神的追求和快感。苏霍姆林斯基33年的教育生涯充满了紧张的探求和思考，他总是那么激情饱满地探索造就全面发展的人才事业。我们读《帕夫雷什中学》，很轻易就能感触到他那种对教育的痴醉、睿智，以至心尖幸福得都要发颤。

其次，我们所追求的幸福绝不是限于教师自我的感觉良好，而应充分体现在对学生精神世界的积极影响上，也应不可回避地体现在取得高分上。

武断地全盘否定应试，是不明智的，而应走一条鱼与熊掌兼得的中庸之道。影片《春风化雨》（又名《死亡诗社》）中的基廷先生，在孩子们的心中播撒了真爱与个性的种子，当这些种子破土狂长时，基廷先生却离开了学校。他离开时的背影告诉我们：教育理想主义者要用双脚站在现实的土壤上，更聪明地思考和行动。若是学生因真正幸福的教师的教育价值光辉的照耀和深刻的生命关怀，从而对知识深深倾注了理性、道德和审美情感，并最终收获高分时，我坚信，这种高分多么稳固，这种高分蕴含着多么不可思议的无限成长的潜能。高分，似乎也并不能仅仅是横向的对比，恐怕更应偏重于自我的纵向进步；高分除了分数，是否还理应包括其他方面的长足进步呢？苏霍姆林斯基说得好："最主要的是，要在每个孩子身上发现他最强的一面，找出他作为个人发展根源的'机灵点'，做到使孩子在他能够最充分地显示和发挥他天赋素质的事情上达到他的年龄可能达到的卓著成绩。"

所以说，师生在精神生活背景上追求高分，彼此因爱皆幸福。教师和学生都需要这种醉人的幸福，这种感觉会渗入灵魂，成为信仰和习惯。这才是一条真正光明的路，路上荆棘密布，充斥着苦恼、不解、失望、孤寂，但是，踏上这条路，其实也就是选择了一条教师自我成长的康庄大道。

3. 惩戒机智

师爱，没有惩戒是不完整的，惩戒过度则又是扭曲的，都不利于培养学生的理性发展和社会化成长。邵统亮老师认为，惩戒教育的机智体现为代偿惩戒、自然惩戒、反省惩戒和处分性惩戒等四种方式。（详见《惩戒教育的机智与意蕴》，邵统亮，《班主任》杂志，2010年第6期）

先说代偿惩戒。

代偿惩戒能够产生的效果往往出人意料：播种的是惩戒，收获的是成功。使用这种方法的关键是"代偿媒介"。好的"代偿媒介"有以下几个特点：一是宽容性，不要求等价补偿，照章论罚；二是迂回性，并不就事论罚，而是就事生教；三是灵活性，就地取材，随心所欲；四是促发新的探究，实现新的提升；五是体验性，被惩戒者在探究的活动体验中养成良好的品德和习惯，有了创造意义的成功。"代偿媒介"的选用，最见施教者的匠心与机智。

值得注意的是，使用"代偿媒介"时，如果不小心，就会产生负面作用。比如"罚劳动""罚做一件好事"，很容易给学生造成不好的心理暗示。很多学生犯错误的原因是"师源性"的，有些就是由于教师对代偿媒介选用不当引发的。

再说自然惩戒。

孩子犯了错误，造成一定的不良后果，别人不去批评、惩戒他，而是让孩子自己品尝由自己的行为所造成的"自然苦果"，从而促进其反省，迫使其改正过失。斯宾塞认为，"人为的惩戒没有能够罚醒人，在许多情况下反而增加了犯罪"，是一种"野蛮的教育方法"。他认为，"自然后果的惩戒"才是"文明的教育方法"。

使用自然惩戒法，要做好以下几方面的心理准备：第一，孩子的转变可能会慢一些，因此要耐心等待；第二，在接受自然惩戒时，孩子可能会受到轻度伤害，对这种伤害，教师和家长不必过于紧张；第三，要保证时时监控，避免对学生造成严重的伤害。

三是反省惩戒。

写犯错说明书、写"心理病历"、与学生一起受罚、让学生到厨房体验生活等都属于反省惩戒，其目的都在于让学生反省自己，知晓对错，找出内因，挖到根源，从根本上解决问题。英国著名教育家洛克主张把惩戒与荣辱联系起来，他提出引导学生珍惜名誉，惩戒不是让他们仅仅感到痛苦，而应该使他们具有一种自觉接受惩戒的羞愧感。

著名教育家魏书生深得教育的真谛，他不仅擅长激励教育，对惩戒教育也颇有研究。学生犯了较严重的错误，就罚他写份五百字左右的心理活动说明书，反映自己事前、事中、事后心灵深处"旧我"和"新我"的论战；犯了严重错误，就罚他写"心理病历"，"心理病历"要包括疾病名称、发病时间、发病原因、治疗方法、疗程等。

第四种是处分性惩戒。

处分性惩戒，必须适时、适度、适地、适性、适切。有的学生被当众批评，回家自杀了；也有的学生被当众羞辱，知耻后勇，学业有成。同样的惩戒收到了不同的效果，常常是由于时间、场合、个性差异所致。所以教师要注意观察、认真分析。特别要根据学生年龄特征、性别差异、性格特点、情感体验、心理承受能力及家庭环境等因素，或宽容或严厉，或劝告或训斥，或私下或公开，或直接或迂回，或向家长隐瞒或向家长通报……

(三) 爱，需要空间

今天，圈养式教育、包办式教育大行其道，师爱的空间填得满，塞得紧，挤得慌，学生的个性张扬和自由发展自然受到阻碍。很大程度上，这是误读师爱和教育霸权作祟的结果，是违背教育规律和学生成长规律的。还原教育本有的空间，需要推行卢梭的"消极教育"。"消极教育"不是什么都不做，而是体现了一定的积极教育意蕴；"消极教育"尊重学生天性，让学生自然率性成长；"消极教育"体现了"无为而无不为"的思想，其最终目的是为了孩子的自我教育。

那么，如何推行"消极教育"呢？

1. 在教育观念上，教师不妨"懒"一"懒"

西汉开国功臣曹参是无为而治的忠实践行者，当初盖公给他出主意时说："只要上面的官府清净，不生事，不扰民，那么下面的老百姓自然生活就安定了。百姓安定后，社会经济随之就能得到恢复和发展，国家也就能治理好了。"联系到教师，不得不提倡"懒"字。

懒，不代表不称职。一是我懒，貌似不称职，其实更称职，因为最终更利于学生成长；一是你勤，貌似很称职，其实很不称职，因为最终很可能阻碍了学生的长远发展。做教师的，可贵之处应在于，先明确哪些地方可以通过自己的有为能对学生起到一种美好的长远的促进，甚至是你不用为或稍为，学生就可以自行而为，同时，哪些地方适得其反，甚至是你越有为对学生造成的影响越坏。

"懒"其实是"无为而治"的民主思想，是对学生的尊重与信任，是对学生成长规律的尊重。老子说："人法地，地法天，天法道，道法自然。"爱学生，就应顺其自然，无为而治，让学生按照自身的必然性自由发展，不对其横加干涉，不以有为去影响事物的自然进程。卢梭《爱弥儿》就主张教育目的在于培养"自然人"，主张改革现行的教育内容和方法，顺应儿童成长的本性，让他们的身心自由发展，"让孩子像野草一样自然成长"！

2. 在教育心态上，教师不妨多些宽恕

从个人道德修养看，宽容是一种美德，是对他人人格的理解和尊重，是做人的基本准则。从教育角度看，宽容是对被教育者的爱护、信任，它体现了人文关怀精神，同时也是教师与学生人格平等的具体表现。

宽容的本质就是爱。宽容意识是人民教师必须具备的一种素质，如果没有宽容意识，就不可能成为一个爱学生、被学生所爱的好老师。大凡威信高、深受学生爱戴的教师，无不具有博大的胸怀和宽容精神。那些不被学生喜爱的教师，则多半是不关心学生痛痒、缺乏人情味和宽容精神。

英国当代著名解剖学家约翰·麦克劳德读小学的时候，特别淘气。有一天，他想亲眼看一看狗的内脏是怎样的，便偷偷地将校长的宠物——一只可爱的小哈巴狗给杀了。校长知道后气得七窍生烟，他决定惩罚这个"无法无天"的学生。怎么罚？出乎人们意料的是，他既没有批评这名学生，也没有开除他，而是罚他画一幅人体骨骼和人体血液循环图。

约翰·麦克劳德被校长的宽容所打动，从此以后，发愤钻研解剖学，终于成为举世闻名的医学科学巨匠。试想，假如当年这位校长采取粗暴严厉的批评方式或者开除约翰·麦克劳德的学籍，那么这个天才的解剖学家也许就埋没了。在慨叹这位校长的高明的教育方法的同时，我们也该反思自己在日常教学中的所作所为。

3. 在教育方法上，教师不妨"抛"一"抛"

农民在稻田里是在"抛"秧,还是"插"秧?是"抛"。插秧时,渴望高产多产,铆劲儿地插,密密匝匝地,苗没空儿伸伸胳膊伸伸腿,以为多收点,可到年头倒是减产;但这么一抛,根儿不坏,苗彼此也挨不着,想怎么着长就怎么着长,不光收成好,干起活来也轻松有趣。

我们教师怀揣着对教育神圣的使命、对学生殷殷的期望和深切的爱,布置作业,作业铺天盖地。其实又何止是作业,看看我们的课堂吧,不照样是细细密密吗?我们在"插秧",可我们真正收获了什么呢?……"插",是现代教育理念的背离,而"抛"却很准确地道出了现代教育理念的核心。遵循学生成长的规律,尊重学生自由成长的权利,发挥学生的潜能……真让一个"抛"字给说透了。

夸美纽斯在《大教学论》中说:"找出一种教育方法,使教师因此可以少教,但是学生可以多学;使学校因此可以少些喧嚣、厌恶和无益的劳苦,独具闲暇、快乐及坚实的进步。"教育上"抛"一"抛",不失为一种好方法。

(四) 爱,需要用心

世上最怕用心,师爱需要用心。用心爱学生,用心做教育,用心做教师,勤勤恳恳,兢兢业业,教育才能快乐、顺利而幸福。大凡那些教育名家,无不是把学生的全面健康成长放在首位,无不是用心在每天重复不断的教育任务中静下心来,坚持记录和反思的。

1. 要学会用心经营

用心经营教育,就是要努力认识、感悟教育的规律,努力把素质教育的理想转化成自己的教育实践,把自己的教育工作不仅看成事业,而且看成是自己生活的一部分,不断地想着它、念着它、琢磨它、感悟它、享受它。用心经营教育,就是用心去聆听学生的心声,用心去观察、品味教育现象,用心去感悟教育中的规律,用心去启迪教育的智慧,用心去创造学生发展的广阔空间,用心去实践教育……用心经营教育,方能留心观察、细心品味;用心经营教育方能专心实践、恒心坚持;用心经营教育方能达高致远、宠辱不惊;用心经营教育,方能心怀感激、胸襟坦荡;用心经营教育,方能展示自我、感悟生命。

让我们来看看李镇西的用心吧。

镇西的用心,是一般人难以想象的。30年前孩子们的声音,他能够完整地保留着;谷建芬老师30年前的来信,他能够完整地收藏着。他几十年如一日坚持写日记,记录着班上和学校发生的一切。他写过很多书,如《青春期悄悄话——致青少年的101封信》《爱心与教育——素质教育探索手记》《从批判走向建设——语文教育手记》《走进心灵——民主教育手记》《教育是心灵的艺术——李镇西教育论文随笔选》《风中芦苇在思索——李镇西教育随笔选》《花开的声音》《教有所思》《心灵写诗——李镇西班主任日记》《李镇西班级管理日志》《民主与教育:一个中学教师对民主教育的思考》《做最好的班主任》《做最好的家长》《做最好的老师》《用心灵赢得心灵——李镇西教育演讲录》等等,其中大部分是在教育手记与工作日记的基础上整理出来的。[1]

用心经营教育,正是李镇西这位堪称教育家的教师给予我们的深刻启发。

2. 要投入到学生中去

"到学生中去",是构建起一种互动的精神脐带,是探寻一种真实的诉求,是寻求一种真诚的理解和纯粹的情谊,是收获一种青春不老的幸福。"到学生中去",是一种良知,是一种理念。坚持到学生中去,成为诸多先生的自觉行为,成为一种不用标榜的文化,那么,先生才能称得上真先生,教育才能称得上"新教育""真教育"。陶行知先生曾言:"你若变成小孩子,便有惊人的奇迹出现:师生立刻成为朋友,学校立刻成为乐园;你立刻学得和小孩子一般儿大,一块儿玩,一块儿做工,谁也不觉得您是先生,您便成了真正的先生。"到学生中去,做真先生,莫做假先生!

"到学生中去",是基于教育的良知、教师职业的特性和过一种诗意人生的梦想。学生那一双双渴望自由交流的眼睛和青春而单纯的心地,具有着世

---

[1] 朱永新. 李镇西的意义:童心、爱心与用心. 班主任. 2012, 6.

间无可比拟的吸摄力。你去，不是谁要你去，是你不得不去，思想的延续欲以及生命价值的实现欲，连同交流的愉悦，都使你乐此不疲，回味悠长。到学生中去，你带着什么去？要带着从灵魂深处流淌出来的想法，带着一种向学生学习的心愿去，并带着宽容的心态、亲和的微笑甚至一种顽皮去。你来了，不是来教育学生来了，不是来教训学生来了，也不是来恩赐学生来了。你来了，不是作为一个教学"奏技者"来的，说实话，"教学，这只不过是广义概念的教育这朵花上的一片花瓣而已"。你的到来，绝不是一种手段，绝不怀着空虚的心灵来，绝不是为和学生建立一种狎昵的关系而来。

到了学生中，妙绝的灵感、鲜活的发现以及莫名的机智，总是不失时机地来到，情谊的美好、青春的激情以及人生的幸福，总是幸福得让你心颤不已。这些只略微梳理一下，就是一篇很具启发性的德育小品，而那种感觉，又岂是一篇文字所能言尽得了的？学生总是那么真诚以待，领悟式的点头、沉思式的蹙眉，是给予你莫大的鼓励和享受；而那种批判式的眼光、挑衅式的语气，似乎非要暴露你知识和灵魂深处的浅薄和丑陋来不可，说实话，常令你心虚甚至心痛。他们对你隐晦或毫不客气的质疑和批判，恰恰是反思进步的养料。这不是放弃尊严，而是去伪尊严，赢得真民主和真理解。

3. 为教育激情"保鲜"

激情，蕴蓄着平凡生活的醇美，把握着生命强劲的脉动，开拓着无限的可能性，如凛然可畏的剑气，如沸腾不息的岩浆。没有激情，人就会萎靡不振，经不起考验，易迷失自我。用心经营教育，就不能不为激情"保鲜"。

教育激情，可以分为两类，一是有声有色的，一是静水深流的。前者以饱满的表情，有力的肢体语言，铿锵流畅的声音，清晰迅疾的思维"激扬文字，挥斥方遒"，其强烈的感染力和敏捷的示范性，会让每个学生主动去爱这学科的学习，去热爱生活；后者则表面"静若止水"，不显山不露水，不虚张声势，可实际上内心却涌动着对学生深沉的爱，对教育真谛的追求，以及教育过程的无上幸福，这些都会渗到学生灵魂深处，积淀成生命的厚重。这两种教育激情，都是基于对教育和学生的大爱，有广博的宽度；都是基于对人性和学习的深爱，有幽邃的深度；都是基于对生活和工作的真爱，有令人痴醉的幸福相伴生；都是基于对自身的认同和完整，有着鲜明的个性。这些是教育激情萌生、保持与强化的根本，是教育个体与全体的聚心之核。

若没有了激情，教育将成为苦差事，自己身心受折磨，学生大受其害，诸多教育问题必将滋生。在喧嚣、浮躁而功利的教育背景下，教育激情若再沦为教育的稀有资源，那是很可怕的事，即便设施多么一流，师资多么雄厚。教师个体的成长，学校整个的发展，新课程的整个改革，在很大程度上讲，就是唤醒"惊涛拍岸"的教育激情。

（五）爱，需要和谐

我们一提教育的爱，往往与师爱画等号。这不全面，其实还应包括学生对老师的爱。这两者是相辅相成、互促互补、教学相长的辩证统一关系。这就需要教师批判继承传统教育文化，加强教育反思，更新教育观念，以师爱促学生的爱，从而形成两者的良性循环，达到和谐的境界。

1. 尽可能少些"叨陪鲤对"的训诫

（孔子）尝独立，鲤趋而过庭。曰："学诗乎？"对曰："未也。"对曰："不学诗，无以言（说话没有依据）。"鲤退而学诗。他日，又独立，鲤趋而过庭。曰："学礼乎？"对曰："未也。"对曰："不学礼，无以立（立身没有准则）。"鲤退而学礼。

"叨陪鲤对"语出《论语》，是训诫教育的典范。对自己的独根苗孔鲤，孔夫子甚是疼爱，但同时，又仗着自己满肚子的学问，明察秋毫，逮着鲤儿就说教，教诲起来语重心长义正词严，告诫起来掷地有声不厌其烦。孔鲤呢，一见老爸，则毕恭毕敬谦慎有加，连过院子都是"趋"着（即快步跑），一聆听父亲训诫，就当即"退而学"。只是孔鲤一生没出息，又死得早，枉费了老爸的诗礼之教和英名。

孔圣人训诫的功夫，后人不断变本加厉地发扬光大，巍巍乎如泰山，浩浩乎如沧海，时至今日，仍不见有些消停。你看咱们的教育者，逢着学生，尊口一开，就是"最近学习怎么样啊""考试了吗""考了多少分啊""要好好学啊"，天然享用"训诫"的权利。"一切为了学生"的严师，多数似乎不太懂得学生的沉默之道，仍是威严写满了脸，动辄喊来学生劈头盖脸就训。

我们往往承认着却又"无视"着这样的需求和挑战：青春期的孩子叛逆心正盛，情感世界充满风暴，自我意识急剧膨胀，个性需求不断张扬；社会价值多元化了，社会竞争日趋激烈了；我们的教育目标不是培养好孩子"孔鲤"，而是要培养具有质疑和批判精神的全面发展的适应时代发展的新人。

因此，我们惯用训诫，在越来越不好"管"的孩子面前，顽固地用话语霸权掩饰自身日渐暴露的无知和虚伪，竭力表白自身苍白的所谓尊严。于是，彼此之间兀然竖着一道"危乎高哉"的屏障来，彼此的心离得越来越远。而且，不仅严重失语的孩子们，越来越不买我们的账，甚至竟敢于挑衅我们的权威了；而且惯于训诫的我们，也在教育失落的阴影下唏嘘不已，倍感教育简直就是一种挥之不去的心痛了。

2. 享受诗意的聊天儿

聊天儿，利于把孩子们作为"人"来发现和尊重，本质上是一种民主平等的人本教育理念的主动觉醒以及这种理念的自觉行动。学生不是知识的容器，孩子不是家长的私有财产，他们有自己的独立人格和尊严感，有着成长的无限可能性。苏霍姆林斯基说："孩子们所喜欢的是那种本人就喜欢孩子、离开孩子就不行，而且感到跟孩子交往是一种幸福快乐的人。"作为最常态的教育行为，聊天儿能使我们深入到孩子们的兴趣中去，和他们互相倾诉心肠，把他们视为朋友、志同道合者。

聊天儿，利于培养谦和的教育姿态。谦和，其实是种教育力。李希贵、魏书生、李镇西、黄厚江等名家的讲座，完全是种拉家常的风格，亲切，平等，不摆谱，绝少说教的玩意——他们平时一定和自己的学生也很聊得来。

聊天儿，利于构建新型的教育关系。聊天儿中，孩子们纯粹的笑，洋溢的青春活力，纯真而敏感的心，都将深深感染着你，甚至潜移默化地引领着你；聊天儿中，孩子们会教会你单靠自我努力无法企及的东西，这些东西，是你今后持续发展的滋养；聊天儿中，孩子们成长中出现的这样那样的问题，又为你提供了免费实践的机会；聊天儿中，一起享受着教育的幸福——这种幸福那么真诚而纯粹，那么本真而热烈，它常擦拭去你心灵上的尘垢，不断温暖你的心；聊天儿中，你会不断触及教育最本质的东西，并促使你不断拷问自我和现实……对孩子们而言，他们也将在聊天儿中变得更积极更真诚，更充实更可爱，收获的将是书本上所没有的。一种理想的新型教育关系在聊天中得以确立，并不断用爱的幸福巩固。

聊天儿，使教育充满美好的诗意——舒畅，真诚，信任，享受。常登录李镇西老师的博客，沉浸于那充满爱与智慧的文字。他像孩子一样和孩子们快乐地聊天儿做游戏，在我们觉得似乎微不足道的教育细节上，他却不断擦亮我们的眼睛。他的每一部作品，几乎都是从聊天儿中来，又走向聊天儿。聊天儿，能聊出成长快乐精神充盈的孩子，能聊出一方真教育的天。

如何聊出一片天呢？

第一，要自然本真。聊天儿，求的就是无拘无束，轻松自在，不掺假，不唬人。可以来办公室或教室坐着谈，可以在校园路上走着或站着聊，或到鱼池边蹲着说，也可以周末QQ上图文并茂地聊；可单聊，也可群聊，春风细雨，天马行空，任君乐逍遥；想蹙眉就蹙眉，想咧嘴笑就咧嘴笑，想瞑目就瞑目，想挠头就挠头，想喝茶就喝茶，想吃糖就吃糖，自然任性，有何不妥？聊什么？聊学习，聊生活，聊文章，信口拈来，一切皆可入聊。你埋在心底的疑惑、好奇、赞许和批评，尽可坦然地说来。自由和安全，是教育的本义，与推卸教育责任的放纵和无为根本不是一回事。

第二，要怀揣着教育的真爱。和孩子们聊天儿，就"要用我们的力量、我们的思考、我们的明智、我们的信念和我们的情操"等"巨大的丰富的精神财富"（苏霍姆林斯基），去建立跟他们的友谊，就必须做他们的朋友，主动深入到他们的精神世界中，同忧同乐，志同道合，从而达到交往和谐的境界。如果"缺乏这种精神丰富性，友谊就会变成一种庸俗的亲昵关系"，之间的聊天儿也就褪去教育的意义而庸俗化了。但是，我们也要提醒自我，要收敛自己的教育意图，遵循教育的规律，付出巨大的艰辛，正如苏霍姆林斯基所言："任何一种教育现象，孩子在其中越少感觉到教育者的意图，它的教育效果就越大。我们把这条规律看成是教育技巧的核心，是能够找到通向孩子心灵之路的基础……"

第三，要掌握些"聊"的技巧。一是要讲人话，讲孩子听得懂也爱听的话，讲源于生活的话；二是能幽默些，不枯燥；三是能煽情催思，三十六计皆可来。

3. 要敢于向学生深鞠一躬

我们习惯于教育学生要学会感恩，让他们学会感恩父母、感恩老师、感恩学校和社会。但是，感恩应包含几个本质条件：一是交互，单向的感恩不是真正的感恩；二是真诚，强迫的感恩不是真正的感恩；三是和谐，情感不能交融的感恩不是真正的感恩。所以说，教师感恩学生当是师生关系和谐的应有之义。

我们习惯于只看到学生的进步，然后拍着自己的胸脯说，这是我的功劳；我们习惯于只看到学生的不足，然后指着学生的背影说，叫我操碎了心。但请细想想，学生给予我们实在太多太珍贵的东西了，远比我们给予他们的要多得多。对学生个体的成长和发展，无论是内需力的刺激还是强化，无论是过程中的酸甜苦辣，你想想，给予我们不是同样的成长和发展吗？他们整体的智慧要远比个体的老师强大得多，他们教会我们单靠自我努力无法企及的东西，这些东西，是我们今后持续发展的基石和滋养。学生们在帮助我们成长，在帮助我们的过程中，一起享受着带给我们的幸福。这种幸福是那么真诚而纯粹，本真而热烈，在浮躁功利的背景下，它擦拭着教师心灵的污垢，并温暖着教师的心。他们成长过程中出现这样那样的问题，这为我们提供了多好的免费实践机会，可是，我们并不是总能及时出现，并不是总能找出好的解决办法，并不是总能一直关切，甚至，常常缺乏足够的耐心，常常做得差劲。因为我们的无知、偏执、自私、狭隘，无视、压抑，扭曲了一些学生的天赋，可能影响了某些学生的命运。我们可以毫无意识去拷问自我的灵魂，我们可以面对学生的这不足那缺点毫无自惭之意，我们也可以有所觉察地盘点建立在牺牲了很多学生发展机会基础之上的所谓"教训"。但是学生们呢？他们默默地从你眼前消失了，被你默默地从脑海中抹去。我们有多少人怀揣着惴惴之情为师呢？

毋庸置疑，教书是光荣而神圣的，但我们常常忽视了这荣耀背后相伴的良知与责任。学生们的金榜题名为我们赚取了丰厚的奖金和显赫的声誉，为我们赚取了炫耀的资本，使我们的头颅高傲地昂着，但，冲锋陷阵受苦受难的是他们，不是我们；坚毅刚强默默奋斗的是他们，不是我们。成功属于他们，我们并没有太多功劳，甚至祈祷不要给他们的成长和发展造成任何的阻碍和伤害；但我们却理所当然地歆享这种成功，并努力归因于己。

　　老师感恩学生的教育才是正常的教育。所以，当学生朋友们黯然离校时，他们会流着泪与我们告别；而我们，是否也当深深地向他们深鞠一躬呢？

4. 要努力以爱育爱

　　以爱育人，对学生具有人文关怀，已远超出了一般的职业素养和职业要求，但还绝不是爱的教育的全部和终极目标。从学生主体来讲，爱的教育是教师激发学生感受和体验爱的情感，使之学会主动付出爱，即通过自己的行为关心、尊重并最终影响对象，从而成长为具有爱心和关怀品质的人。在功利化德育和市场经济背景下，爱的教育的"爱"，被掺杂了许多市侩成分而大行其道，"爱的教育"基本上被狭隘地理解为"教师对学生"的单向活动，泯失了学生的主体性，客观上导致爱的"教育"属性的缺失。爱的教育，唤醒和培育学生爱的能力，让学生学会爱，在当代道德教育中应具有核心地位。

　　我们要真切深入地把握学生所处的多元文化冲突焦点的地位，这是让学生学会爱的前提。从文化角度给学生定位，从文化矛盾的辩证统一关系的角度更深入地剖析教育现象，更真实更贴心地理解学生，更积极更和谐地施教于学生，从而实现学生从文化冲突、抗争走上平和、融合之路。

　　有这么一个故事，讲一只猴子和一条鱼被凶猛的洪水卷走。猴子动作灵活，又有经验，因此有幸爬到一棵树上，脱离了危险。他朝树下翻卷的大水一看，发现鱼正在激流中挣扎，一下子把鱼从水中捞起。可是猴子奇怪的是，鱼对于猴子的帮助并不感激。猴子"见义勇为"，可鱼并不感恩，这正源于"鱼文化"与"猴文化"之间的矛盾冲突。若猴子明白这两种文化的差异，也不会为自己的"壮举"而自豪，为鱼的不领情而伤感了。因此，教育者需要正视今天学生的爱之"未成熟状态"，理解这种"未成熟状态"就是一种积极的向前生长的力量，需要有更大的教育耐心和教育智慧。

那么，我们有哪些策略让学生学会爱呢？

首先是唤醒策略。就是通过爱的教育使学生爱的美好品质受到生命的刺激，催萌德性顿悟，从而形诸爱之行动，可从耻感教育、榜样教育和反思教育入手。比如可从以下四方面进行耻感教育。

一是积极培植学生对肯定的自我价值的感受，强化学生自身的高贵的尊严感，这样，面对龌龊丑陋的东西，他的羞耻感就会越强烈。

二是增强学生自我内省、自我修复的能力，即反观自我的形象、检点自我的缺陷、发现丧失的良心和呵护高贵的尊严。

三是培养学生选择以高尚的精神养料滋养精神的自觉追求，避免羞耻感的种子被污风浊雨夭折。

四是要让自己的灵魂栖于信仰之巢，体验耻感，从而方可构建民族的耻感文化。

其次是体验策略。爱的教育离不开学生的爱的体验。引导学生进行道德体验，要注意以下几点：

一是必须确立学生的道德体验的主体地位，促其自觉性和主动性，避免一味说教和灌输。

二是尽可能从学生生活世界的遭遇与挫折，从学生内心世界的德育冲突，来选择德育内容，并采用通俗鲜活的语言、喜闻乐见的形式和疏导的方式，让学生在生活情境中亲身经历和体验。

三是引导学生感受行动带给外在世界的积极变化，体验内心所获得的愉悦，感受生命的充盈和美好。

第三是惩戒教育。在今天提倡个性化和多元化的时代，表扬教育、成功教育大行其道，惩戒教育应愈发展现出爱的教育的本色光芒。惩戒前要将违纪的来龙去脉摸清，要找准违纪生的思想脆弱点，要从违纪行为可能导致对他本人及他人、集体的后果进行训育，训育语言要刚柔相济，要理直据实地予以相应的处罚。另外，家、校要结成教育共同体，将违纪作为教育的起点和契机，想方设法促进学生的道德反思，鼓励其勇于承担处罚。若是处分，则应设置考察期，考察期内予以跟踪教育。学校即社会，只有养成遵守校纪的好习惯，踏进社会才可能做一个守法的好公民。违了纪，就要受到相应的处罚，绝不能打着人文教育的旗号，姑息迁就，纵容放任。马卡连柯训斥过学生，他甚至也打过一个孩子的耳光，在他看来，只要对学生的精神成长有利，可以运用非常手段。

三、路在脚下

教育为什么要特别重师德？

首先，从历史角度看，我国从文化传统、社会舆论、法律，到民间习俗、公众意识都十分重视教师的职业道德，这种师德传统一直影响至今。这是我们要继承的宝贵精神财富，丢不得。

其次，从师德产生的根本原因看，师德之所以必要：一是因教师从事的职业活动自古以来就有鲜明的伦理本性，既导人向善，又提升人性；二是因为体现在教师工作过程中的职业道德性，既要言传，还要身教。

第三，从师德的核心内容看，师德内容非常丰富，具体展现为对待教育事业和工作，对待学生和同事，对待学生家长及其他社会教育因素，以及对待自己。

然而，不能回避的是，今天，师德却深陷于教育现实之困。

首先，从当下师德建设现状来看，还存在着比较混乱的现象。具体来说，主要体现为：教师职业道德规范本身的系统混乱，许多性质不同的东西混在一起；对教师个人的职业道德要求过高、过窄、过于空泛，陈述过于简陋，多是一般性的要求，缺乏丰富的内涵与具体的指定，教师难以践行；教师职业道德的封闭性，即师德规范还停留在口头上、书面上，在实践过程中与教师的职场脱节；教师的权利和义务处理不当，即对教师义务的要求比较多，而对教师权利的保障比较薄弱。

其次,从教师自身职业道德成长角度来看,面临着诸多问题。具体体现在:教师如何保持教育的人文精神,特别是继承和弘扬有时代特征的新人文精神——对人的全面发展负责,已经成为教师职业道德面临的深刻挑战;教师要在传递知识的过程中注重如何教会学生学习,教给学生正确的人生观、价值观,重视培养学生如何进行创造性的学习,并重视学生创造精神的发育与展现;如何建立民主、平等的师生关系;教师中还存在着大量违背准则的现象和行为,体罚、谩骂学生的现象仍未断绝。

两千多年前的一天,率十万铁骑征服欧亚大陆的亚历山大大帝遇到穷困潦倒的哲学家第欧根尼。亚历山大问:"我已经征服整个世界,你可以向我请求你所要的任何恩赐。"正在木桶里睡午觉的第欧根尼伸了个懒腰,回道:"亚历山大先生,我在休息,请不要挡住我的阳光。"亚历山大事后感叹道:"如果我不是亚历山大,我就愿意做第欧根尼。"面对权势,自由之光照样照耀;身处教育新形势,师德之光同样应熠熠生辉。

那么,师德建设如何突破现实之困?新时期教师既要保持和遵守既有的优秀职业道德规范,又要适应和创造新的富有时代特征的职业道德规范,这是时代对教师提出的新的道德要求。

(一) 教师心中要飘着一面人文大旗

王栋生老师在《致青年教师》中有篇文章,题为《像太阳一样升起的白旗》,引用了格鲁吉亚作家顿巴泽的小说《白旗》的结尾。是这样写的:

> 深夜,太阳又一次来探望我,它那金色的光辉沐浴着我,呼唤我到它身边去。我愈是靠近这颗巨星,它变得愈加凉爽。我完全贴近了,用手触到了太阳,可是太阳并没有灼伤我。我同太阳一起登上一个漫长而陡峭的山坡。太阳走在前面,我紧步其后。我们攀得很高很高,登上了一个终年积雪的山峰,一个永恒的永不消融的雪皑皑的王国。
>
> "这就是珠穆朗玛峰!"太阳说着,向我递过一面洁白的旗帜。我展开旗帜,高高擎起。一面洁白的旗帜在世界上空高高飘扬——那是善良、

仁慈和友爱的象征。世界上空，飘扬着一面巨大、洁白、一尘不染的旗帜！

这的确是段"别有一番滋味"的文字。教师心中，就应飘扬着这样一面善良、仁慈和友爱的旗帜！而在今天这样一个浮躁功利、文化多元、教育正发生根本性变革的社会，教师心中也要飘扬着一面巨大、洁白、一尘不染的旗帜！攀登，也只有攀登，才能彰显今之师德的新内涵，才能迎接更深刻的嬗变。

（二）教师要立足教育实践，自觉提升师德水平

离开了自己的教育场域，不能身心投入，不注重修炼，自觉提升师德水平必然就会成为一句空话。

我们来看这位老师是如何在课堂遭遇尴尬，如何向学生"老实交待"的。

"老实交待，连续两天的早读到底做什么了？"

那是几年前的一节课，检查学生背诵，连叫了四个，没一个能流利地背下来。我有些愤怒了，暴露着恨铁不成钢的神情。接下来，我让平时最用功的学生背，结果，背得磕磕撞撞柔柔弱弱。我猛喝一声：

"行了！"

接着，我用沉默回应着惊恐的学生们。我没有在沉默中爆发，因为意识到训斥可能有些愚蠢，我语重心长地对他们分析了多背诵些诗文具有的深远意义。

我的话大致有三个要点：

第一，大量的实例证明背诵很重要。古代的有：孔子反复诵读《周易》以致韦编三绝；白居易昼夜苦读以致口舌生疮；韩愈焚膏继晷，少年时便通六经百家之学。现代的有：郭沫若在3岁时就读熟了唐诗、千家诗，11岁时已经对先秦最具代表性、最优秀的著作烂熟于心；巴金12岁时，就能背出好几部书，其中包括《古文观止》；钱钟书和陈寅恪在少年时代就读熟古文数百篇；苏步青在小学毕业时，《左传》和《唐诗三百首》两部书他能倒背如流。最后我说，为什么我们就背诵这么几篇反而背不过呢？

第二，间接引用名人警语。郑板桥说，人们都认为我记性好，其实不是那么回事，我只不过善于背诵而已；我读书，一定会读上千上万遍，所以船上、马上、被子里，都在背，结果有时吃饭时忘了筷子，有时对别人说的话心不在焉，也忘了自己说的话。当然，我也少不了用时间像弹簧或像海绵里的水之类的话以告诫学生们。

第三，深入分析背诵的好处。讲了三点：其一，好文章背诵得多，灵巧的修辞、畅达的造句、铿锵的声韵、周密的谋篇，自然内化于心，表达时就可以得心应手；其二，背诵得多了，"胸藏万汇凭吞吐"，"腹有诗书气自华"，这对塑造个人气质很重要；其三，高考要考默写。

我很为我的精彩演讲而自豪，正想再卖弄一下时，忽然一个男生怯生生地举起手，脸上透着狡黠。他试探着说：

"老师，我能检查一下你吗？"

全班愕然，接着一片死寂，死寂中我分明听到了几个学生努力压抑自己幸灾乐祸的笑声。

所有的学生都在盯着我。

我身上忽地一麻，出了一身冷汗，脸烧得热辣辣的。我努力保持镇静，脸上始终挂着笑容，虽然那笑容多么僵硬。这时，我完全可以暴跳如雷，痛斥那个以下犯上的坏小子，课后，我完全可以把他揪到办公室训话。然而，理智告诉我，不能那么做。

"同学们，我老实交待，我确实没背过。我知道工作忙只是找借口。刚才我说的那些话，我不会收回，只是与同学们一起共勉。当然，我接受同学们的检查，只是恳请能在中午时间，请你和班长，一起到我办公室，你俩坐着，我站着，好吗？现在，我郑重宣誓：今后凡要求大家背诵的，任何一个学生都有权检查我的背诵情况。"①

---

① 司庆强. 老实交待. 教育文汇. 2007，10.

如何检查学生的背诵？学生背不过怎么办？要学生背的，做老师的背过了吗？上面这位老师对学生的训诫，是典型的"师道尊严"的做法。但面对学生的"挑战"，这位老师却能够很理性、很坦率地"老实交待"，承认自己的不足，并郑重承诺任何一个学生都有权检查他的背诵。也许没有这样的"遭遇"，没有可贵的反思与调整，这位老师就不可能绽放出如此芳香的师德之花。

如何立足自己的职场，提升个人的师德水平呢？大致来说，主要有四点。

首先，教师要不断地发现教育的意义，发现自我的意义。也就是要提升对自己工作道德性的深刻认识，进行自我的更新与调整，具有社会适应能力与政治适应能力。

其次，教师的职业道德发展要实现实践、学习与反思的齐头并进。教师在与学生共同发生的教育场域中提升与养成师德，并不断接受新的教育观念的影响，不断更新教育观念。

第三，教师也是一个成长中的人，需要不断提升自己的道德境界，完善自己的知识结构，教师还需要在与学生的相互影响中建构自己的道德体系。

第四，要向同事学习，与同事之间尽可能地建立团结、合作、尊重、宽容、谦让、互助、真诚、支持，同时双自主的同事关系。

（三）要应对教育的网络化和全民化挑战

在我国今天这样一个复杂多变的转型期，各种矛盾比较集中，义务教育和高等教育发展迅猛，教育从业人员大量增加，教师队伍庞大，加之贫富差距过大，社会价值观严重畸形，教师前所未有地面对极大的社会压力和心理落差，一方面是生存与竞争的压力，一方面是过高的道德要求，教师如何堪此重负？教师又当如何应对？

教师职业道德的敏感性、新兴的学习方式和教学方式，要求师生关系更加民主化、平等化，教师与学生的关系不再是单向度的输出与输入关系，而是相互学习和创生的关系，这就要求教师与学生要学会相互尊重。在网络化时代的多元文化中，教师要坚守职业操守，彰显教育个性；在市场经济的商品竞争中，教育的公益性和产业性之间的关系是对教师的新挑战，教师应该保持把教育当作培养人的事业来做，而不仅仅把教育当作产业来做；在科技与人文的冲突之下，教师要处理好科技与人文的关系，既要重视发展科技教育，又不能以牺牲人文教育为代价；等等。

如何应对教育的全民化？教师要面向全体，一视同仁地爱每一个学生。教师的职业要求教师决不放弃任何一个学生，应关爱所有的学生，关心每一个学生的身心全面发展，这是教育的人文精神的实质所在。而要对一个人的终身发展负责，就要求教师要持续不断地学习来提高自己，要具有探索世界的兴趣、追求和能力，并要不断地发展自己、超越自己、完善自己、提升自己。

第五章

在教改科研中
　收获幸福和优秀

　　2007年全国在职教育硕士教育学考试中有这样一道题目：一个优秀的教师和一个普通的教师最大的区别是什么？试题给出的答案是：有没有远大的教育理想。其实，在我看来，优秀教师和普通教师最大的区别应该是有没有科研的追求和能力。而且，一个教师能不能尽享教育人生的快乐和幸福，关键的一点也是能不能从事真正的教改科研。因为应试教育是简单劳动，它带给学生和教师的一定是痛苦和灾难；只有教改科研这样的创造性劳动，才能给教师带来个体价值自我实现的成就感和幸福感。

一、学科专业素养的修为

南京师范大学附属中学的校史馆里,有一张20世纪30年代的教师进修课程表。当时学校规定,教师每年都得到大学里进修,进修的课程顺序是,首先选修与所教学科不同的学科,其次选修与任教学科相邻的学科,最后才选修自己所任教的学科。这给我们一个十分重要的启示:教师的专业发展,究竟应在哪里着眼?应在何处着力?

教师学科专业素养是以学科知识为载体,以概念理解和问题解决的思想为主线逐渐发展起来的一个体系,它包含良好的学科观,对学科发展脉络的清晰认识,对学科核心内容的准确把握,对学科基础知识、基本技能和基本思想、基本活动经验的深刻理解,以及良好的学科能力。

肖川教授曾把教师的专业能力知识分解为四种知识,即本体性知识、条件性知识、实践性知识和文化知识。"本体性知识"是指教师的学科知识,如语文知识、数学知识、物理知识等从事教学活动的实体部分。"条件性知识"是指教师所具有的教育学和心理学知识,这部分知识的作用是支撑本体性知识。"实践性知识",顾名思义是指教师在实践中不断积累起来的教学经验与教训。"文化知识"是指教师不断积累而形成的知识面。

比如,一个优秀的历史教师,首先要研究历史通史,还要关注历史学术的发展,在教学中吸收最新的最先进的史学研究成果。其次,要想教学科学、有效,他还要研究基础教育理论、学科教育理论和课程理论,还要研究学生认知发展规律、学生知识基础和心理特点,增强对教育工作的理性解读能力和变革能力。第三,他还必须研究有效备课、学会讲解分析,能够有效启发提问、组织学习活动、引导提升,还能够利用信息技术和网络技术手段作为自己教学的支撑。第四，还要研究与历史相关的社会科学、自然科学知识，以形成历史教师的文化知识结构。

有两位数学老师，一位老师把一本资料中1000道题全部拿来要求学生全部做完，另一位老师却从中精选100道，结果在最后的考试中，后者分数却轻松高于前者，这说明教师专业知识和能力水平的高低是教学效益的最关键因素之一。

（一）学科本体性知识的研究与学习

每一门学科都有其稳定的本体性知识结构，根据加涅知识体系的理论可以把学科性知识分为现象性知识（是什么）、概念性知识（为什么）和原理性知识（怎么样）。比如，有人根据广义的知识概念，把数学知识列出11种，其中数学语言的知识、数学符号的知识、数据的知识就属于现象性知识，数学关系的知识、数学思想的知识、数学概念的知识、数学文化的知识就属于概念性知识，而数学方法的知识、数学思维的知识、数学能力的知识、数学实践的知识就属于原理性的知识。正是在数学实践中不断习得和运用这些知识，才使人的数学专业素养不断提升。教育实践研究表明对现象性知识需要大量掌握，对概念性知识应该尽量精简，对原理性知识还需要精细开发。

需要注意的是学科知识其实是在发展变化的，总会不断地有新知识加入，因此作为一个教师还要不断充电，随时关注本学科发展动态，补充新鲜知识。

（二）条件性知识的研究与学习

阅读教育学、心理学、课程论、教学论等，这些教育理论能让人获得教学中必须具备的一种条件——支撑性的知识，从而保证我们的教学是科学的、有效的，所以我们称其为条件性知识。

条件性知识的研究与学习，一是要求我们必须了解发展性教学、教学过程最优化、建构主义、多元智能等理论产生的背景、要点及评价；还要走进学习，从新的角度来理解和认识学习的本质和过程，掌握有意义的学习、有效学习、高效率学习的方法与策略，认识和掌握学习的规律，更好地理解并促进教师自身和学生更有效地学习，帮助学生"会学"，真正减轻学生的学习负担。

发展性教学理论是 20 世纪六七十年代产生于苏联的一种教学理论，其代表人物是赞科夫。该理论强调教学要促进儿童的一般发展，而不仅仅局限于认识能力的发展；要求使学生理解学习过程，教给他们学习的方法；强调使所有的学生，包括差生都得到发展；注重研究学生的兴趣、动机等内部诱因；主张让学生过丰富的精神生活等。

教学过程最优化理论是 20 世纪 70 年代初期由苏联教育家巴班斯基提出的教学理论。该理论运用现代系统论的原则和方法，对教学理论进行综合性的研究和探索。所谓教学最优化"就是指所选择的教学教育过程的方法，可以使师生耗费最少的必要时间和精力而收到最佳效果"。

建构主义是 20 世纪 80 年代以来对西方的科学哲学、社会学、教育及教学思想的发展等产生巨大影响的一种理论，皮亚杰是先驱者之一。建构主义十分关注以原有的经验、心理结构和信念为基础来建构知识，强调学习的主动性、社会性和情境性，对学习和教学方法提出了许多新的观点。

多元智能理论是美国哈佛大学教授、当代世界著名的心理学家和教育家霍华德·加德纳于 1983 年提出的。他认为人类个体不但在自己的智能强项和弱项上存在极大的差异，在认知的方式上也不同。人的八种智能处于同等重要的地位，只不过表现的程度和方面不一样而已。因此不能用一种或者两三种智能来判断一个人优秀与否。加德纳的理论启示我们：在现代社会中一个有智能的人不是一个会学所有知识的人，而是一个会识别哪些知识是重要的、值得学的人。在教育教学中一方面要全面地看待学生，使他们不被重视的才能受到重视并施展出来，另一方面还要根据其智能特点帮助他们准确选择一条适合的发展道路。

(三) 实践性知识的研修

实践性知识也称学科教学知识，它是个人性的、有别于显性知识的一种隐性知识，是在实践中磨砺而形成的教育教学智慧。

首先要保证教学的"对路"，这就要解决好"教什么"的问题。"考什么教什么"是为应试教育而提出的口号，应当坚决摒弃。

一是认真研读并依据相应的学科课程标准来教。这就需要我们整体理解学科发展脉络，准确把握每个领域的核心内容及其彼此之间的关联，还要从学科的视角重新审视学科课程传统内容和新增内容，有针对性地进行知识补偿教育，查缺补漏，可以避免在教学中出现知识点错误和教学理念误区。

二是要精通代表性的中小学学科教科书（课程标准实验）。对教科书编写的背景、指导思想、内容编排、作用与地位、学习目标、知识结构、重点和难点、课时分配、关注的问题、阅读材料与活动设计等有个全面了解和整体把握。

新课程改革进入深水区最重要的标志就是能否提供最适合学生的教育，主要体现在校本课程的开发方面。这并不仅仅是一种技术性的劳动，而且还是一种理念的全面更新；它不是一种时髦的话语和口号，而是一场真真切切的教育改造行动。校本课程的开发从课程规划、设计、实施到课程整合、评价、审议都有一定的程序和技术，对教师的课程理论素养、课程意识和课程开发能力都有较高的要求。

三是研究考试，准确把握考试评价对学科素质考核的立意与构思，积极适应新课程标准下的考试评价的变化和发展。要特别加强探究性能力新题型的研究，把握探究对象的真实性、探究结论的开放性、探究方法的多样性、探究过程的交互性、探究手段的现代化。要重点研究实际情境性问题的设计、开放性问题的设计、研究性课题的设计及其教学与评估等。要通过研究掌握试卷分析能力，主要学会运用教育统计学、教育测量学的方法，定性与定量分析试题的信度、效度、难度和区分度。

有效性教学是教学研究永恒的话题。因此要研究教学方式与学习方式，深入了解体验教学、问题教学、生成教学、理解教学、对话教学的本质、特点、理念、模式、策略和评价等，能够正确运用这些崭新的教学方式，推动课堂教学方式的实质性变革。

体验教学是在教学过程中通过创设一定的情境，使学生在亲历和体验过程中理解知识、发展能力、建构意义、生成情感的教学价值观、教学方法论和教学策略与方法。

问题教学，是指以问题为中心的教学，它是把教学内容化作问题，引导学生通过解决问题从而掌握知识、形成能力、养成心理品质的过程。

生成教学强调教学的过程性，突出教学个性化建构的成分，追求学生的生命成长，是一种开放的、互动的、动态的、多元的教学形式。

理解教学重在引导师生之间相互理解，产生情感的共鸣，最终实现生命意义的表达和个性的发展。

对话教学是一种尊重主体性、体现创造性、追求人性化的教学。它是时代精神在教育教学领域的回应。

在教学实践中还应该不断了解自主学习、探究学习、合作学习的本质、特点、理念、策略和评价等，能正确运用这些崭新的学习方式，创设促进学生自主、合作、探究的课堂环境，引导学生质疑、调查、探究，在实践中学习，促进学生在教师的指导下主动地、富有个性地学习，逐步实现学习方式的转变。

教育教学的有效性落实阵地在课堂，对此我们将专节进行探讨。

（四）文化知识的研习

这里的文化知识一方面指与本学科相关的其他知识，教师既要了解与该学科相关的知识，同时还要能够把握好本学科与其他相关学科之间的关系，把本学科的内容放在一个更广阔的背景下去处理所教的内容，实现学科之间的整合。其实每一个学科都不是孤立存在的，都与其他学科存在着千丝万缕的联系。文史不分家，很难想象，一个对历史知识一知半解的人能够教好语文。也很难想象，一个没有文言阅读能力的历史老师能够学好历史，更遑论教好历史！一个大物理学家必定精通数学甚至在这方面有着独特的建树。理科学习需要语文阅读能力来支撑，否则就很难准确理解、深入分析。

关于"文化知识"，夸美纽斯认为它还是一种"泛智"性广阔的文化知识，拥有它才找到从名师走向教育学者、教育家乃至大师的支点。李吉林的"情境教育"，就是经历了教育现象、问题、本质等丰富的深刻的思考以后而形成的一种主张。对于教师而言，对教学不仅要知其然，还要知其所以然，事理通达，学以致用。不仅懂得本学科，还要了解其他学科，不仅懂得自然界，还要懂得社会和人生。这些东西综合起来就构成了一位教师的文化知识背景。

朱永新说:"如果说学科专业是一株绿苗的话,那么它只有在丰富的文化土壤里才能生长得茁壮。名师成长亦概莫能外,一个文化背景单薄、知识结构单一的教师,视野不可能开阔,底气不可能很足,专业也不可能很强,当然离名师的距离不会很小。"此言诚是。

二、扎根课堂观察研究

教师不离开课堂,才能有真正的教学智慧,才能对来自教学的问题作出正确的判断。著名语文教育家洪宗礼认为:"每个成熟的教师,都离不开讲台的修炼,都需要在讲台上'摔打'。一个教师如果离开讲台。就如安泰离开大地,终将一事无成。即使当上主任、校长也要坚守讲台。"

(一) 课堂教学研究的不懈追求

台上一分钟,台下十年功,至于教学基本功的打磨更是无法用时间来计算的!于漪老师坚持数年形成了自己"一篇课文、三次备课、两次反思"的教学风格:每教一篇语文课文,她都自觉备课三次,第一次是不看任何教学参考材料,根据课文独立理解,编写详案,理清讲课重点、难点。第二次是在前一轮独立备课的基础上,广泛地搜集与课文有关的各种资料,并对照个人教案,吸收参考资料中的精彩内容,补充原有教案的不足,同时关注"我有人无"的内容,以便将来形成自己的教学风格,在此基础上,再重新修改教案,即形成第二个教案。第三次是在第一个班级执教后,结合课堂生成教改的内容,再作修改,以便于到其他班级上课时再使用。她曾经非常感慨地说:"每节课都这样三次备课,两次反思。第一次反思是反思自己和他人,第二次反思是反思设想与实际，不断修改调整。"三年下来，她成为了上海颇有名气的教师。清华大学附属小学特级教师窦桂梅甚至有一次公开课经过了10次备课的打磨。哈尔滨师范大学附属中学特级教师刘大伟也说："我备课有'三步曲'：第一步，'有它（教材）没我'；第二步，'有我有它'；第三步，'有我没它'。"

（二）保持课堂教学的创造激情

首先要有对理想课堂追求的目标。著名语文教育家洪宗礼给自己理想的语文课堂定下10种境界：（1）浸透教育爱、师爱；（2）蕴含丰富多彩；（3）知情意行完美统一；（4）富有教育智慧和灵性；（5）严谨、扎实又不乏灵活；（6）课留"思地"，具有弹性；（7）始终有追求感、新鲜感；（8）协调、和谐，民主化；（9）序而有变，动静相宜；（10）如话家常，平易朴实。有了高远的目标追求，他孜孜以求，劳作不辍，创造了语文教学研究的奇迹。

其次，要给课堂研究提供源源不断的动力。特级教师许卫兵说："保持对课堂教学的新鲜感，我觉得最基本的方式就是'教学＋研究'。这二者中，'教学'是基础，而'研究'恰恰可以让日复一日的平淡教学变得鲜活、充满张力。"南京市优秀青年教师张齐华说，"要把每一堂课都当作公开课来上"，"这使日常课一开始便具有了淡淡的研究基质，而这一弥散性、日常化的教学研究，为自己积累了对数学、对儿童、对课堂、对教育的十分丰富的感性经验与素材，无形中构成了自己专业成长的资源库"。

再次，坚持用"两把尺子"来研究课堂。一把尺子量别人的长处，一把尺子量自己的不足。于漪老师说，当自己课上得最含糊的时候，就是废话最多的时候。教师废话一多，学生就如坠五里雾中，于是她每次都给自己留下"废话记录"。也有时候，学生能够超水平发挥，提出一些超出教师备课时预设的问题，于漪也都把它们一一记下，记下解答后的感悟，记下解答留下的遗憾。

同时，课堂教学研究要经常尝试"高峰体验"。一是多上公开课，上好公开课。公开课的名声似乎不太好，但不可否认，在警惕和排除公开课商业化运作与表演的前提下，公开课是有价值和影响的，其价值和影响就在于它是对课堂教学的高峰体验。经过这种高峰体验洗礼的教师才能真正成熟起来，成长起来。二是精心研究课堂教学细节的设计。窦桂梅老师就认为：教育是由细节组成的，教学细节最能体现一位教师的教学理念和教学行为，对于细节的思考是衡量一个教师专业素养怎样的标志。

（三）基于教学有效性的课堂观察研究

课堂观察是在一般观察基础上发展起来的一种特殊技术，它基于课堂而进行，研究者根据一定的目的和计划，在课堂教学活动的自然状态下，用自己的感官（眼耳）和辅助工具（观察表、录音录像设备等）对研究对象进行观察研究的一种方法。

1. 课堂观察的三种类型

（1）**教师的自我观察**(在授课过程中的观察)。观察对象主要是学生的行为，包括学生在课堂活动中的片段、某一个（或一群）学生的课堂学习状态，人际间互动情况，对教师授课的反应等，以及有关学生穿着、仪容、携带的物品、课桌上下摆放的东西等非学习性行为的表现。

（2）**教师对他人课堂教学情况的观察**。包括教材运用、讲解能力、提问技巧、教学沟通、多媒体运用、学生行为管理、教学准备、组织、评价，也包括教师的课堂观察能力、学生的非学习性行为、教室内外情境等。

（3）**朋辈式课堂观察研究**。在课堂观察研究中，我们极力主张一种非正式、非制度性，基于三两知己之间自愿的、自发的甚至是私人的切磋琢磨。

邀请某人来我的课堂观课，通常是因为自己正在问题或困境中挣扎，需要借助他人的诊断和指点让自己突围。在观课之前可以简单告诉听课者你的困扰之所在，告诉他哪类信息对你最有帮助，甚至可以做一张征求意见表。有时候师徒结对式的观察研究也可能起到朋辈式的观察的作用，但如果这种观察研究始终是师傅观察指导徒弟，就有可能产生问题。所以朋辈式观察研究最好是相互的。还要牢记一些基本原则：首先，在你观察研究评价时要尽可能做到公平；其次，要看到朋辈表现好的方面和他的实力；再次，当评论别人的行为或给别人提出建议时，要尽可能地具体和有针对性。

2. 课堂观察研究的内容

国外有人提出对教学过程从以下12个方面进行观察评价：①执教者是否向学生讲清学习目的和学习动机；②是否根据教学目标和学生实际恰当地确定教学内容；③教学内容的层次性、概括性对提高学生的能力是否恰当；④教师的教学开展和学生的学习经验是否相适应；⑤在教学进程中是否考虑到了学生的认知反应时间；⑥教学中引导学生做什么、为什么要这样做、怎样评价等，学生是否理解；⑦知识、技能等要求达到的目标，学生是否明确；⑧评价标准和方法学生是否清楚；⑨学生取得的学习成果，是否得到了充分反映；⑩学习活动中的批评、表扬是否合适；⑪教学指导材料和资料的多样性和学习者经验是否矛盾；⑫教学方法和学习者的能力是否处理得当。（见《教师观察力的培养》，著者：Gary D. Borich）

华东师范大学崔允漷教授在指导一线教师课堂观察时，主张要着眼于以下四个维度：一是学生学习的观察，二是教师教学的观察，三是课程性质的观察，四是课堂文化的观察。在每一个维度之下又分设目标、内容、实施、评价、资源运用等五个方面的视角，每个视角之下分解出若干个观察点，操作性很强。

在一些关于课堂教学行为的手册或文章中，一些研究者对几十年来教室里各种行为的研究成果进行了梳理，概括为以下八个领域。

(1) 感受课堂氛围。包括教师传达并在学生身上积淀而成的学习期待与学习热情；教室里外环境的布置；教师指导下学生的合作意识、竞争意识、自主意识等。

(2) 聚焦课堂管理。包括教师组织课堂活动、对学生可能出现的行为做出估计、对学生行为做出回应。

(3) 探寻教学过程的清晰度。包括上课之前提出明确的学习目标；教学内容一方面要基于过去的课程，另一方面也要立足学生将来学习的需要；对教学内容的梳理与概括；运用实例、图表及其他教学媒介拓展教学内容并使之清晰明了。

(4) 查证教学指导方式的多样性。教师是否能够运用各种方式吸引学生的注意力，能否利用眼睛、声音、肢体语言与学生交流，交替利用各种方式调动学生学习的积极性，运用适当的奖励使学生保持学习兴趣并投入学习。

（5）明确教学目标定位。能否制定与课程、教材相一致的教学内容规划；运用一定规则或程序估计一些失范行为的出现，采取措施抑制这种行为；经常性地对知识点进行测验、复习、作业巩固等，以实现教学目标。

（6）检验教学过程中的学生参与。教师能否为学生的学习提供指导，能否注意利用反馈；学生学习活动能否显示自身特点，强调学习过程中的自我指导。

（7）评估学习的成功。主要观察和研究教学内容是否适应原有的学习基础，反馈与纠正是否及时；教学中能否循序渐进；能否利用复习、规划、练习、测验等方式，脚踏实地、一步步地实现教学目标。

（8）培养高品质的思维能力。教学中高品质思维的培养主要通过如下方式来完成：小组合作学习，明确学习心理倾向及学习策略，安排学生自我设计与规划，让学生口头表达，给学生提供独立实践的机会，评估学生的行为，建立学生档案等。

（四）课堂上关键教育事件的观察研究

所谓关键教育事件，实际上是指那些能强化当事者（或者参与者）原有教育认知，或引起当事者（或者参与者）原有教育认知冲突的事件，它的内容可以是一个完整的事件过程，也可以是一个重要的片段，或者是一个不可忽视的细节。发生在课堂上的关键教育事件，直接影响着课堂教学环节的有效与高效性。在教育教学过程中，相互听课、研讨、说课、学生意见调查等，往往能让我们比较容易寻找到教学活动中的若干关键事件，并为教师教育教学活动效果的提升、教师个人的专业发展提供良好的契机。

正向关键事件，指教育教学活动中能产生积极影响和取得成功的关键教育事件。如一位老师在教学余光中先生的《乡愁》诗时，让学生结合自己的生活积累，按照自己的理解，用具体的事物为"乡愁"打比方。这一下激活了学生的思维，有的学生说："乡愁是一枚青橄榄，苦苦的，涩涩的，别有一番滋味在心头。"有的学生说："乡愁是一根电话线，我在这头，母亲在那头。"还有的说:"乡愁是一碗老醋,每尝一口,都让人心酸。""乡愁是一杯没有加糖的咖啡,苦苦的,涩涩的。"在这个教学环节中,老师启发学生借用生活中的青橄榄、电话线、老醋、咖啡以及李煜的词,来进一步品味乡愁,实际上就是调动学生的生活经验和已有知识来加深对文本的解读,并借此来培养学生的直觉顿悟能力。

负向关键事件,指在教育教学活动中产生消极影响或是失败效果的关键教育事件。如《第56号教室的奇迹》记载了这样一件事:有一个学生书包很乱,班主任老师原本可以或者帮助学生整理书包,或者用委婉的办法教育学生自己把东西收放得有条理。但她都没有,而是对着学生大吼大叫,把书包里的东西全都倒在桌上给同学看。然后让学生去她的办公室拿照相机把桌上的狼藉拍下来,号召同学们有垃圾就丢在他的桌上不要丢在垃圾桶中,并威胁说要把照片在家长会上展览。这位学生从此害怕老师,害怕同学,在上学时始终胆战心惊。后来家长向校长告状,校长批评老师的做法简单粗暴。老师却在心中始终不服,她的理由是,我的教育效果达到了,这个学生的书包从此干净很多了。雷夫先生却认为,这位老师伤害了那位同学,也让全班同学对她少了信任,这种伤痕起码要几个月才能平复。在教育中那种"为达到目的就不择手段"的教育现象是值得警惕的。

关键教育事件有时是预设的。以课堂导入为例,教师的课堂导入可以有多种方法,如直接导入,板书导入,复习导入,典故史料导入,事实导入,现象导入,情境导入,经验导入,问题导入,观察冲突导入,悬念导入,类比导入,对比导入,实验导入,游戏或活动导入等,针对不同的文本、不同的学生、不同的条件、不同的课型,就会有不同的导入,如何预设就体现执教者的专业眼光、专业思想和专业技能。

关键教育事件有时是即时生成的。有一次,小学语文特级教师于永正执教公开课,他指导学生有感情地读第三自然段。要求读书的小手如林,一个腼腆的女孩引起了于老师的关注。他拿着话筒兴致勃勃地问她:"你想读吗?"女孩摇了摇头,小声地说道:"我不想读。"于老师微微一愣,弯下腰,微笑着问她:"没把握?"女孩小声地告诉说:"不敢站起来。"这时于永正老师直起身子,微微地吁了一口气,"哦,那你就坐着读,于老师为你撑腰!"于老师的这一句话令全班的学生和听课的老师都情不自禁地鼓起掌来。在大家的掌声中，小女孩坐在自己的座位上读完了这一段文字。于老师说，"不简单，如果再流畅些就更好了。还想读好吗？"小女孩自信地点点头。第二次读得比第一次流畅多了，只可惜读错了一个字。师生给予热烈的掌声。于老师纠错后又让她读了一遍，这一遍读得流利有感情。大家又一次热烈地鼓掌。于老师这时微笑着问小女孩："现在，你敢不敢读书了？""敢！"这时于老师抚摸着小女孩的头，充满激情地对大家说："敢，就能把书读好；敢，就能把事情做好。相信你在大家的掌声中胆子会越来越大，自信心会越来越强，书会越读越好。"如何对待胆怯的学生，于永正老师在这个事件的处理中确实体现了一个充满爱心的教师的智慧，这个事件的研究与分享相信会对很多人都有非常大的教益。

三、一线教师的课题研究

　　课题研究是中小学教师从事教育教学研究中的一种能力要求较高的研究形式，在这样的一种研究中，教师要经过一定的研究能力培训，掌握一定的科研方法，还要经过一套比较严格规范的实施过程。这种研究比较理性，不能"跟着感觉走"。但中小学一线教师的课题研究从特点上来说还是属于行动研究、校本研究，其特点是"基于学校，为了学校，在学校中"；主要目的还在于提升课堂，改善教育行为，成长学生，成功教师，发展学校。据此，在课题研究中核心问题是要摆正课题研究态度，端正学术风气。基础工作在于选准课题，关键在于研究中的反思。

（一）倡导为教育而课题

做课题是为了更好地育人，通过研究，解决问题，行为跟进，更好地改进我们的教学，提升我们的课堂，从而成功教师、成长学生、发展学校。这就是我所说的"为教育而课题"的意思。朱小蔓先生指出："与其他科学研究相比，教育科学研究有自己的特点。一是其人文性。教育关乎着人的成长，谁的研究对人的成长不利，谁就是负性的。二是实践性。影响实践直接表明了它是实践的，影响政策则间接表明了它是实践的。三是文化性和情境性。教育研究跟地域和文化的关系非常密切。这要从两个方面来说，一方面，好的教育研究具有普遍性和可迁移性；另一方面，好的教育研究也具有文化性和情境性。现在我们讲要做中国的研究，要本土化，要强调中国本土的文化情境。意思就是国外的研究，国外的结论到中国来，如果没有中国相应的条件，可能它那个研究不一定用得上。我们的研究可能要在它那个基础上进行改造以适应我们本土。"一言以蔽之，就要"价值观、发展观、学术观、选题观、评价观"五观端正，重建"务实求真"的教育科研的学术文化。"务实"就是面向实际、讲究实用、追求实效，做到学风诚实、工作忠实、成果扎实；"求真"就是获取真知、研究真事、探寻真理，就是问题求真、课题求真、成果求真。务实求真的教科研文化建设，就必须解决好"做真课题"和"真做课题"这两个问题。

倡导教师个性化的研究。一线教师要根据自己的特长和爱好研究自己敏感的问题，让每一个人头上都有见到太阳就发光的露珠。切入点要来自于教学实践中的思考、探索、反思、研究、探讨其中的规律，挖掘其中的不足；要磨砺课堂，解析实践，观照理论，自我诊断，反思得失。天长日久，这种研究便有了理论的沉淀和实践的升华，久而久之，它才可能成为一笔可贵的财富。

倡导用平常心来进行研究。不求多，不求大，不求洋，厚积薄发。微型研究是一线教师的最佳选择，问题即课题，现象即对象，让教育科研之根深深扎到教育教学生活当中去。教师从事教育研究及写作应当遵循实践的逻辑，而不是理论的逻辑。它要求直面实践，扎根实践，回到实践，为了实践和在具体微观的实践中展开。

倡导关注事件的研究。关注事件不仅是一种研究方式和思维方式，而且是一种教育生活方式，是教师作为"研究者"存在的基本方式。它能够让我们以敏感的态度对待日常教育，使每一天的教育生活都能成为新的、不可重复的生命历程。实际上，不少教育经典著作，如《爱的教育》《把整个心灵献给孩子》《爱弥儿》《窗边的小豆豆》等都是以叙事的方式向人们昭示一种教育理念。教育事件可以涉及以下几个方面：教学设计思路；课堂教学片段，这种片段最好隐含某种教育冲突，包含相关的教育道理；生活叙事，教师的专业成长不能仅仅局限在课堂，教师的社会交往、家庭生活以及与学生的日常交往在很大程度上影响着教师的教育观、教学观和学生观。

倡导"打深井式"的研究。不要学狗熊掰棒子，而要选准自己研究的点位，钻下去，打一口深井，打一口属于自己的深井。所以我们建议教师们要做好自己研究的职业规划，好好策划自己的研究。

并不是所有的教育研究都能使教师走一条幸福快乐之路，只有当他找到适合自己的研究，喜欢自己的研究，一句话就是找到了"自己"，他才能真正踏上教育的幸福之旅。

（二）好的选题决定好的结果

美国物理化学家威尔逊说："所谓优秀科学家，主要在于选择课题时的明智，而不在于解决问题的能力。"问题既是教科研的起点，也是检验教科研是否有效的依据，解决问题就是教科研的终点，同时也是教师专业发展的支点。我们在进行教科研的过程中，应当找准起点，赢在终点。

好问题催生好课题，好问题来自身边的教育生活，靠什么借来一双"慧眼"去发现？

要通过调查分析来提炼问题。一位语文老师发现阅读教学中出现了诸多问题，尤其是在学生阅读积累与感悟能力方面，深感效率低下，又不知症结何在。而一般性的检测往往只注重考查基础知识的水平，能力考查无从谈起。基于此，他自己拟了一份名为"语文，真好"的试题在五年级两个实验班进行测试。通过测试后的数据分析，他总结出当下语文教学的问题主要表现在以下几个方面：重视了背诵积累却忽视了学生背诵积累过程中情感与思考的参与；注重了语文双基却忽视了想象力的培养；倡导个性化阅读，却忽视了使个性化阅读走向深刻的丰富的引领；重视文本解读却忽视对学生读书热情的唤醒。这些问题的发掘为他进一步解决问题提供了有力的支撑。

从身边的教育教学生活细节中发现问题。 苏州工业园区唯亭实验小学的老师们调查了全校 122 名学困生，其中有单科的学困生，也有双科的。越到高年级，学困生的人数越在增加。他们对学困生的成因进行了分析，发现其中 92 名学困生是由于"小马虎"而造成的，占总人数的 75.41%。由此可见，学习马虎的习惯是形成学困生的主要根源。找到了问题的症结之后，学校课题组与德育处联合，从"克服马虎病，养成好习惯"入手，解决一部分学困生的问题。首先排查学生产生马虎的原因，通过上百个案例分析和问卷调查，总结出造成学生马虎有以下五个原因：一是态度问题，二是性格问题，三是熟练程度上的问题，四是习惯问题，五是考试焦虑问题。原因找到后，他们主要从五个方面入手来解决问题：加强宣传教育，提高学生对马虎危害性的认识；教学生学会自我检查；给学生建一个"错题集"；培养学生不依靠橡皮擦的习惯；教学生认真审题和"解剖习题"，注意"埋伏"。经过从三年级到六年级一轮实验，取得了很好的成效。

从教改实践中发现问题。 观察教改实践活动，最能发现问题，若以科学的敏感、学术的敏感来进行理论的思考，就不难发现一批极有研究价值的课题。例如，有一个"感恩教育"的校本课程，在进行期中总结的时候，推出了一节"感恩的心"主题班会活动。这个班会设计得相当精致，把情感教育、审美教育、合作能力培养、语言表达能力整合到一起，品位极高。其中有一处细节，特别表现了教学人员敏感的研究意识。事情是这样的，在这个班会中班主任邀请了一位女同学的妈妈参与，让妈妈回忆了孩子小的时候自己对她严厉过度，有时显得很粗暴，面对全体同学表示对孩子的歉意。然后又安排了女儿给妈妈献花。这本来是一个很煽情的关键教育事件，但是大家看到母女俩似乎并没有动真情，说的做的都很机械。其他同学甚至班主任老师也很木然。原来，在此之前，他们对这节课进行过彩排，当时的现场，母女挥泪，同学们也深深动情。由于是第二遍了，加上有演戏的感觉，情感因素被消解一空。这是一个关键的细节，蕴含了巨大的研究价值。实验老师得出一个结论：原初的感动非常宝贵，也很脆弱，要千千万万呵护好，可别让它被磨蚀得麻木不仁。珍藏原初的感动，让它慢慢地生根发芽开花。这就是感恩教育要遵循的自然规律。后来，他们在此基础上，研究设计了一个"开发并保护学生原初感动"的课题。

从社会转型期给教育带来的挑战发现问题。以学生"网络游戏"为例，老师常常"闻网色变"，认为网络游戏是海洛因，玩网络游戏的学生就是问题学生。这边老师和家长千方百计对网络"围、追、堵、截"，那边学生却与老师和家长斗智斗勇，胜者往往是他们一方，事实上确实有一些学生沉迷于网络游戏而成为问题少年。如何解决孩子的游戏需要，这是一个亟待解决的问题。其他问题，如"重组家庭子女教育""外来工子弟融入当地文化""留守儿童身心健康发育""中小学生出国短期修学对其知识、能力与人格的影响""传统文化教育'度'的把握""记忆力与想象力关系""学科知识的深度与广度对一个人创造力的影响"等，均可成为研究的课题。

从教育教学的偶发事件中发现问题。苏州工业园区第六中学化学教师张国锋教学"用实验说明活性炭具有吸附作用"这节课时，由于某些意想不到的原因，实验失败了。他先让学生探究造成活性炭吸附红棕色的二氧化氮气体失败的可能原因，并让他们根据自己的假设，亲自设计实验加以验证。结果学生们成功地设计了一个与教材完全不同的实验装置，失败转变成为一个教育的创新。这一研究成果还发表在《化学教学》上。

从各种各样的信息碰撞中发掘问题。作为学习研究中的老师，总会碰到各种各样的教育类的文献资料，平时与教育专家、同事、同行、朋友、家人、学生交流当中，也会接触到大量的信息，有心人可能会在其中发现课题研究的富矿。在一次课堂观察活动中，笔者听到评课专家说"错误也是一种教育资源"，受到很大的启发，开始考虑语文教学中有哪些错误，怎样把这些错误转化为教育资源。笔者用一个学期的时间来做这一个研究，经过搜集、整理、分析和提炼，推出了自己的研究成果《语文教学中的错误资源》，这个研究成果发表后，还被多家教育教学杂志转载。

朱小蔓先生在《教育科学研究方法论——以道德教育为例》一书中说：

"不管哪种研究，我觉得首先是培植问题意识，问题意识来源于多方面。光有问题意识还不行，确实需要哲思。……一个研究，如果没有历史研究的基础，没有比较研究的基础，没有数据研究的基础，没有事实和实事研究的基础，没有理论思考和洞见，就不是一个饱满的研究。尽管这种饱满的研究可能要求太高，但是我们必须要有这种追求和志向。"

四、教育科研的方法

要过河就要解决桥或船的问题，要想保证教改科研顺利、健康、科学地实施，就必须要解决方法的问题。

（一）教育科学研究方法中的定性与定量

按研究方法的性质划分，可将教育研究方法分为定性研究法与定量研究法两种。

定性研究或称"质"的研究方法。国外学术界一般认为定性研究是指"在自然环境中，使用实地体验、开放型访谈、参与性与非参与性观察、文献分析、个案调查等方法对社会现象进行深入细致和长期的研究。分析方式以归纳为主，在当时、当地收集第一手资料，从当事人的视角理解他们行为的意义和他们对事物的看法，然后在这一基础上建立假设和理论；通过证伪法和相关检验等方法对研究结果进行检验。定性研究，研究者本人是主要的研究工具，其个人背景以及和被研究者之间的关系，对研究过程和结果的影响必须加以考虑。研究过程是研究结果中一个必不可少的部分，必须详细记载和报道。"①

定量研究是指研究者事先建立假设并确定具有因果关系的各种变量，然后使用某些经过检测的工具对这些变量进行测量和分析，从而验证研究者预定假设的一种方法。定量研究是基于一种称为"先在理论"的基础研究，这种理论以研究者的先验想法为开端，这是一个自上而下的过程。这种研究主要运用观察、实验、调查、统计等方法来研究教育现象，通常采用数据的形式，对教育现象进行说明，通过演绎的方法来预见理论，然后通过收集资料和证据来评估或验证在研究之前预想的模型、假设或理论。为了得到客观事实，对研究的严密性、客观性、价值中立都提出了严格的要求。

定性研究与定量研究的比较

比较类目	定量研究	定性研究
哲学基础	实证主义	人文主义
研究范式	科学范式	自然范式
逻辑过程	演绎推理	归纳推理
理论模式	理论检验	理论建构
主要目标	确定相关关系或因果关系	深入理解教育现象
分析方法	统计分析	文字描述
主要研究方式	实验、调查	实地研究
资料收集技术	量表、问卷、结构观察	参与观察、深度访问
研究特征	客观	主观

由上表我们可以看出，定量研究与定性研究各自都存在局限性，在实际研究中，若只局限于定量研究，只能实现对研究事物的局部把握；而若只局限于定性研究，就很难发现研究事物的规律以及对其进行科学的认识，而各自的缺陷又恰恰能被对方弥补。因此，我们可以通过相互吸收对方的长处来克服彼此的短处，相互借鉴，相互结合，使研究更具全面性。

---

① 陈向明. 质的研究方法与社会科学研究 [M]. 北京：教育科学出版社，2000.

由上表我们还可以看出，定性研究与定量研究二者有着紧密的联系，二者完全可以相互弥补、相互支撑。量变研究在某种程度上是进行质变研究的前提和基础；两种研究方法可以互相提供帮助与支持，如进行定性研究前，通过对定量研究资料的分析可以为定性研究提供很大的帮助；两种研究方法可以穿插使用，相互借鉴、相互结合，比如，有的定性研究中也插有数据来做佐证，同时大多数定量研究中在提出理论假设、解释因果关系、揭示现象的规律性等过程中也离不开定性研究的理性思维。

(二) 几种常用的研究方法

1. 文献研究法

在教育学研究中，进行文献研究可包括文献法和内容分析法两种。文献法主要指搜集、鉴别、整理文献，并通过对文献的研究，形成对事实科学认识的方法。内容分析法则通过对文献的定量分析、统计描述来实现对事实的科学认识。这两种方法有共同的对象，都不与文献中记载的人与事直接接触，因此，又称为非接触性研究方法。二者的区别是在分析的重点与分析的手段上有不同。一线教师在教育研究中一般通称为"文献法"，或"文献研究法"。

教育科学研究中，文献研究法可用于多种研究目标的研究工作。主要的类型有：趋势分析、现状分析、比较分析、意向分析。在前瞻性的教育科研中，文献研究法可以用于对教育及教育研究的趋势预测。在教育史的研究中，文献研究法能对文献的文字风格做出定量分析，从而帮助鉴别文献的真伪。在对现实教育问题的研究中，文献研究法同样能发挥作用，例如，可以用它来分析教材的结构，对教材编制的合理性做出定量、定性的分析，也可以用它来分析学生的作业，对学生的错误种类做出定量的描述；还可以用它来分析教师、学生或其他人的各种作品、语言、动作、姿势，对教师、学生等的个人风格、个性特征做出判断。文献研究法的适用范围比较广泛。

一般来说，中小学老师在教育研究中不善于借助于文献资料，有的人甚至没有文献资料研究的意识，造成的结果也很显见，一是理论性偏弱，二是重复性偏多，三是创新性偏少。如何借力文献资料为我们的教育研究服务是老师们值得注意的。

2. 观察法

教育观察法是研究者凭借自身的感觉器官和其他辅助工具，在教育活动的自然状态下，对研究对象进行有目的、有计划的考察与研究的方法。由于观察的目的不同，观察法可以划分为不同的类型。从观察时间上可以分为长期观察和定期观察。长期观察是在比较长的时期（一般可以长到几个星期、几个月或若干年）内连续进行的系统的观察。很多心理学家对儿童心理发展所做的日记或传记的记录和分析，就属于这种观察法。如达尔文的《一个婴儿的传略》、普莱尔的《儿童心理》和我国陈鹤琴的《一个儿童发展的程序》等都是属于这类观察研究的结果。定期观察是按一定时期进行的观察。例如，为研究学前儿童游戏活动的心理特点，可以每周观察学前儿童游戏一两个小时，如此观察若干次，到一定时期，再把记录的材料加以整理分析。至于如何"定期"，则要看具体的课题而做具体的安排。另外，根据观察的内容，观察法还可以分为全面观察和重点观察两种；根据观察材料是否来自于亲临现场，可以分为直接观察与间接观察两种；根据观察者是否参与事件过程之中，可以分为参与性观察与非参与性观察两种；根据观察前是否有严格的设计，可以分为有结构观察和无结构观察两种；根据观察范围，可以分为全面观察与抽样观察两种。

叙兹曼和斯特劳斯提出一种现场观察记录的格式，把记录分四部分：第一，实地笔记，用来记录观察者看到和听到的事实性内容；第二，个人笔记，用来记录观察者个人在观察时的感受和想法；第三，方法笔记，用来记录观察者所使用的方法及其作用；第四，理论笔记，用来记录观察者对观察资料进行的初步理论分析。

为了提高记录的速度，可以编制记录代码。即是用一些数字、字母、符号等表示一定的事件和行为单位。例如，数字代码：1 听讲；2 笔记；3 提问；4 回答；5 练习；6 讨论。符号代码：○表情丰富；◎有些表情；●无表情；△思维敏锐；◇主动思考；▽思维迟钝；☆做游戏；♀跳绳；□跳远；×错误行为。

下面来看看意大利著名教育家蒙台梭利对一个两岁半男孩的观察。

一天，孩子们围成一圈，有说有笑。圈子中间放着一个水盆，盆里漂浮着一些玩具。

学校里有个刚刚两岁半的男孩。他独自一人站在圈外，看得出，他充满了好奇心。我饶有兴趣地在远处观察着他。他开始慢慢走近其他孩子，想挤进去，但他没有力气，挤不进去。于是他仍站着看着周围。那张小脸上流露出来的思想非常有意思，当时我要是有个照相机把他拍下来就好了。

突然他的目光落在了一张小椅子上，显然，他决定把椅子搬到这群孩子的后面，然后爬上这个椅子。他开始向椅子走去，脸上露出希望的神情。正在这时，老师走过去蛮横地（她可能会说是轻轻地）抓住他，把他举过其他孩子的头顶，让他看水盆，还说："来，可怜的小家伙，你也看看吧！"

小家伙虽然看到了那个水盆和漂浮物，可是他脸上原来那种使我觉得非常有趣的欢欣、探索和期望的表情，一下子消失得无影无踪，剩下的只是一种"相信别人会替他做事"的孩子的那种呆滞表情。

蒙台梭利的观察法值得好好研究。首先她有良好的观察个性，当看到这个小男孩的表现时，她顿生观察的兴趣，站在远处观察着他，在观察中她能充分发挥多种感官，以视觉为主，听觉为辅，善于捕捉小男孩的神情特征，并据此对小男孩潜在心底的本能性愿望进行推断。这没有丰厚的专业素养是很难做到的。蒙台梭利的观察是凭着其专业素养在进行观察，其实在平时还有一种专业性的、有目的的、有计划的、有组织的观察方法，比如当前比较流行的课堂切片观察。

3. 调查法

调查法一般是在自然的过程中进行的，通过访问、发问卷、开调查会、测验等方式去汇集反映研究现象的材料。在调查的过程中，经常利用观察法作为调查和核对材料的手段。运用这种方法必要时还可同历史研究法、实验法等配合使用。根据研究的需要可以进行综合调查或专题调查、经验调查或问题调查、现状调查或发展调查或比较调查等。

访谈法在教育研究中运用最为广泛，而且方便灵活，在使用过程中对调查者的专业眼光和教育素养要求甚高，否则在访谈过程中可能会错失良机。测验法在学科教学和心理教育中最为常用，对调查者的学科性专业素养要求很高。下面重点谈谈"问卷法"。

问卷调查类型分为封闭式和开放式。

封闭式（结构式）问卷是把问题的答案事先加以限制，只允许在问卷所限制的范围内进行选择，通常有是非题、选择题两类。

是非题，如"你经常学习新的教育理论知识吗？答：A. 是；B. 否"。

选择题，如"你对参加新课程改革的态度是（　　）。答：A. 非常积极　B. 比较积极　C. 一般　D. 不愿参加"。

开放式问卷也称非结构式问卷，问卷由自由作答问题组成，被试自由陈述。通常有"填空题、问答题、排序题"三种类型。问答题，如对中学生兴趣倾向的调查：①最经常想的问题是什么？②最关心的问题是什么？③最担心的问题是什么？④最不满意的问题是什么？⑤最苦恼的问题是什么？⑥最高兴的事情是什么？⑦最痛恨的事情是什么？⑧最想干的职业是什么？⑨最感兴趣的问题是什么？⑩最崇拜的人是谁？

开放式问卷的优点是可以了解较深层次的问题，缺点是难以进行数量统计分析。

问卷可采取综合设计，可把封闭问卷和开放问卷放在一起。先用封闭问卷，限制被试的回答，了解被试表层问题。再通过开放问卷，让被试自由作答，了解被试思想中更深层次的问题。

问卷的结构，一般包括标题、指导语、问卷题三项内容。

指导语的写作，一般要写明问卷调查的目的，谢谢答卷人的参与，对答卷人填写答案提出统一的要求；等等。

问卷调查的质量主要取决于问卷题目的质量，若问卷题目设计不当，则难以收到有效的信息资料。问卷内容应注意的问题：（1）题目的类型是否正确而合适。类型可以从两方面说：一是开放式无结构或限制式有结构的题目，应从研究的性质来决定；一是性质上的类别，如学生学习动机、兴趣、学校教育方式、教学效果。(2)题目是否切合研究假设的需要。每一类型中的题目，应该均为验证假设或研究目的所必需。(3)题目是否含混不清，引起歧义。含混不清容易引起误解，造成问卷的偏差和失真。

拟定调查问卷，要注意对选择答案所使用符号，对计算机代码表格的解释，对回答者署名与否的说明，对返还问卷形式（面交、邮寄还是其他方式）、时间等要作出明确的说明。下面以一份调查问卷为例。

关于"以学生为主体的数学开放教学"问卷调查

您好！这份问卷调查是由"以学生为主体的数学开放教学的实践研究"课题组组织实施的，我们希望您能如实地回答我们提出的问题，这种信息对于我们提高数学课堂教学效益是很有价值的，您的积极参与对这次调查非常重要。请您仔细阅读每一个问题，并根据您对所述问题的同意程度在每题右侧括号处填写相应的选择序号。本问卷的答案无对错、好坏之分，问卷也不需署名，我们对您所告诉我们的一切都会严格地予以保密。谢谢您的合作！

(1) 每天进课堂学习给你的感觉是（　　）。

A. 心情愉快（52.5%）

B. 比较愉快（43.75%）

C. 不太愉快（3.75%）

(2) 你对学习所持的态度是（　　）。

A. 非常努力（35%）

B. 基本还算努力，但不是很主动（65%）

C. 不努力（0）

(3) 面对作业中碰到的困难，你通常会（　　）。

A. 向老师请教（21.25%）

B. 靠自己的努力寻找解题的方法（78.75%）

C. 抄别人的作业（0）

(4) 你觉得目前的学习压力（　　）。

A. 比较大（16.25%）

B. 合适（77.5%）

C. 比较小（6.25%）

(5) 你对老师的上课方式（　　）。

A. 非常满意（73.75%）

B. 基本满意（25%）

C. 不满意（1.25%）

(6) 你对课堂上老师提出问题的态度是（　　）。

A. 积极思考，主动回答问题（55%）

B. 无所谓，不想回答问题（5%）

C. 对感兴趣的问题积极思考并主动回答（40%）

(7) 可以成为你较好的合作伙伴的是（　　）。

A. 学习成绩好的（30%）

B. 学习成绩和自己差不多的（28.75%）

C. 学习成绩无所谓，只要合得来（41.25%）

(8) 你认为什么情况下开展合作学习比较适宜？（　　）。

A. 只要老师提出问题（5%）

B. 问题有难度，经过思考得不出结果时（86.25%）

C. 急需帮助时（8.75%）

(9) 在小组合作学习时，你会积极发表自己的意见吗？（　　）。

A. 我会抢着说（36.25%）

B. 我会讲谦让，让比我成绩差的人先说（57.5%）

C. 我不发表任何意见（6.25%）

(10) 学习时，你的意见与人家不一样时，你会怎样？（　　）。

A. 与同学争论，说理由（52.5%）

B. 听老师的裁决（42.5%）

C. 听成绩好的同学意见（5%）

(11) 小组讨论结束后，由谁来汇报？（　　）。

A. 老师指定（26.25%）

B. 小组长（33.75%）

C. 自己推荐（40%）

(12) 你认为课上小组合作活动的时间安排多少比较适宜？（　　）。

A. 半节课（2.5%）

B. 10~15分钟（36.25%）

C. 5~10分钟（61.25%）

(13) 你对哪些活动的方式比较感兴趣？（　　）。

A. 小组合作讨论（40%）

B. 自己动手操作（41.25%）

C. 自己尝试练习，再听指导（18.75%）

(14) 数学课上我喜欢的学习内容是（　　）。

A. 数学书本上的知识（6.25%）

B. 数学书本知识和书本以外与数学有关的知识（75%）

C. 只要老师教的我都喜欢（18.75%）

(15) 课上老师讲解或学生回答问题时，我的做法是（　　）。

A. 认真听（87.5%）

B. 我做我的事情（12.5%）

C. 有时听，有时不听（0）

(16) 课上老师用怎样的方法评价比较合适？（　　）。

A. 口头表扬（72.5%）

B. 物质奖励（铅笔、练习本等）（13.75%）

C. 无所谓（13.75%）

（注：调查对象为四、五年级各40位学生。选项后的百分比为该项问卷统计选择比率）

建立在对问卷调查分析的基础上，实验组老师形成了以下结论，这是一项很重要的研究成果。

1. 合作学习是开放教学的一个重要组织形式，但是如何分组，是一个值得探讨的问题。我们在进行小组合作学习时，组建的小组要尽可能与学生平时的活动群体相吻合，老师在平时教学的背后，要关注学生的课余生活，对那些相对落后的学生，要适当加入一些自控能力比较强、学习成绩相对比较好、又与他们合得来的同学编成一组。

2. 开展合作学习时，必须要有问题引路，并且这个问题是有一定难度的，是在学生思考后又较难回答的，这样的合作可能才是有效的。

3. 我们在开放教学内容时，其材料的选择必须适合学生的年龄特点，特别是要与教学有关。

4. 研究开放教学，就要研究评价问题，特别是课堂上的口头评价问题。课上教师对学生的口头评价一般有两种形式，一种是直接评价，另一种是间接评价（包括体态语言评价：点头、竖起大拇指、微笑等）。（1）直接评价言语简单，肯定有余，评价指向笼统，会给学生造成不可捉摸之感。间接评价能结合学生的实际表现，予以肯定与赞赏，让学生感到真实又具体，激励作用比前者有过之而无不及。（2）直接评价看似真切，实则流于表面，给人"有口无心"之嫌，评价缺乏真情实感，奏效有限。间接评价话语虽轻，但由衷之情，溢于言表，让学生感到真挚、亲切，有助于树立自信，激起强烈的求知欲望。（3）直接评价带有"授予性"，对学生的情感态度等肯定不够，容易引发学生盲目乐观。而间接评价突出关注学生的学习态度、习惯等，评价体现"移情性"，语气和蔼，让学生感到备受尊重。一般情况下，运用二者相结合的方式来激励学生，效果比较明显。

4. 个案研究法

又称案例研究法，它的任务是揭示个案形成的变化特点和规律以及影响个案发展的因素，并且提出相应的对策。案例是教师专业成长的阶梯，这种研究以"短、平、快"为主要特征，用一个个具体翔实的案例来解读教育教学中的问题，提出解决问题的办法，提高实践反思能力，生成教师的实践智慧。案例是教育理论的故乡，一个典型的案例可以生动形象地诠释教育观念，或者解读一个问题解决的策略，有时也反映人类认识实践中的真理。从众多的案例中，可以寻找到理论假设的支持性或反驳性论据，并避免从理论到理论研究过程中的偏差。

一个优秀的案例，有美国学者列出了很有借鉴意义的如下几个特征：讲述一个真实的故事，故事情节相对完整；有一个突出的主题；描述真实的场景，能够使读者身临其境；具有问题和解决方案；案例的叙述具体生动；能够反映教师工作的复杂性，揭示出人物的内心世界；必须具有理性分析，能够揭示人物的思想和性格，揭示教育的规律，给读者以启迪。下面是一个微案例研究，麻雀虽小五脏俱全，合乎写作体例的要求。

面对回答不到位的学生发言

这是一次大型的阅读教学公开课，课文是鲁迅先生的《风筝》，开课对象是刚升入初中的初一学生，观摩教师来自全国各地。执教者是上海名师朱震国。教者提出了一个问题请学生思考："我"撕毁弟弟的风筝，这件事做得对不对？下面是师生就这个问题对话的片段。

生：对。这体现了我对弟弟的爱护。

师：撕了他的风筝，为什么反而是"爱护"？

生：因为弟弟贪玩，玩风筝不好。

师：玩风筝有什么不好？

生：耽误学习。学习成绩不好将来就没有好工作，就要出去打工。

师：噢。看起来这确实也能体现哥哥对弟弟的爱护。其他同学也是这样的看法吗？你请坐下。

评析：很明显，这个学生的发言与《风筝》一文所要表现的主旨和思想感情完全反了，与老师期望的答案完全相反。但我们看到执教老师很有耐心地与学生对话，让学生把自己的想法说出来，最后他对学生的回答不置可否，又进行了下一个环节。在评课中有的老师对此提出了异议，当学生对文本解读有明显的不妥之处时教师应该怎么处理？

通过分析我们认为，教者这样处理是恰当的，体现了他的课堂教学机智。阅读对象是刚入初一的学生，他们的思考达不到课文的深度，不如鲁迅对社会、人生理解得深刻，没有必要勉强他一定要达到这样的深度。随着生活阅历的增广，他们一定会想通的。另外一方面，当初"我"撕弟弟的风筝确实也就是基于"爱护"，只不过对爱护的理解不对、方法不当罢了。再说，对学习的认识像这位同学的看法在当前社会确实很有市场，如果想在课堂上把这个问题弄清楚，很可能要大费口舌，难免流于说教。本节课的教学重点就会出现偏移，教学任务也难以完成。更重要的，对学生的发言应该小心翼翼地保护，为他们培育一个敢于说话、敢于发表意见的课堂环境。运用之妙，存乎一心。课堂教学中生成的一个情境、一个问题、一个信息、一个错误都是宝贵的教学资源。对于这些教学资源，教师必须迅速地做出相关检索，进行有效分类，确定一条最为适当的处置策略，这既基于教师的爱，也取决于他的教学智慧。

5. 经验总结法

从教育科研的角度讲经验总结，就是要强调总结的程序应是科学的。判断经验是否先进标准有三：第一，内容应先进新颖，成功因素占主导；第二，经验的产生应科学，即从实践上升到理论，反映规律；第三，可接受，是在过去经验的基础上发展起来的，用之有效，有公认的实践效果，能推广。有科学价值的经验总结一般要经过教育经验事实的积累、筛选和理性提炼等三个阶段。掌握相关的理论是提炼经验事实的前提，概括主题是提炼经验事实的根本，揭示机制是提炼经验事实的关键。

顾泠沅的青浦教改成果就是这样形成的。"文革"十年动乱之后，青浦农村教育百废待兴，全县中学数学统测平均成绩竟然只有11.1分。1977年顾泠沅向当时的教育局长立下军令状，决心用"十年生聚，十年教训"的精神卧薪尝胆，探索一条大面积提高农村教育质量的改革之路。从1977年至1992年，经过三年听课达几千节的调查、一年筛选经验、三年实验、八年推广，使全县数学教学质量大面积、大幅度提高，进入全市的先进行列。青浦经验的主要内容：创设情境—尝试活动—变式训练—归纳总结—回授调节。1986年上海市教育局在全市推广青浦经验。同年，美国"掌握学习"的倡导者布卢姆来沪听了青浦经验介绍后对顾泠沅说："你在东方做了10年，我在西方做了40年，所得的结论几乎是一致的。"1992年在上海召开全国推广现场会，其研究成果获全国首届教育科研一等奖。

五、研究创新：要学会站在别人的肩膀上

创新，是教育研究永恒的主题，也是教育研究的灵魂。创新之途千万条，最有价值的是原创成果。但学会利用别人的研究成果来创新也是一条重要的途径，因为有很多成果都是在前人研究成果的启发下甚至是在模仿中而创新的。下面介绍六种方法。

（一）移植法

李吉林老师原是一个教学艺术高超的语文教师。拨乱反正以后，要想适应教育改革，原先的那套不够用了。她觉得自己是一个实际工作者，过于浅薄，但是她不妄自菲薄，于是开始寻找教育改革的出路：将理论学习与实践探索结合起来。一开始，她从外语的情境教学法中得到启示，觉得可以将情境教学移植到语文教学中来。移植的过程中，她认真钻研了我国古代的文论，如刘勰的《文心雕龙》、王国维的《人间词话》等，觉得我国古代的文论比外语的情境教学丰富多了，然后在教育教学理论和语言学理论的高度上，高屋建瓴，通过二十多年的探索，走出了一条适合中国特色的教育之路，奠定了她开宗立派的学术地位，成为回响在世界教育学术界的中国声音。

（二）怀疑法

面对别人的研究成果，不轻信，不断提出疑问，以便自己开动脑筋，认真思考，质疑挑战，创新的机缘就蕴于其中，这样的事例在科学发明中不胜枚举。在全国上上下下一片"鼓励教育"的呼声，甚至"零批评"的时候，笔者对此提出自己的质疑：难道教育就不需要挫折，不需要惩戒吗？鼓励真

的是万能的？笔者围绕警戒教育，从各国教育制度和政策、古今教育案例、中外教育专家的研究等方面进行研究，形成了自己的关于惩戒教育的研究序列。

（三）组合法

中科院院士，原复旦大学校长、英国诺丁汉大学校长杨福家有两个著名的教育理论：一曰"火把理论"，他认为学生头脑不是一个要被填满的容器，而是一支需要被点燃的火把，老师应是点火者；二曰"开门理论"，即主张让"学生自己拿着钥匙去开门"，老师交给学生钥匙。一位老师通过阅读看到这句话产生了自己的联想："点火把"与"交钥匙"是教师的重要职能。"点火把"是前提，"交钥匙"是关键。走进新课程，老师要善于"点火把"，学会"交钥匙"，实现由"知识传授者"向"学生学习的指导者，学生学习能力的培养者，学生人生的引路人"的角色转变。那么怎样"点火把"，怎样"交钥匙"，这就需要进行研究。他结合自己的教育实践，进一步查阅这方面的资料，从如何唤醒学生沉睡的潜能，如何让学生在学习中生疑、质疑、发现问题，如何以情激情产生能量形成情感效应，如何交工具、教给学生思维方法等方面开展研究，也有了自己一片创新的天地。

（四）先破后立法

否定别人的观点，建立自己的研究假想，从而形成自己的创新研究。笔者在为苏州大学附属中学制定"校本研究规划"的时候，收集了几十所学校的规划书。通过比对分析，同中求异，异中求同，笔者发现，麦基尔斯特将学校规划分为四个不同的类型——词藻华丽型规划、单一型规划、合作型规划、团体型规划，他认为这些规划及其进程会导致不同的结果。受到这个研究的启发，笔者从规划的效能角度来分析，认为麦氏分类方法只是在"皮相"的层面上，从效能方面来分类才是抓住了本质。于是笔者把这些规划分为"传声筒"式、"鹦鹉学舌"式、"跟风"式、"任务书"式、"个人意志"式、"团队型"等六种类型，而"团队型"的校本研究规划克服了其他诸种不足，有"民主性""校本性""开放性"三个方面的特点，我认为这才是一种最为科学的规划，于是也就按照这种办法组织自己学校的校本研究规划，为学校的可持续发展发挥了很好的作用。

（五）优化整合法

江苏省人民教育家培养对象、特级教师张援致力于活力课堂的构建，他把化学学科的专业知识和生活中的相关资源进行优化整合，创设化学实验情境、社会生活情境、天地自然情境，同时还对音频、视频、图片、实物、简笔画、符号、网络等进行优化整合，形成了"情境教学与资源开发整合"教学研究序列，活力课堂焕发出了创新的魅力。

（六）二度开发法

在当前的研究热点中寻找新的视角，进行研究。比如，从"有效性教学"这个研究热点，可以二度开发出"提问的有效性""教学目标设置的有效性""作业布置的有效性""课堂讨论的有效性""教师讲解的有效性"等方面来进行新研究。

我国传统阅读教学非常注重举一反三，融会贯通。朱熹说："举一而三反，闻一而知十，乃学者用功之深，穷理之熟，然后能融会贯通。"根据这些理论，苏州大学附属中学徐飞老师设计了"基于融会式阅读培育高中学生写作素养的研究"课题，旨在研究读写结合，以读带写，以写促读的读与写的融会等问题。他根据苏教版高中语文必修教材，设计读写融会九个板块：

1. 必修一：青春风采、品德教养、家园之思、感悟自然
2. 必修二：珍爱生命、战争·和平、历史沉思、品味经典
3. 必修三：爱国情感、高尚人格、底层光芒、文化审视、谋略智慧
4. 必修四：人生梦想、人性看台、语言魅力
5. 必修五：科学之光、亲情·友情、直面人生、哲理思辨
6. "品味人物"专题（包括单个人物及群体人物，前者如马寅初，后者如十二月党人）
7. "评点时事"专题（主要是点击热点事件，比如兽首事件，引导学生作出多元评价）

8."挖掘理趣"专题（主要是片段阅读感悟，包括佛禅故事、神话传说、小品寓言等）

9."体悟隽句"专题（重在训练文采，体悟泰戈尔、林清玄、刘墉、幾米等人的经典语录）

这九个板块，形成了自己阅读与写作教学体系，不但在实践中提高了语文教学质量，还具有很强的创新意义和价值。

从以上创新方法可以看出，一线教师的研究要善于运用文献资料，善于利用别人的研究成果，"君子生非异也，善假于物也"，站在文献资料的基础上，站在前人研究的基础上就等于站在了巨人的肩膀上。

第六章

写作：卓越教师和平庸教师的分水岭

　　写作，是运用语言文字创制文章的一种复杂的脑力劳动和精神生活过程。美国学者查尔斯·布考斯基对写作有一段精彩的论述："通常它是唯一的东西，在你和不可能性之间。什么也不能拯救你，除了写作。它撑着每堵墙不使它们倒下，阻止一大帮人马冲进来。它炸开黑暗。写作是最终的精神病医生，是所有上帝中最慈善的上帝。写作潜步跟踪死亡，紧追不舍。而且写作嘲笑它自己，嘲笑痛苦。它是最后的期望，最后的解释。这就是写作。"的确，只有在写作过程中，外在与内在、经验与幻景、感性与理性才能在一个时空中得到完满的呈现。

　　写作，是一项伟大的能力。一个人的写作能力几乎决定或表明了他的全方面能力或水平。高万祥先生反复宣扬这样的理念："写作，是平庸教师与卓越教师的分水岭！一个不能写一手好文章的商人，只能算是一台赚钱的机器。而不能写一手好文章的教师呢，只能是一个教书匠，一个从事教育的简单劳动力。"的确，教师的写作能力也决定着其能否在专业发展上走向更远。当然，生活中也有一些优秀的老师不常写作，同样成果斐然，但如果他也能拿起笔来，一定能取得更为优秀的成绩。一般而言，教师的写作类型主要有教学札记、课堂实录、教育叙事、教育随笔、论文论著等。

一、走向卓越：教师写作的多重意义

　　写作，是思考生活、积淀经验、重塑自我的过程。余秋雨先生说："一个不被挖掘、不被表述的灵魂是深刻不了、开阔不了的。不被表述的灵魂无法不断地获得重组。不断的表述实际上就是在不断地组建自己的灵魂。"对于教师而言，我们的灵魂同样需要通过表述来组建或重组。而深厚的幸福与个体的自我实现有关、与灵魂的自我发现有关，因此，写作给我们提供了一条通向深厚幸福的路径。

　　写作的伟大，在于它能帮助写作者认识世界、认识自身。加拿大学者马克斯·范梅南在《生活体验研究》一书中有着非常精彩的论述："写作是某种自我制造或自我塑造。写作是为了检验事物的深度，也是为了了解自身的深度。"老师们，就让写作成为一种习惯，成为一种生活方式，在写作中走向深刻，回归自我，守望幸福。

　　具体来说，写作对于教师的发展有以下几方面的意义。

（一）写作能促进深度阅读

　　如果你有写作的习惯，你就不会满足于泛泛浏览。对于优秀作品，你一定会自觉研读，认真领会思想内涵，揣摩表达艺术，努力从佳作中汲取营养。

要能够写好文章，往往离不开阅读的积淀。黄宗羲说："文章之道，非可一蹴而就者，苟好之，则必求天下之书而读之。"（黄宗羲：《戴西洮诗文题辞》）元人程端礼云："读书如同销铜，聚铜入炉，大鞴扇之，不销不止，极用费力。作文如铸器，铜既销矣，随模铸器，一冶即成，只要识模，全不费力。所谓劳于读书，逸于作文也。"（《程氏家塾读书分年日程》）这一则短文运用比喻，形象地论述了阅读与写作相辅相成的关系。读书就像熔化青铜，把铜块收集起来放入熔炉中，然后就用皮风箱给炉火扇风，不到铜全部熔化就不停止，所以非常费工夫。而写文章就像铸造铜器，这时铜已经熔化了，按照模具的形状来铸造成各种各样的铜器，那是一经冶铸就能成功的事情，只要识得模具，铸造过程全不费力。这就是人们常说的"在读书方面费力了，在写文章方面就省劲了"的道理。可见大量阅读之于写作的重要性。

写作，能促进我们自觉地进行专题式的深度阅读。常作印老师对写作与阅读的关系曾作过真诚的阐述：

> 我大致测算了一下，写作1000字的文章，常常要阅读两万字以上的相关材料。如果说阅读与写作分别是输入和输出的话，那么至少20份的输入才能换得一份的输出。朱光潜先生曾谈到他写作《西方美学史》时，一边学习一边写作，到底读了多少书，记了多少笔记，连他自己也记不清了。
>
> 我发现，真正的写作爱好者，往往也是阅读爱好者。他们总是沉迷于书香之巢，总是睁大思考的眼睛，总是审视身边的事与物，凝集点滴心灵的感悟，直至最后汇成思想的洪流。

在这个浅阅读泛滥的时代，我们需要深度阅读来拯救我们，而借由写作而进行的深度阅读无疑是一条有效途径。

（二）写作能积累科研素材

俄国作家康·帕乌斯托夫斯基《金蔷薇》中讲述了一个动人的故事：善

良的退伍兵夏米，相貌丑陋，以清理作坊垃圾为生。一天，他遇见了早年照料过的一位姑娘苏珊娜。苏珊娜因为失恋，正准备从桥上跳下去。夏米伸出援手，将苏珊娜接到自己的家里。苏珊娜修复了情感裂痕后被她的男友接走，而夏米却被一种温柔的情感折磨着，他自卑、怯懦、羞愧……他暗暗祈愿姑娘能遇到真爱，并冒出一念头——送一朵传说中能带来幸福的"金蔷薇"给她。从此，每天夜里，夏米都背着一个巨大的垃圾袋回家，里面装着从首饰作坊里扫来的尘土，他不停地扬着尘土，一直要见到隐约的金粉……金粉日积月累，终于铸成了一块金锭，夏米请一位老工匠将它打成了一朵金蔷薇。当然，故事的结局有点忧伤。当蔷薇花终于打成的时候，夏米才得知苏珊娜已在一年前去了异国，且没有留下任何地址。夏米在忧伤和孤独中去世。

"扬起尘土—聚拢金粉—打成金蔷薇"，这是一个富含寓意的过程。只有足够的耐心、智慧与爱，最终才能将散落的金粉打成金蔷薇。教育教学的研究概莫能外，要有所发现，离不开素材的积累。伟大的教育家苏霍姆林斯基几十年如一日，每天早晨从 5 点到 8 点写教育手记，点滴积累加上长期的坚持不懈，便有了他等身的传世著作。苏霍姆林斯基在《我怎样写教育日记》中写道："凡是引起你的注意的，甚至引起你一些模糊的猜想的每一个事实，你都把它记入记事簿里。积累事实，善于从具体事物中看出共性的东西——这是一种智力基础，有了这个基础，就必然会有那么一个时刻，你会顿然醒悟，那长久躲闪着你的真理和实质，会突然在你面前打开。"

记录教育生活中的点点滴滴，如同医学里的拍 X 光片一样，能够为研究提供依据。从某种意义上说，一个普通教师能走得多远，与他是否养成自觉记录教育、教学生活的习惯有关。一次班级活动所激起的思考，你是否赶紧梳理成文？讲台上意外出现的几束小花所激起的情感涟漪，你是否把它用文字存留下来？备课过程中有独到的发现，你是否赶紧记了下来？上了一堂很得意或有遗憾的课，你是否赶紧写下你稍纵即逝的感受？……不要忽视这些细小的片段，也许这其中就包含着珍贵的思想。

"合抱之木，生于毫末；九层之台，起于垒土。"构筑宏大思想，可以依靠形而上的推演，更依赖于个案的积累、类例的总结。美国当代最著名的文化人类学家克利福德·格尔茨说："理论建设的根本任务不是整理抽象的规律，而是使深描成为可能，不是越过个体进行概括，而是在个案中进行概括。"对我们普通教师而言，个案式的研究更具有实际操作的可能性。最初的写作就是记录下具体的案例，不一定是为发表而写。李镇西老师最初每天坚持写《教育手记》《教育日记》《教育随感》等，都没想到要发表，只是觉得应该把自己每天丰富的生活、奔腾的思绪记录下来。但天长日久，十几年过去了，这些写给自己看的文字竟成了教育教学科研最为宝贵的材料。

（三）写作能使人重构认知

写作是非常有效的认知加工的过程。坚持写作，能够练就敏锐的内在视觉，使我们留心并善于捕捉教育生活中那些有价值的东西。写作还能培养深厚的教育之爱，使教师对教育生活更加投入。教师如果发现没有教育故事可以叙写，往往是对教育生活比较淡漠。全身心投入教育生活，就会有永不枯竭的写作源泉。

同时，写作还是一种反思性学习。写作能帮助我们梳理思绪，使我们的头脑变得清晰而有条理。培根说："写作使人精确。"写作是非常有效的认知加工的过程。写作能够练就内在视觉，使我们留心并善于捕捉生活中那些有价值的东西。写作使人更敏锐也更清醒，对生活更投入也更超脱，能置身生活深入体验又能超越生活进行理性思考。当我们要将某个问题写作成文时，就会对它进行深入思考，从而深化和丰富知识。即便不写论文，而是写教育随笔，我们也可以对思想进行提纯。

比如，有一位青年教师打来电话向王栋生老师诉说了工作中的苦恼。她那所学校，给每个学生发了一本《成长日记》。这本统一印发的《成长日记》的开始有几句警言——"你今天进步了吗？""你今天又有什么收获？""这个月你养成了哪些好习惯？"——也算是每日三省自身，规定学生每天要详细填写。本子的格式类似公司经理的记事本，印上"8:00—9:00""21:00—22:00"之类的字样，从早到晚，要学生记下自己所做的一切；同时，校长要求班主任和家长每周都要对孩子的品格成长与学业作出评价，写一段话，以让孩子有"成就感"。那位老师还告诉王老师，老师们都被这个"成长日记"弄得不知所措，盼望尽早停止这种荒唐的活动。

王栋生老师发现这种教育现象后有很值得反思的东西，就写了一篇文章《被难倒的蜈蚣》，下面是部分段落：

> 让学生和教师耗费时间去关注细枝末节，恰恰暴露出学校管理者的无知与落后。一所学校，竟然如此缺乏人文理念，缺乏现代教育意识，缺乏科学的教育方法，作出这种不可理喻的规定，真让人不知说什么是好。时下形式主义猖獗，有些学校制定措施很愚蠢，完全不考虑教育自身的规律，一味讲究"花"，好像办学的目的就是为了哗众取宠，吸引上司注意。
>
> ……
>
> 说到这里，忽然想到说了可能也是白说，还是说说一则寓言吧。蜈蚣狂妄地对青蛙说："你只有4条腿，而我有40条腿，你不如我。"青蛙精明，说："我的腿的确没有你的多，但是我知道自己的每条腿在干什么。我倒是想问问你：当你的第18条腿举起来的时候，你的第35条腿在什么位置？"蜈蚣原本爬得并不慢，可是它老想着要记住每步动作时各条腿的位置，结果没法走路了。
>
> 把这个故事说给校长们听听，好吗？

一个电话，就引起了王栋生老师的深刻思考与挚热文字。他既是特级教师，也是杂文作家，他对教育现状的清醒认识与深刻剖析，与他数十年养成的勤于笔耕的习惯是分不开的。

（四）写作能提升生命境界

写作，是一个人的宗教。

文字是一切事物中最尊贵、最圣洁之物。当一个人沉浸于写作中，也就是用文字来耙理生命、澡雪精神、提升情怀、净化灵魂。美国作家纳塔莉在《再活一次》中这样写道："作家有两条命。他们平时过着寻常的日子。在蔬果杂货店里、过马路和早上更衣准备上班时，手脚都不比别人慢。然而作家还有受过训练的另一部分，这一部分让他们得以再活一次。那就是坐下来，再次审视自己的生命，复习一遍，端详生命的肌理和细节。"

写作是精神生活的方式之一。人有两个自我，一个是内在的精神自我，一个是外在的肉身自我，写作是那个内在的精神自我的活动过程。普鲁斯特说，当他写作的时候，进行写作的时候不是日常生活中的那个他，而是"另一个自我"。写作，就是独自面对自我，与自己灵魂的亲切交谈，而这种交谈，能使灵魂变得深邃，使生命境界得以提升。

李镇西老师曾这样真诚地谈起自己的写作：

> 20多年的教育成长经历告诉我，教师的写作，对于教师成长实在是有着十分重要的作用。比如，也许许多老师是因为《爱心与教育》而记住了我的名字，我也因这本书而赢得了许多读者的尊敬，并渐渐被人称作"教育专家"。但其实只有我自己知道，我并不比千千万万的一些普通老师高明多少。常常在外面向同行们作汇报时，我总是说："其实，我和大家是一样的——对学生的爱是一样的，对教育执著是一样，所遇到的困难是一样，所感受到的幸福也是一样，甚至包括许多教育教学方法或者说技巧都是一样的！如果硬要说我和大家有什么不一样的话，那就是我对体现教育的爱、执著、困惑、幸福、方法、技巧的故事进行了些思考，并把它们一点一滴地记载下来，还写成了书，仅此而已！"

李镇西老师这段话很真诚，道出了写作之于他的重要性。他当初每天坚持写教育手记、教育日记、教育随感等，不为发表，只为将每天丰富的生活、奔腾的思绪记录下来，而这些文字竟成为日后教育教学研究最为宝贵的材料。李镇西老师的《爱心与教育》，是一部伟大的教育叙事著作。李镇西老师的文笔是动人的，他不是纯粹客观地记录教育生活，而是在记录中融入了自己对教育、对生命的思考。无论是记述"后进学生"的转化，还是记述"优秀学生"的培养，抑或是剖析一个自杀案例，我们都能感受到他对学生的拳拳爱心和对教育的执著追求。

当一个人从日常生活中抽身而出，用更高远的视角来俯视周遭生活，就会变得更加理性和超脱。李镇西老师以其等身著作告诉我们：写作不仅可以培养理性精神，强化大爱情怀，而且可以有效提升一个人的生命境界。

二、日常记录：像写情书那样真诚地记录生活

商业上有一则经典案例：美国沃尔玛超市的货架上，尿片和啤酒赫然放在一起出售。这两件毫不相干的商品为什么会摆在一起出售？原来，沃尔玛的工作人员在统计产品的销售信息时，发现了一个奇怪的现象：每逢周末，连锁超市里的尿片和啤酒的销量总是很大。他们派出工作人员进行调查。观察、走访中了解到，周末，美国有孩子的家庭中，太太经常嘱咐丈夫下班后为孩子买尿片，丈夫买好尿片，顺手带回自己爱喝的啤酒。因此，尿片和啤酒的销量一起增长。据此，沃尔玛超市打破常规，将尿片和啤酒摆在一起。结果，尿片和啤酒的销量双双激增。

如果没有销售的记录，就不可能发现"尿片和啤酒"的销售奥秘，也就不会有沃尔玛的销售创举。商家要做好销售，需要记录；教师要搞好教育，同样也需要记录。

这"记录"，不是写正规的文章，而是随意地、随机地记载生活中发生的点滴。记录，讲求及时与真实。因为思想和灵感往往转瞬即逝，如果不能及时被记录下来，很可能会纵入茫然。

（一）教育日记：所有的文字都将成为岁月的馈赠

人称"中国的苏霍姆林斯基"的李镇西，能成就非同一般的事业，和他长期勤奋写作教育日记分不开。而且李镇西最敬仰的正是苏霍姆林斯基。"苏霍姆林斯基几十年如一日每天早上五点钟就起床写"教育日记"的精神和做法，也深深影响了我。从那以后直到现在，我也一直坚持写教育日记、教育

手记和教育随笔。"这是李镇西在他的处女作也是他的成名作《爱心与教育》引言中的一段话。

多年来，李镇西写作出版了大量著作，如《爱心与教育·素质教育探索手记》《走进心灵·民主教育手记》《从批判走向建设·语文教育手记》《风中芦苇在思索·李镇西随笔选》《民主与教育·一个中学教师对民主教育的思考》《心灵写诗·李镇西班主任日记》等等，从这些书名就能看出李镇西写作的最大一个特点便是坚持写日记随笔。李镇西能成为当代中国教育类图书的畅销书作者和最有影响力的教育家之一，坚持写教育日记也许是他最宝贵和最重要的成功之道。李镇西老师在《心灵写诗》一书的序言中将写作教育日记带来的乐趣作过生动的表白：

> 曾有网友问我："天天写这么长的日记，你是如何坚持下来的？我真佩服你的毅力！"是的，在旁人看来，我似乎是很有"毅力"的：坚持读我日记的网友们可以作证，每一篇日记我几乎都是当天完成——当然，也不止一次是在午夜才写完，上传到网上已经是次日凌晨。但我不觉得需要什么"毅力"，因为这是我本身的"需要"，而这种"需要"已经变成了习惯，就像每天再忙也要洗脸刷牙一样——难道每天坚持洗脸刷牙还需要毅力吗？写这样的日记，并不像有的老师想象的那么"累"，那么"苦"，那么"坚忍不拔"，因为用文字记录自己每天和学生的成长，实在是一件非常有意思的事……你想想，夜深人静的时候，我一边回忆着当天发生的事，一边在键盘上一个字一个字地敲下来，清脆的键盘声宛如生命时钟的秒针在"滴答滴答"地舞蹈，同时我也就深切地感受着生命原来是这样有韵有味有声有色地流过！我记录的也是学生成长的过程，因此写作时我的确是在真切地聆听着"花开的声音"。我和学生那"逝者如斯"的生命之水连同无数朵晶莹的生活浪花，便因为我的日记而永远地凝固了下来。若干年后，我们共同翻开这些文字，便会回到那一个个阳光灿烂的日子，学生会因此而青春永驻，我会因此而生命不老。这，难道不是一件很有意思的事吗？

朱永新先生的"成功保险公司"是2003年在"教育在线"网站创办之初开张的。保险条例上注明，所有参保者只要坚持"每日三省自身，写千字文一篇"，十年后若未能跻身成功者之列，公司将以一赔十。朱永新的良苦用心，其实是想倡导教师坚持每日写教育日记。对普通教师来说，最初的写作就是自己记录自己的教育足迹、思想历程，是自己和自己的对话，而不一定非要为发表才写作。记录的过程，是自己重新经历、体验的过程，也是自我反思、省悟的过程。而且，最重要的是，你可以通过文字，将稍纵即逝的生活转化成永恒的物质存在。而所有的记录文字，最后都将成为岁月馈赠给你的珍贵财富！

（二）个案记录：一个学生就是一个世界

日常记录中有一块重要内容，就是个案记录。我这里所说的个案记录，包括个别案例的特别记录和针对个体学生的追踪记录。苏州市区的一些中小学校，在这方面有比较好的实践，学校要求班主任在每期的品德评语中，选四五个学生写千字评语，每学期至少写一份学生个案报告。

个案记录，应选择有代表性的对象。在不可能给所有学生写个案的情况下，学会选择尤显重要。个案记录，一般涉及心理和个性、家庭和父母、学校和社区、人际交往和社会影响等内容。这些内容都是对学生成长影响最大的因素。关注并记录这些内容，个案记录才会有从个别到一般、从特别到普遍、从现象到本质的科研意义。

一个学生，就是一个丰富的世界。如果你能长期追踪记录某位学生的成长，将会有意外的惊喜。与大家分享一个真实的故事。

2002年，在昆山市玉峰实验学校工作的吴樱花老师受到朱永新"成功保险公司"的感召，坚持写教育日记，并发在"教育在线"网站上。一段时间下来，发现经常提到"宋小迪"这个名字。不少网友建议专门将这个孩子的故事记录出来，于是，吴老师便开始了长达三年的个案记录。

宋小迪，被同学们称为"天地间第一恶人"。为了惩罚隔壁班的同学，他能把牙刷沾上粪便洗干净后再让人家刷牙，能把自己喜欢的女生的名字用刀片刻在自己的胳膊上，能为了打篮球强烈要求退学进NBA……三年时间，他几乎每天都要给吴老师制造麻烦。而吴老师坚信,每一个孩子身上都有闪光的东西,老师应努力从他们经历的种种事情中提取出教育的积极意义。于是细心观察之后吴老师发现,宋小迪也有集体主义观念,班级提水拖地的任务他常常独自承担;他也有热心善良的一面,他为学习遇到困难的同学细心讲解,为养活一只流浪狗他情愿自己不喝牛奶;他思维积极主动,上课总能看到他高高举起的手;他的作文立意新颖,语言生动,无论是写给女生的情书,还是抒发自己对韩寒的认同,他的文字都能显示着深刻的思想,流淌着真实的情感……

吴老师坚持将这一切都记录下来。三年时间,吴老师为他一个人写了15万字的成长日记,每年一本装订成册送给他。

2005年中考结束,宋小迪主动要求留在教室,一个人默默地把教室打扫得窗明几净,桌凳摆放得整整齐齐,最后把卖废纸的80元钱压在吴老师的办公桌上,留言捐给班级资助的一名云南小学生。中考成绩揭晓了,宋小迪竟然奇迹般地以660分名列昆山市第一名。在他拿分数单的那一天,在全班同学面前,他双手接过分数条,恭恭敬敬地向吴樱花老师鞠了一躬,久久不愿起身……

三年,为一个学生写了15万字的记录!而这个当初的"天地间第一恶人"竟成了市中考状元!吴樱花老师,理所当然地成为媒体的焦点。从国务院新闻办、央视新闻调查到省、市地方电视台,以及《中国日报》《新民周刊》《江南时报》及网络等众多媒体都对吴老师的事迹进行了报道。

看似偶然的成功,实则蕴含了必然的规律。吴老师用15万字的记录,进行了一场爱心长跑,既唤回了一颗迷失的心灵,也完成了一次自我修炼与提升。可以想见,在一次次的记录中,她嘴角上扬,爱意涌动,思路逐渐清晰,眼神慢慢清澈,信心逐渐强大……15万字,字字句句,全是爱和期望啊!

(三)教学实录:从自己的课堂里获得最快的进步

一位特级教师曾说,年轻教师要想快速提高自己,最好的办法就是带支录音笔进课堂,下课后再放给自己听。他提醒我们,向名家学习固然能提高自身,但我们更应通过回顾自己的课堂,反思不足,完善自身。老师们应该都能体会到公开课对自身成长的重要意义,但是,上公开课的机会毕竟很少。其实,我们完全可以把每一堂"家常课"上成给自己听的"公开课",精心备课,投入上课,课后再根据录音整理实录。

当然,我们不可能把每堂课都整理成教学实录,但是,每位老师都应该有一种自觉追求:每学期至少整理两篇课堂实录。一堂好课,既能通过视频的形式保存,也可以通过文字的形式留存,而后者更应该成为一种常态。教学实录,是教学作品的一种。许多名师,正是通过这种形式的教学作品,扩大自己的影响力。在通向卓越教师的路途上,教学实录的整理不可或缺。

整理教学实录有三大好处:第一,可以借此反思自己的课堂教学,推敲教学环节,锤炼课堂语言,提高课堂教学艺术。第二,积累教学作品,将逝去的精彩课堂通过文字形式保存下来,并在此基础上打磨自己的"课堂代表作"。第三,为教学研究提供一手资料,因为教学实录折射出教学理念,留下成长轨迹,可以成为教学研究的一手资料。

整理教学实录主要有三种方式:一是全课实录,就是将整节课全程记录下来;二是镜头特写,即截取课堂某个环节进行记录;三是印象描述,凭借教者回忆对课堂进行印象式描述。需要说明的是,在整理教学实录的时候,可以进行适度加工,以体现自己的教学理念。

倾听自己的课堂,把它整理成实录,这是教师专业成长的最快途径。

三、教育随笔:让写作成为一种生活方式

什么是随笔?我们来看一本词典的释义:"是散文的一种,没有华丽的辞藻,严密的结构。形式可以不受体裁的限制,灵活多样,不拘一格,可以观景抒情,可以睹物谈看法,可以读书谈感想;可以一事一议,也可以对同类

进行综合议论。"我认为，随笔不必有却"可以有"华丽的辞藻，不必有却"可以有"看似随意实则严密的结构。随笔之"随"，正在于它的随意、随性，本不该有过多的拘束与限制。

教育随笔，是随笔的一种。特级教师冯卫东给"教育随笔"下了一个定义："用散文的形式表达作者对教育之经历、理解、情怀、胸襟、抱负等的一种文体。"他并且指出写"教育随笔"之于教师的作用和意义：

> 教师写教育随笔，是在炼眼——锤炼自身发现问题的能力，炼笔——锤炼自身表达思想的能力，也是在炼意——锤炼与提升自己的教育思想、教育情操、教育抱负。很难想象，一个经常写作教育随笔的人，却对教育本身绝无理想、了无感情和毫无识见。也可以肯定，在其他条件大致相同的情况下，写或不写教育随笔，个人的"教育境界"一定会有较大的差异。

(一) 事理随笔：从一块石头里看到骏马

事理随笔，是冯卫东老师提出的一个概念，是指由某一个（些）教育事实生发开去，进行适度理性抽象、概括、提炼和升华，具有较强论理色彩或有一定理论价值的随笔。事理随笔与日常记录的区别是显而易见的。在日常记录中，事件、事实是主体内容；而在事理随笔中，事件、事实只是诱因，是论理的基础。

有个雕刻家正在全神贯注地工作，他用手中的刻刀一刀一刀地雕刻着一块尚未成型的大理石，一个小男孩在一旁好奇地看着他。渐渐地，石头中显示出了马的形状：高昂的马头、矫健的四蹄、飞扬的尾巴……最后，一匹骏马呼之欲出。小男孩万分惊讶地问雕刻家："你怎么知道这石头里藏着一匹马？"雕刻家哈哈大笑，他认真地对小男孩说："石头里什么也没有，但我心里有马，就把它雕刻了出来。"

打个比方，日常记录好比是画家照样画出这块石头，而事理随笔却是要将这块石头雕刻成一匹马。当然，前提是得从这块石头里看到藏着的马。

笔者以发表在《语文教学通讯》2008年第2期上的一篇事理随笔为例来

谈谈这种文体的写作。

　　那次收交作文后，一女生匆匆跟出，拿着随笔本，说："老师，您布置的题目我实在写不出，就写了这篇随笔，不知算不算？"我顺手接来，回到办公室，翻开随笔本，不禁暗自叫好，随即把这篇随笔输入电脑，题为《爱上一条街》："喜欢，从来就没有理由，就好像，我喜欢上一条街，毫无理由地。……随意地走在街上，脚步踏着风的节拍，淡淡地看着那一片、一片的树叶颓废地滑落，又颓废地飘卷。叶子婆娑，像极了旧日歌手低沉而略带沙哑的嗓音，质感粗糙，却让人只想闭上眼睛，享受，甚至颓废下去……"

　　这是位写作水平一般的学生，但这篇随笔却以其朴素、自然的叙述，深深地感染了我。我找她来交流，原来她前天走在十全街上，看到一片淡黄的梧桐叶滑落，有一种感觉从心底幽幽划过，她觉得要把这种感觉写下来，回家后一直写到十一点，她说不写完就睡不着。

　　我从这一件事想到一类现象：一边是自由创作的绿意盎然、生机勃勃，一边是应试作文的面容枯槁、荒芜衰落。多少诗意被我们放逐，多少感动被我们流放，多少真实被我们冷淡。进一步思考，不难发现是由写作主体的缺失导致作文的失真。个体应有的独特体验让位于大众化的情感，本应是私人的写作却变为公众的言说。而从高考命题者，到一线的高三语文老师，再到高考阅卷者，都参与了这场悲剧的制造。作为一线教师，该如何担负起自己的职责？应该回到作文原点，培元固本，尊重写作者的主体地位，加大自由作文的比重，培养学生的观察意识、自省精神、想象能力、深思习惯……于是，我连夜赶出一篇事理随笔《真我迷失：高考作文的难言之痛》。

　　现在看来，这篇随笔文笔和思考还略显稚嫩，但当时内心汹涌的情感还能于字里行间隐约感受一二。事理随笔，非但不排斥"情"字，反而更期待情感的参与。当然，写作时要注意"纾气"，即努力地用舒缓的语气或行文来表达内心的情感与思想。理直何须气壮，更不必剑走偏锋，说一些过头话、一头话。

事理随笔要缘事析理，事要靠发现和精选，理需分析与提纯。因此，老师们在平常的教学中应加强记录意识和研究意识。一般而言，一件事可以生发出很多理来，而这需要我们做好多中选优的萃取提炼工作。不仅如此，我们还要及时写出来。孙绍振先生说，能写出来才是最高水平。写作，不仅是为了成果的呈现，写作本身就是提升自我的过程，能使思维更加精确，使眼力更加敏锐，使灵感更加丰富。

"螺蛳壳里做道场"，好的事理随笔，应该即小见大、由表入里，而这需要下一番沉潜涵泳的功夫。视野决定思维，宽度影响高度，要能使思维之钻探到"地核"深处，老师本身需要拥有丰厚的学养，养成独立思考的习惯，要从一粒沙里看到天堂，从一块石头里发现骏马。

（二）教学札记：让思考成为一种习惯

札记，是指读书时摘记的要点和心得。教学札记，则是指教师在教育教学过程中，对教育教学现象中值得研究的、焦点的，或需要总结的，以及困惑的不能及时解决的等问题的一种反思记录或有关教育学理论的学习摘记。

教学札记内容广泛，可以写教学中的疏漏或遗憾，可以写教学中的一个闪光点，可以写对教材的重新发现，可以写参加研讨会的心得体会，可以写阅读教育教学类文章的思考体悟……内容多样，形式自由，可以三言两语，也可以是一篇文章。

特级教师窦桂梅老师在教学《珍珠鸟》一文前，想到电影《金刚》中的大猩猩金刚，比人类强大却遭遇了人类酿造的悲剧，而课文《珍珠鸟》中的珍珠鸟，比人类弱小，却因成了人的笼中鸟的故事引发了"信赖往往创造美好的境界"。这是不是悲剧？这是关系到人与动物，人与自然，甚至人与整个世界的多元复杂的问题。地球不只属于我们人类，该怎样和众生彼此信赖，互相尊重，共同分享甚至达成"天地与我并生，而万物与我为一"的至高境界？……窦桂梅老师情不自已，把所想的付诸文字，而据她自己所说，"写到这里，教学《珍珠鸟》的想法更强烈了"。

虽然这样的文字不一定能发表，但写下这些，不仅对自己把握文本的精神高度进行了触摸和挑战，使精神储备更加丰富，使课堂教学更有深度。窦老师还趁热打铁，写了《珍珠鸟》的文本解读，对为什么这么教学进行了思考：

>……围绕主题"信赖"我打算在第一课时的教学中，通过对语言文字的品味，体会作者如何"不动声色"、小珍珠鸟如何"神气十足"——这两个截然不同的表现，来感受一个共同的美好境界：信赖。第二课时，我从文中大鸟们的表现进行"解构"。从大鸟的"生气地叫"与"再三呼唤"入手，理解原本自由的它们，因为不能忘怀的恐惧（它们知道人类的残忍，身在笼中剥夺了它们对再度拥有自由的期待），告诉小鸟，自己的今天就是小鸟的明天……（选自《深入决定深度》）

在写作中，她的一些模糊的想法逐渐变得清晰，明确的思路变得深刻，甚至能够获得新的发现。而在教完《珍珠鸟》后，窦老师还做了如下反思：

>人该不该放鸟？鸟会不会飞走？这是我教学后的困惑，也是学生思考的困惑。在知识和真理发生冲突的时候，教育该如何选择？课堂结束时，我把这"结"抛给了学生……有老师说这个命题抛给学生真是太妙了，有老师听课后认为，前面所有的深入是画龙，最后的思考是点睛，突破了单纯的技术思考，已将其提升到哲学命题的高度，于是摆在学生面前的问题就不是放不放这么轻松和简单。"放还是不放？"这也许就像讨论"娜拉出走后会怎样"一样，令我们继续产生更"头疼"的思考。（选自《将"信赖"进行到底》）

当我们在赞叹窦老师深透的文本解读、高超的教学艺术时，有没有掂过窦老师在课前、课后所记下的若干文字的重量？叶澜教授指出：一个教师写一辈子教案不一定成为名师，如果一个教师写三年的反思，就有可能成为名师。写教学札记，最重要的意义是逼着自己成为日常教学的旁观者、思考者。当你写下一篇篇教学札记时，你就实现了教学的自主与自省，你就能从日常琐碎的教学中抽身而出，进行形而上的思考，从而超越平庸教学的重复与枯燥。

有位老教研员曾说，有些老师教了几十年书，其实只教了几年；而有些老师虽然才教了几年，但已教了几十年。我想其中的区别在于老师是否养成对日常教学思考的习惯。周国平说："未经省察的人生没有价值。"我想借用一下，未经省察的教学生活没有价值。写教学札记，可以帮助我们过上有意义的幸福人生。

（三）书信小简：直抵心灵深处的力量

随着信息技术的高速发展，电子邮件、手机短信等早就取代了传统的书信。写信，这种古老的方式，已逐渐为人们所遗忘。但不可否认的是，书信仍然有着电子产品不可替代的功能。写信，不失为最为有效的沟通方式之一。

写信，可以自由、便捷地表达自我，抒发情感，提出建议。古今中外留下了多少经典的书信啊！诸葛亮的《诫子书》语重心长，曾国藩、梁启超的家书蕴含智慧，《傅雷家书》学养深厚，而苏霍姆林斯基给儿女的信更是温暖亲切。郑杰校长《边走边叹》一书收录了这位"另类"校长写给女儿的52封信，内容丰富，观点鲜锐，情感深沉，值得我们老师一读。我们老师不仅可以给自己的亲友写信，还可以给学生写信。

笔者很喜欢写给全班学生的公开信，开学时写，运动后写，元旦时写，放假前写……有时，跟学生分享老师的人生感悟：

> 何谓成功？何谓幸福？在我看来，腰缠万贯不是成功，功名显赫不是成功，成功是一个人的自我实现，能成为什么你就成为什么，用李开复的话来说——"做最好的自己"。而幸福即是由这种成功所带来的体验，幸福的人对平凡的事物不觉厌烦，对日常生活永感新鲜，有可以交心的三两知己，有深深爱着的亲人。他有着坚强的内心和独立自主的性格，他悠闲而高贵，他同情那些为蝇头小利挤得头破血流的人但不会鄙视他们，他能看到生活中的阴暗面但更善于发现生活中的美好，因而他的脸上始终洋溢着微笑，他能包容和自己意见相左的人，他看上去很钝感实则很智慧……幸福，就是欣赏别人，悦纳自己！

有时，欣赏着他们的进步，也提出老师的愿望：

  我此刻正面带微笑，充满幸福地给你们写信。想起你们，我常常充满幸福。我有时会看军训时你们的照片，虽然才半年，你们的变化可真大啊，褪去了刚进校时的羞涩，眼神变得深邃或坚定。我想起第一次班级活动时同学们的多才多艺，向洪磊的魔方、504的鬼故事……我想起运动会时我们狂揽120多分勇夺年级第一的豪情，迎面接力跑的扣人心弦……我更想起为了今晚的节目，你们的付出，沈奇斌赶剧本至凌晨两点，孟玥挤出了她的课余时间一心扑在PPT的制作上，还有李娴端秀的字、朱一帆热望的泪、几位主角穿着单衣在寒风中瑟瑟发抖的苦练……

  刚才去看你们精彩的《海伦之衣》，我在下面真为你们自豪，我特别激动，我好想说：高一（1）班，你们真的真的很棒！我会永远记住你们的《海伦之衣》。

  当然我也知道我们高一（1）班并不是十全十美，但我更希望你们和我一样喜欢叶芝的一首诗："多少人曾爱慕你青春妩媚的身影，爱你的美貌出自假意或者情真，而唯独一人爱你那朝圣者的心，爱你日渐苍老的容颜。"一种蚀骨的爱恋，是爱她一切，甚至包容她的缺点，因为爱，有时是疯狂的啊！我多想你们能有这样的爱，爱我们的高一（1）！像我一样！

不仅给学生写公开信，笔者还给家长写公开信，分析其子女现阶段特点，给他们提供建议：

  高中阶段孩子的独立性不断增强，做家长的必须改变以往的教育、管理观念，由扶到放逐渐放手。龙应台在《目送》中有一段话值得品味："我慢慢地、慢慢地了解到，所谓父女母子一场，只不过意味着，你和他的缘分就是今生今世不断地在目送他的背影渐行渐远。你站立在小路的这一端，看着他逐渐消失在小路转弯的地方，而且，他用背影默默告诉你：不必追。"管得过细，势必会造成两代之间的隔膜甚至对立……

不仅写公开信，笔者有时还会根据学生个体特点跟他们个别通信。记得以前班上有位孤僻、封闭的女生夏某，她基本不与同学交往，在班上形单影只，有着轻度强迫症。笔者发现她很喜欢漫画，便送她几米的一本漫画《我的心中每天开出一朵花》，并在书中夹了一封笔者写给她的信，谈我眼中的她，把她所有的优点几乎全部道出。第二天，她回信了，很长，将她的有关经历详细写下。心扉，终于开启。又接连通过几封信，她的微笑逐渐多了……

书信的魔力在于，用灵魂写下的文字有着直抵心灵深处的力量。

四、文学作品：生命可以升华为一首诗

诺贝尔文学奖获得者布罗茨基说："既然我们无以寄托对美好世界的希望，既然其他道路全都行不通，那么让我们相信，文学是社会的唯一道德保险。"文学，将注定成为人类最后的避难所！

教师在写教育随笔、教学论文的同时，也不要忘了到文学的园地里舒展一下筋骨。文学与教育理应携手共进，李镇西老师对此有过一段精彩的论述：

> 文学如教育一样，着眼于人的灵魂，追求心灵的感动与激荡；教育如文学一样，充满激情、浪漫、意趣。
>
> 文学如教育一样，力求把人引向真善美，引向伟大、深刻与崇高；教育如文学一样，震撼人心，催人泪下，荡气回肠，余韵悠长。
>
> 如玉一般的赤子之心，如水一般的纯净灵魂，如山一般的英雄梦想，如海一般的浩渺胸襟……文学都具备。
>
> 诗歌一般的激情燃烧，戏剧一般的跌宕起伏，小说一般的惊心动魄，

散文一般的从容优雅……教育均拥有。

因此，从某种意义上似乎可以说，一个优秀的作家，一定能够成为一名优秀的教师；反之亦然。

我还可以非常肯定地说，作家与教师是以不同的方式表达着对生命的理解，并影响着生命的质量——

作家以自己的作品影响无数的读者，让自己的思想与情感通过文字进入读者的精神世界；教师将每一个孩子当作自己的作品，在每个孩子身上倾注热情，挥洒生命，帮助他们把人生变成一首隽永的诗或一篇厚重的小说。

纯真，激情，妙趣，敏锐，深刻，浪漫，智慧，责任……这是教育的要义，也是文学的要素。

（一）诗歌散文：让心灵变得更精致

英国散文家和文学评论家赫兹里特在《时代精神》一书中说："诗是构成生活的一种东西。""生活中一切值得记忆的东西，都是生活中的诗。""诗是我们生活中的精细部分，它扩展、净化、提炼我们的心灵，它提高整个人生。"我始终认为，每一个健全完整的生命，都应该与诗结缘，正如余光中说，"一个人可以不当诗人，但生活中一定要有诗意"。

张丽钧老师也是一位左手文学、右手教学的名师。作为《读者》签约作家，出版《畏惧美丽》《依偎那座雪峰》《看见阳光就微笑》《孩子施舍的天堂》《花海铭香》等多部散文集。《畏惧美丽》《捐赠天堂》《还有人活着么》等被选入中小学语文教材，多篇文章被选作中考阅读文本。评论家白烨评论她的文章特点是："善于捕捉人们习焉不察的平凡事件，锦心独得，秀笔独运，连缀成立意超拔、启人心智的妙文，使人在会心一笑的同时，得到灵魂的洗涤与精神的升华。"张丽钧的很多文章其实就是学校生活的记录与感悟，比如《孩子，其实你不必这样》。文章写了一个学生程海的故事。

程海并不是张老师班上的学生，是一位成绩十分优异的"特困生"，张老师一直在留意他。当张老师知道长得又瘦又小的程海每顿只吃二两饭、半份素菜的时候，心疼不已。于是，张老师特意到初三的售饭区等候程海，看到程海的饭卡里只剩下 60 元。张老师和他边聊边走，趁无人注意时把自己的饭卡递给程海，称自己要减肥，想跟程海交换一下饭卡，并要求到中考那天双方都把饭卡里的钱用完。张老师的饭卡里存有 200 元钱，足够他这 20 天用了。中考结束后，程海将饭卡还给张老师，并真诚地道谢。而让张老师意想不到的是，程海只用了张老师卡里的 60 元。

张老师捏着那张饭卡，突然有一种想流泪的感觉，惊问自己：是不是在无意中伤害了这个十分要强的孩子？文章最后这样写：

孩子，穷，本不是你的错，不要用自己羸弱的身体去给"穷"这东西殉难，它不值得。如果一个人，表示愿意和你并肩迎击困难，你自然可以分析他的用心是否真纯；而当你明白地知晓他原是惴惴地揣了一颗善心，并希望用这颗善心给你温暖的时候，你就应当赐给他一个机缘。要知道，有人会把你欣然领会一份善意看成是对他的至高奖赏。他期待着你幸福地体察到他的良苦用心，他也期待你日后同样成为慷慨地赠予他人温暖的人。

读这篇文章，我深深地被张丽钧老师的大爱情怀、慈柔心肠和真诚的体贴打动了。文学就是人学，有怎样的情怀就有怎样的文字。作为唐山市开滦一中校长，张丽钧女士并没有让自己的生活湮没于琐碎的日常事务中，而是在平凡的生活中怀揣"初心"，以"只如初见"的赤子之心，发现生活中细微之处的美好，借细节的水珠折射出阳光的美色。

当然，像张丽钧这样才华横溢的老师毕竟是凤毛麟角，但我们从他们的教育与文学写作的关系中应该获得某种启示。创作诗歌、散文、戏剧、小说等文学作品，能使我们的心灵更加柔软，使眼神更加纯澈，使情怀更加真挚。也许有老师会认为，写诗歌散文，这应该是语文老师的专利。其实不然，只要你对生活充满热情和新鲜感，你就可以用文字创作出属于自己的"文学作品"。也许最初的文字是稚嫩和寒碜的，但你只管写下去。一直写下去，你的灵感会越来越多，你的笔也会越来越灵活。文学写作，就是心灵的漫长修行！

（二）书影评论：业余并不代表浅薄

生命的成长是件复杂而奇妙的事，著名学者崔卫平曾感叹"要多少好东西才能成就一个人"。生命的成长，是一个将多方面的养料吸收、消化的过程。理想的生命状态，永远处于不断地吸纳和完善中。老师的生命也需要不断地更新、重建，而其主要手段是阅读。但同样是阅读，差异很大，周国平曾说："读书犹如采金。有的人是沙里淘金，读破万卷，小康而已。有的人是点石成金，随手翻翻，便成巨富。"周国平所指出的现象在我们身边普遍存在。每位老师都应该成为读书人，但读书人还可分为两类，一类不善读书，一类善于读书。前者死读书、读死书，后者能将书读活，将书与生命打通。而要达到后者境界，写书评往往不可回避。

以笔者写书评为例来谈。笔者曾与高万祥先生合著《优秀教师的30本案头书》，该书收录了30篇书评。为了写好一篇书评，我常常要将该书反复阅读，上维普网下载相关资料，去图书馆查阅有关文献。深度阅读带来的思考和发现，远非以前浅阅读所能相比。

书评，可以分成学术性较强的专业化书评和主观性较强的体悟式书评，限于专业水平和学识修养，我们大多数老师可以选择后者来写，注重与生活打通、与自我打通。或许会在专家面前被嗤之为浅薄，但由真实生命感发的文字有着不朽的魅力。读一本好书，如果不用文字将你的阅读心得记录下来，这本好书并没有被你真正拥有。

同样，观影也是如此。当我们看到一部好电影时，一定要将我们的感触及时转化为文字。我们的影评自然不能和专业影评人如崔卫平等相比，但是，业余并不代表浅薄，真诚的文字自然有着动人的力量。读李镇西老师新书《我的书影漫谈》里的书评、影评，你绝对不会因为非专业而轻视，相反，你会对李老师厚重而真诚的表达满怀敬意。

（三）教育杂文：让你的爱带上"血性"

我认为，一个有理想、有思想、有激情的成熟教师还应该会写一种特殊文体——教育杂文。教育杂文，顾名思义，是关于教育方面的杂文。在功利浮躁的当下，我们需要杂文来揭示社会病灶，也需要教育杂文来洞察教育乱象。写教育杂文，需要鞭辟入里的智慧犀利、无所顾惜的决绝勇敢和舍我其谁的社会担当。让我们一起来看张丽钧老师的一段自述：

> 我把自己的创作划分为三个阶段：写诗的阶段，写散文的阶段，写杂文的阶段。做学生的时候，满脑子旖旎梦想，就觉得非用诗歌的语言不足以表达自己的浪漫情怀；后来，我开始用礼赞的眼光看世界，不知怎么就看出了许多温情，便改写散文，用有温度、有色彩的句子来表达自己对这世界的爱；再后来，我仿佛渐渐摒弃了那温柔，笔下的句子生出了棱角，发表出来时，居然从经常占据的散文栏目挪到了杂文栏目。……光阴敛走了春之繁丽，却将有分量的果实留在了枝头。
>
> 我想强调的是，我对世界的爱没有流失，我只是改换了一种方式来表达自己的爱。我的言辞有时显得有些冷酷、有些刻薄，但是，在这冷酷和刻薄后面是我超越了"歌德"境界的一种真爱。因为爱之深，所以责之切。我在前面说过优秀教师的爱是用道德、理性、激情、智慧编织而成的，其实，杂文家的爱又何尝不是如此呢？教师的爱是有硬度的爱，杂文家的爱是有深度的爱。

"教师的爱是有硬度的爱，杂文家的爱是有深度的爱。"这话说得多好！我们不需要成为杂文家，但我们的爱不能缺少硬度和血性。很多时候，我们的爱是有毒的，如果缺少批判质疑的思维、清醒理性的判断，我们往往会在无意中制造汉娜·阿伦特所说的"平庸的恶"。写教育杂文，能让我们保持对现实一份清醒的认识和审慎的距离。当今，教师中写杂文最好的要算王栋生老师了。他以"吴非"的笔名在杂文界掀起了一阵风暴。老师们，一定要去读《不跪着教书》《前方是什么》这两本书。我们可以从这两本书中学到写教育杂文的技巧、境界与情怀。吴非在《不跪着教书》的自序中这样写道——

> 想要学生成为站直了的人，教师就不能跪着教书。如果教师没有独立思考的精神，他的学生会是什么样的人？在巨大的麻木和冷漠面前，

我的确有过放弃的念头，然而一想到中国人有千百年下跪的历史，想到"文革"给中国人带来的伤痛，想到下一代人还可能以各种各样的形式下跪，就觉得我们中国首先得有铁骨教师，教育的辞典中才能有"铸造"这样的词条。

教育杂文怎样写？

首先，应培养敏锐的眼光，关注并思考身边的教育现象，做生活的有心人。吴非的教育杂文大都取材于日常见闻，比如母校校庆、上课铃响后学生狂奔、教师节收礼物、家长偷看子女日记……这些事就发生在你我身边，但我们似乎总是熟视无睹。我们要让触角变得敏锐，关注生活，思考生活。

其次，要有丰厚的学识修养，积累经典材料和典型形象。杂文没有固定体式，但要能吸引住读者的眼球，追求形象、生动。读吴非的杂文，你会为他广博的积累而惊叹，古今中外、文史哲艺、寓言神话、轶事旧闻，无所不及。

最后，应讲求情感控制的艺术。虽然杂文是"匕首""投枪"，挟带着情感的浪潮，但在表达时不可太直白，而应注意节制，讲求蕴藉。如吴非在《被难倒的蜈蚣》一文中，抨击的是学校管理者的无知与落后，却在文末讲了一则有关蜈蚣的寓言，收到了言有尽而意无穷的效果。

总之，不管哪种类型的写作，都是一种高品质的精神生活。张丽钧老师有一段话很生动地写出了写作之于自己的意义：

> 总有人问我："工作那么忙，怎么还能坚持写作？"我想，如果是"苦"字当头，我早就搁笔了。我欣赏写作中的自己。我喜欢看那个"自己"欣然剥开心上的茧，在文字中粲然绽放生命；我喜欢看那个"自己"从光阴里撷来点滴绿意，兴致勃勃地编织春天。我从来不是在"忍受写作"，而是在"享受写作"。

能"享受写作"的人，一定会对生活多一份敏感，多一份觉察。在写作中，我们可以再活一次，可以重新凝视生活的模样，端详生命的肌理；在写作中，我们与自己亲密对话，借助文字重新回归自我；在写作中，我们的感觉变得异常敏锐，精神世界变得更加坦荡。

第七章

口才是教师的第一能力

口才是教师的第一能力，谈吐是教师的第二外貌。教师的语言表达是教育中最伟大的艺术和最有征服力的武器。教师的语言实际是一种专业语言，是一般语言在教育行业中的特殊运用。它是教师传递信息的媒体，是教学的主要工具；从某种意义上说，课堂教学艺术首先是语言的艺术。教师的语言活动，其过程是一个审美的过程。一位语音标准、口齿清晰、风趣幽默、说话得体的教师必定会对学生的精神世界产生深远的影响，甚至这种影响会伴随着他们的整个人生。因此，教师的语言更是一门高深的学问和艺术，其表现方式没有固定的范本和僵化的格式，每位教师都应该在自己的语言中发挥创造性。

我们这里说的教师语言以有声语言为主；也涉及无声语言，如手势、眼神、仪态等。

一、教师语言表达的基本要求

俗话说，教师吃的是"开口饭"，也就是说，口头语言表达能力是教师能力结构中的第一要着。优秀的教师，一旦开口，流利的普通话先声夺人；虽不能说字字珠玑声声含情，却也应该委婉含蓄引人入胜，幽默风趣绕梁三日。学生陶醉在教师的语言中，不知不觉学习了知识，培养了能力，熏陶了情操。

（一）语音、音量、语速——先声夺人

如果没有网络，没有关于这个教师的书面材料；那么，要初步了解一个教师，我们可以通过他的外表，更可以通过他的语言。因为就一个教师而言，他的语言就是他的名片。这位教师的话是否听得见，是否听得清，是否听得懂，是人们（尤其是学生）对教师的第一印象，这牵涉到语音、音量、语速等问题。

1. 标准的普通话

1955 年举行的全国现代汉语规范问题学术会议曾就普通话作了认真严肃的讨论，后经国务院批准，把"普通话"定义为"以北京语音为标准音，以北方话为基础方言，以典范的现代白话文著作为语法规范"的现代汉民族共同语。作为一名合格的教师，能说一口流利的普通话，是做好教学工作的第一步。

首先是语音规范。

中国地域辽阔，总面积 960 万平方公里，有 56 个民族。厦门、福州相距虽然不远但互相说话基本听不懂，原因何在？语音差异太大。常有因语音问

题发生的笑话流传坊间。

上海的一位小学教师一向用方言教学。某次,为了一堂公开课,不得不说起了自以为是普通话的"普通话"。起立问候,似乎没什么问题,但正式授课的第一句话和接下来小朋友们的行动,却使听课者目瞪口呆。

师:"请小朋友们把 dú pí 拿出来。"

小朋友们呆了一下,纷纷拉起衣服,露出了自己的小肚子。

从不说普通话的老师突然说起了普通话,本身就有点滑稽;实际上,这位老师希望小朋友们拿出的是"图片",但却说成了"dú pí","dú pí"发音接近于吴方言中的"肚皮",上海人的"肚皮"就是"肚子"。听老师话的孩子就是好孩子,于是,笑话就这样产生了。幸亏当时是夏天。

流传在坊间的这种笑话还有很多。

上政治经济课,广东籍教师反复讲"西游记",同学们摸不着头脑,后见板书,方知说的是"私有制"……

广西某高校新来一位口音很重的校长。一天,他走进办公室严肃地对秘书说:"我要杀一个人!"话音刚落,旁边一宁夏籍的女助手被吓得花容失色。弄了半天,原来校长"杀"(sha)"查"(cha)不分,其实是想说"我要查一个人"。

另外,虽然普通话以北京语音为标准音,但是,普通话不等于北京话,也就是说,北京人说的话不一定是普通话。因为现代北京人话中儿化特别多,另有一些方言土音以及异读情况等,也因为有些几代生活在"皇城根儿"的北京人有一种无名的优越感;普通话反而在北京难以推广。记得公交车还是人工提示报站时到过北京,售票员口中一连串的儿化,感觉上就是不停的"嘟噜噜",实在不知所云。弱弱地问一声售票员说的是什么,得到的回答更雷人:"难道你听不懂普通话吗!"——这句话尚能辨析。

其二为声调规范。

普通话共有四个声调,分别为高平调(55)、上升调(35)、曲折调(214)、降调(51),或称第一声、第二声、第三声、第四声。第一声调值为55,是高平调,有的方言如山东、江苏徐州等地第一声常发成44调、33调,高平调发成了中平调。第二声上升调,测试中出现的问题常常为上不到位,再加上在4上稍停了一下，听上去像第三声。第三声的问题是降不下去，上不到位。降调（51）的问题是降不到底，这些都要特别引起重视。当年赵元任先生设计的下面这段话，可以看做是试金石。

> 石室诗士施氏，嗜狮，誓食十狮。氏时时适市视狮。十时，适十狮适市。是时，适施氏适市。氏视十狮，恃矢势，使十狮逝世。氏拾是十狮尸，适石室。石室湿，氏使侍拭石室。石室拭，氏始试食十狮尸。食时，始识是十狮尸实十石狮尸。试释是事。

其三为用词规范。

随着经济的发展，南来北往的人越来越多，语言不通造成的问题也越来越多。听说有一群上海人去安徽芜湖旅游，在一家面馆吃面，大家都要窄面条不要宽面条，面馆的服务员说："哎，上海人怎么都不要面皮的？"结果双方吵得不可开交。究其原因，原来宽面条在芜湖方言中称为"面皮"，而"面皮"在上海方言中是脸面，意思大相径庭，无怪乎吵得不亦乐乎。这种例子生活中很多。

词汇方面，要注意方言词语和普通话词语的区别。比如，粤方言的"矮瓜""热天"为普通话的"茄子""夏天"；北方方言中河南新乡的"客"有"女儿"的意思，天津人的"巴结"有培养的意思，郑州人的"肥"人畜并用。粤语和吴语中都有和普通话词语顺序颠倒的现象，例如，普通话的"热闹""喜欢""地道""月亮"在吴方言中为"闹热""欢喜""道地""亮月"；普通话的"要紧""整齐""拥挤""夜宵"在粤方言中为"紧要""齐整""挤拥""宵夜"。吴方言中，"叫"很多时候用如普通话助词"地"，例如，我慢慢叫讲，侬轻轻叫走。各地的方言词语名目繁多，即使作为词语规范的基础方言——北方话中也有很多方言土语。这些都是应该注意的语言现象。

普通话"以北方话为基础方言"，是因为我国七大方言中，说北方方言的人占汉族总人数的70%，其覆盖区域也很广，占汉语地区的四分之三，北方方言内部比较一致，从北京到昆明直线距离三千多公里，但通话基本没问题。目前，在北方方言区通行的词汇大部分都在普通话里沿用下来了。北方方言源远流长,从夏商就开始了;另外,中国历史上政治、经济、文化的中心一直在北方,北方方言的影响遍及全国,这决定了它的基础地位。

第四为语法规范。

语法方面有很多问题值得注意,例如,普通话中表示选择问句的"还是"粤语中用"抑或",粤语"你中意食饭抑或食粥"普通话为"你喜欢吃饭还是吃粥";比较句"东北比北京冷",广州人说"东北重冷过北京"。

普通话"以典范的现代白话文著作为语法规范"。"典范的"即典型的可以作为范本的。"现代"划定了时间范围,我国几千年的文明史流传下来了浩如烟海的文字材料,但绝大部分年代久远,和今天的语法规范不适宜,语言是动态的、发展的,我们所需要的是贴近我们现代生活的语言。"白话文"针对文言文而言,文言文的语法和白话文的语法有很大的不同,比如意动句、使动句、特殊语序句等等。普通话要遵循白话文的语法规范,这符合推广、普及普通话的要求。同时,只有像叶圣陶、老舍等著名作家的优秀作品以及经过大家反复修改的文章才能作为普通话语法规范的典范。

规范教师口语,必须在遣词造句方面符合现代汉语的语法习惯。教师语言对学生语言的形成有着重要的"启蒙"作用,在学生心目中,老师就是运用语言的最直观最真实的典范。因此,教师的口语表达应当具有示范性,成为学生的楷模,为学生提供口语表达的范本。那些所谓的"网络语言",如"萌死了""坑爹"……暂时不应该出现在教师,尤其是小学低年段教师的口中。

2. 音量与语速

音量又称响度、音强,是指人耳对所听到的声音大小强弱的主观感受,其客观评价尺度是声音的振幅大小。表示声音强弱的单位称为"分贝"。由于性格、气质、习惯等多方面的原因,每个人在日常生活中说话的高、低、强、弱、缓、急不尽相同。就日常生活而言,这些习惯无所谓;但是,作为教学语言,就必须注意到这些问题。

正常情况下,人们的语速一般在 300 字/分钟左右,授课时,考虑到音节及体态语配合等效果的关系,语速应该略慢些,250 字/分钟左右。语速过快,学生来不及反应，所学必有遗漏；语速太慢，节奏拖拉，教学内容肯定偏少，且学生易打瞌睡；音量过小，坐在后排的学生难以听清，慢慢地就丧失了学习的信心；音量过大，震耳欲聋，学生易于烦躁，教师易于疲劳。

调皮的孩子会给老师起各种绰号，"机关枪""小鞭炮""286""老慢牛""冲天炮""旱地雷""小蜜蜂""催眠曲"……别为这些孩子的"无法无天"而勃然大怒，实际上，这样的绰号是对教师语言表达的最恰当的评价。静心想想，就能明白："机关枪""小鞭炮"是说这个老师语速太快，"286""老慢牛"是说这个老师语速太慢，"冲天炮""旱地雷"是说这个老师音量太大，"小蜜蜂""催眠曲"是说这个老师音量太小。

对"度"的掌控很不容易，教师能做到的就是了解学生对所教内容的掌握程度；然后，或逐步适应学生，或让学生逐步适应自己——当然最好是双方互相适应，向"中间地带"靠拢。

3. 对"儿童化"的把握

就小学教师而言，语言要精练确切、自然活泼、富有个性，要夸张而不过分。罗丹说过："不要扮鬼脸、做怪样来吸引观众。要朴素，要率真。"[①] 宋玉在《登徒子好色赋》中说："东家之子，增之一分则太长，减之一分则太短；著粉则太白，施朱则太赤。"小学教师在口语运用中必须要注意"度"的控制。

低年级小学教师的语言是一门艺术。这门艺术不仅要合乎规范，更要人性化。当然，这个"人"很"小"，只不过七八岁。也就是说，教师授课时要符合这些孩子的身心发展特点，同时要让他们有一定的发展空间。对小学低年级教师而言，语言表达仅仅做到准确、清晰、规范还不够，还必须实现语言的"儿童化"，用儿童化语言上课，课堂气氛活跃、生动、易于让孩子们接受。如可以夸张，"这个同学进步很大，一下前进了十万八千里"；可以"违反逻辑"，"他最好，你最最最好"等等。但是，如果对高年段的学生或中学生也用如此的口吻，很可能引起他们中部分人的不满意，因为他们感到自己

---

① 宋小丹，汤卓家. 魅力演讲与辩论 [M]. 广州：羊城晚报出版社，2002.

大了，应该像大人一样地说话。

教学语言要"甜"一点。小孩子大都爱看童话故事，一个重要的原因就是童话大都采用"拟人化"的手法来描写，如小鸟能唱歌，大象会说话，小白兔能做游戏，花草树木有人一样的心理活动……这样正吻合儿童的好奇心理和求知欲望。如果把这种"拟人化"手段运用到小学教学中，定能收到很好的效果。所以说联系儿童语言的特点，结合低年段小学教学的实际，用拟人化的语言表述是一个要着。如，低年段的小学语文教师进行识字写字教学时常称生字为"生字宝宝"，如此，亲切自然，使学生在喜爱中学习，效果斐然；但是，用拟人化的口吻说话，很大程度上由教师的性别所确定，如果让一个高大魁梧的男教师口吐"生字宝宝"，就显得很滑稽了。

（二）简洁、幽默、含蓄——绕梁三日

教师语言由教师工作的性质决定。如果说教师的行动是无声的语言、有形的榜样，那么教师的语言就是有声的行动、无形的楷模。为了更好地影响自己的学生，教师的语言更应该规范，并有自己的特性。我们认为，这特性主要应该体现在简洁明快、幽默风趣和委婉含蓄上，在不同学段、不同学科、不同课型中体现恰当的语言风格。

1. 简洁明快

为了教学的需要，为了使学生排除干扰迅速地理解教师授课的内容，教师的语言必须简洁明快。另外，作为人类灵魂的工程师，"为人师表"是最基本的要求，口语的示范作用是"师表"的重要方面。学生对自己的老师有着崇敬感和信任感，喜欢模仿老师的一言一行，老师的言传身教时时刻刻都在影响、感染着学生。有哪个老师希望自己的学生今后的语言表述啰里啰唆？

简洁明快，主要指表述的清晰流畅。教师话说出口要干净利落，每个字的"吐字归音"都毫不含糊。讲课拖泥带水、含糊不清，很大程度上影响学生对教学内容的理解。影响教师口语表述清晰度的原因，除了先天的口齿不清等外，另有如下情况：

其一，对自己的教学内容不熟悉，致使遣词造句时出现"卡壳"，急不择

语时吞吞吐吐，言不达意，表达时甚至"断档"。所以，熟悉业务，熟悉教学文本乃第一要着。

其二，一位研究语言学的资深教授与笔者交谈，说起"口头禅"时道："现在的年轻人，尤其是女孩，说话只有一个连词，这就是'然后'。"虽然有些夸张，但对当今流行于青年人中的口头禅的厌恶之感却令人不得不深思。笔者曾经遇到一位语文教师，听了她一堂课，出现的口头禅"ā sà"竟达40余次。两周后，再听这位老师的课，那个"ā sà"竟然无影无踪。原来笔者第一次听课指出这个问题后，她立即整改——要求自己班上的学生，在自己每次出现口头禅"ā sà"时，全班高声记数"一个""两个""三个"……就这样，彻底消灭了这个口头禅。

2. 幽默风趣

"幽默"一语现代解释为"有趣可笑而意味深长"。幽默语言，是一种富有独特个性的语言，它通过比喻、夸张、象征、双关、谐音等手法，运用机智、风趣、凝重的语言或画面对一些事物或现象作轻微、含蓄的揭露和嘲笑，给人喜剧性的、轻松的美感，让人在乐中接受知识，深思现象。在教学活动中，幽默对教师尤其重要。具有幽默感的教师的课堂气氛更活跃，更得心应手，备受学生欢迎。教师的幽默能影响学生的心理机制，利于融洽师生关系，利于学生掌握知识，利于弘扬学生个性，促进学生自主学习、探索创新。幽默能使教师在教学中化解内容难度，提高学生思想认识，将深奥的知识外显化，将深刻的道理趣味化，让学生在欢笑中思考，在领悟中欢笑。教师需要正确处理好教师、学生、教学内容之间的关系，寻求它们与幽默的切合点，充分运用幽默语言，借助其特点，发挥其作用，就能平添教学生活乐趣，在教育和教学中充分发挥其知识性与教育性的作用，达到润物细无声的境界。

其一，开发学生智力，引导学生发散性思维。

幽默作为一种"错位"语言艺术，常常运用意外的甚至"驴唇不对马嘴"的移植或组合建构，令人捧腹而笑。所以说，实施幽默要突破常规思维，这样才能巧发多中。笔者曾听到过这样一个故事：

在教师节那天，某教师看到讲台上摆着一个"白天鹅"——教师节的礼物（这是一个学生的心意）。可是花钱买多不好！要借机教育他们，看着可爱的孩子，老师即兴变通了一句广告语："今天过节不收礼。"学生兴致大起，俏皮地接起来："收礼还收脑白金。"老师又逗他们："我不要脑白金，也不收白天鹅。该送啥？重新编一句。"学生们根据老师的喜好，纷纷做起了礼品"广告"：

"今天过节不收礼，收礼还收祝贺语。"

"今天过节不收礼，收礼还收好作业。"

"今天过节不收礼，收礼还收一支歌。"

"今天过节不收礼，收礼还收一首诗。"

……

老师哈哈大笑，拍手叫道："准备礼品吧！我准备收礼啰！"学生忙乎开了。朗诵的、绘画的、练歌的、舞蹈的，还有排小品的。一个个全身心投入到礼品的创造中，把对老师的爱都倾注在其中。

拿礼物的创造过程不正是学生个性张扬的过程吗？件件礼物，各具个性，就这样，老师幸福地收到了学生的一片片心意。没有精心准备，没有刻意雕琢，似乎是不经意间，借助一个意料之外的东西，训练了学生的发散性思维，同时也对学生进行了一定的思想教育。

其二，巧妙化解师生矛盾。

教学过程中常会出现教与学双方剑拔弩张的尴尬场面。幽默语言则是一帖妙方，能端正双方的心态，调节双方的情绪，改善双方的关系，甚至可以使双方化干戈为玉帛，避免矛盾的进一步发展。在师生关系紧张的情形下，教师"幽默"一下，学生会忍俊不禁，付之一笑，化怒为喜，更尊重老师；老师会心态平和，运作自如，宽容大度，更爱学生。

南京市姜家园小学的刘赋萍老师有一次叫学生写生字，要求他们别抄错，为了增强他们的责任心，写前顺口问道："写错罚抄多少遍？"学生拍卖似的叫，"六遍""十遍"……"一百二""好！一百二！"一锤定音。写完发现，一向聪明自负的罗润城同学错了一个字。同学们一个劲儿地要他受罚，他生气了，站起来理直气壮地说："老师，一百二十遍哪！这是变相体罚学生！老师——是犯法的！"语出惊人，开口就用"法"来对付老师。刘老师立马换位思考，站到他的立场上帮腔："你们定这么多，还不让罗大侠（学生平时都这么称呼他）手指写酸，笔头写断，神经发乱，心中生怨？我可于心不忍呀！"众生被这连珠"幽默弹"逗得乐开了花，他也"扑哧"笑了，又不解地盯着老师。刘老师接着又说："除以十吧——十二遍，还是较多，考虑平时你学习认真，就四遍吧！"话音刚落，他"耶！"地欢呼起来。

这是一种特别的情谊表达方式，这种方式含蓄、高雅，让教师间接表达了对学生的爱，帮自己和学生解困，让学生迅速脱离尴尬之境，稚嫩的心灵受到保护，学生学习积极性有增无减，同时得到教育……幽默成了生活波涛中的救生圈，在教学生活中的确如此。

其三，使学生深刻理解教学内容。

教师的幽默可以出现在教学的方方面面，如一位语文教师在指导学生"作文应围绕中心选材"时有这样一段妙语：

作文选材时千万别"两个黄鹂鸣翠柳"——各唱各的调；围绕中心更忌"一行白鹭上青天"——离题万里；选材应涉及古今中外，五湖四海，即"窗含西岭千秋雪，门泊东吴万里船"。

就在一片笑声中，学生理解了作文的基本要求。以后，每当写作文时背诵杜甫的这首绝句，就会少犯甚至不犯偏离中心的错误了。

3. 委婉含蓄

在现代教学中，具有幽默感、亲和力的教师越来越能得到学生的喜爱；而过于严肃、经常板着脸的教师越来越不适应教学的时潮，逐步走向落后或是淘汰的边缘是必然。因此，我们提倡教师不论是在教学过程中，或是在教学管理中，语言都应含蓄、委婉、迂回。

所谓委婉含蓄，就是不直接说出本意，而用隐晦的方式表达，或不把意思完全表达出来，让接受者自己去体会。委婉含蓄并不等于态度暧昧，观点隐瞒，它与直白的区别在于需要听话人体会咀嚼。唐代史学家刘知几在《史通·叙事》中说道："言近而旨远，辞浅而义深，虽发语已殚，而含意未尽。"① 他告诉我们叙事说理不要把话说尽，要给听者或读者留有思考的余地，可见"言近旨远"也是教学的语言艺术。

一天下午第一节，笔者熟悉的一位教师上作文指导课，其教学目标为"通过范文阅读，初步学会用想象的方式使自己的作文内容更为充实"。正讲得眉飞色舞时，一个经常迟到的学生推门走进教室，这位老师没有作声色俱厉的批评，而是含笑着目送他走向自己的座位，然后开口：

> 同学们，刚才某某同学比大家迟来了几分钟，缓缓地走进教室，大家能否发挥想象，想象他迟进教室的原因：或许，他妈妈忘了带大门的钥匙，他特地把钥匙送到妈妈的单位；或许，他路上遇到了一个迷路的孩子，他把他送回了家；或许，校门口有几个小流氓在欺负同学，他见义勇为；或许，他忘了拿下午的课本，赶回家中去取；或许……

在这个基础上，学生们纷纷开动脑筋，展开丰富的想象，一节课收到了意想不到的效果。这位教师抓住这个难得的情境，借题发挥，巧妙地引导学生进行发散性思维，让学生们展开联想，为教学目标服务。同时，也对这位学生作了委婉的批评。后来，这位经常迟到的学生再也不迟到了。

（三）应变、自嘲、体态——峰回路转

如果说语音的纯正、声音的响亮是成为一个教师的先决条件，如果说能用简洁明快、幽默风趣、委婉含蓄的语言授课是成为一个优秀教师的必要条件；那么，还有一些就是成为一个优秀教师的充分条件。

---

① 刘知几. 史通（卷六）[A]. 郭绍虞. 中国历代文论选（第二册）[C]. 上海：上海古籍出版社，1979：42.

1. 应变

在日常课堂教学当中，教学环境的变化，教具的优劣，都会对教学产生影响。课堂是"教师""文本""学生"三者之间信息的传输平台，在这三者之间，信息的输入、输出呈现着十分活跃、瞬息万变、交叉往复的状态，有的始料不及，有的节外生枝，有的似是而非……几乎每一位教师都会碰到一些"突发事件"，而且以"怪事""尴尬事"居多，往往使教师感到"意外"，甚至"出洋相"或"当场出丑"。一个优秀的教师，如果有了应变语言的运用技巧，就可能化不利为有利。

突发事件往往会使学生的注意力分散或转移，这时教师就应该利用语言这一工具把学生的注意力和兴趣重新引到课堂教学上来。

> 著名特级教师于漪一次授课时，突然有几只蝴蝶飞进教室，吸引了学生的注意力。于漪老师首先让学生把蝴蝶赶走，然后让学生以"蝴蝶飞进教室"为谜面打一词牌名，学生苦思冥想不得其解时，于漪老师给出了答案："'蝶恋花'啊，因为你们都是祖国的花朵！"在学生会意的笑声中，于漪老师又开始了她的讲课。——当然，学生的注意力更为集中了。

突发事件，有时候会打断教师的授课思路，使学生的情绪受到很大的影响，处理得好，既能使授课连续不断，又能使学生受到良好的教育。

> 一位语文教师正在教授叶绍翁的《游园不值》，教室的门被"砰"地撞开了，一个迟到的学生推门而入，径直坐到自己的座位上。这位老师没有直接批评他，而是继续讲课。教师就地取材，就诗中一句问道："大家想想，诗人去拜访朋友为什么'小扣'柴扉，而不是'猛扣'呢？""因为那样不礼貌。"学生齐答。老师接着说："对，这位诗人有文化，有修养，懂礼貌。我们应该学习他。"边说边走到那位迟到的学生身边轻声说："你赞成'小扣'还是'猛扣'呢？"那位学生意识到自己的行为不礼貌，脸红了。……

课堂不是风平浪静的港湾，更像无风三尺浪的大海。对课堂进行有效的调控，正确处理突发事件，这就是应变艺术，也是一种教学机智。有时候，课堂中发生的突变实在出乎意料，教师一时间难以反应过来，也可以"虚晃一枪"。

一位教师在执教《高尔基和他的儿子》时，出现了这样的一幕：课堂上同学们正绞尽脑汁想着自己或他人"'给'比'拿'愉快"的故事。为了让大家找到灵感，老师费尽口舌启发着："比如说，你有没有帮助谁？人家因为你的相助完成某件事而感谢你……"话没说完，有位同学打断了老师的话："老师，你有没有'给'比'拿'愉快的故事？先给我们讲一下。""我？"这位老师一下子傻了眼，真没想到孩子们会出这么一招。"好啊！我们要听要听！"孩子们兴奋地鼓起掌来。"这……"刚才还口若悬河的老师一时语塞了。怎么会这样？怎么会反过来问老师了？此时老师的心有点慌了，脸也在微微泛红……

由于没有这样的积累与经历，卡壳也在所难免。要消除尴尬可以如下说话：

"说来真是惭愧，老师平时也是在忙碌中忽视了对他人的关心与帮助，我也找不到'给'比'拿'愉快的故事。"
"老师尚未脱俗，只能体会到'拿'的愉快。"
"先听大家的，主角最后登台！"

2. 自嘲

人际交往中，在人前蒙羞、处境尴尬时，用自嘲来对付窘境，不仅容易找到台阶，而且会产生幽默的效果。传说古代有个石学士，一次骑驴不慎摔在地上，一般人一定会不知所措，可这位石学士不慌不忙地站起来说："幸亏我是石学士，要是瓦的，还不摔成碎片？"一句妙语，说得在场的人哈哈大笑，自然这石学士也在笑声中免去了难堪。以此类推，一位胖子摔倒了，可说："如果不是这一身肉托着,还不把骨头摔折了?"换成瘦子,又可说:"要不是重量轻,这一摔就成了肉饼子了!"

教师难免在教学中出现这样那样的错误,引得全班哄堂大笑。如在课堂教学将近失控的情况下来个自我解嘲,既可走出尴尬的局面,又能取得意想不到的效果。比如,教师发现自己板书上出现了错别字,就可对学生说,老师不是圣人,也会犯错误,接着问学生,出现这个错字的原因是什么,该怎么改正。这时候,学生就会调动自己的知识储备,从专业的角度较为深入地分析出现这个错别字的原因。事后,老师总结:"这是老师的马虎,却让你们改正过来。老师真不好意思,老师以后一定注意。"之后,全班同学写这种错别字的概率就小了很多。一举两得,事半功倍。

3. 眼神、微笑与站姿

除了有声语言,还有另一种对我们日常的交流作出巨大贡献的身体语言——体态语。体态语,又称"肢体语言",是用身体动作来表达情感、交流信息、说明意向的沟通手段。包括姿态、手势、面部表情和其他非语言手段,如点头、摇头、挥手、瞪眼等,是一种人们在长期的交际中形成的约定俗成的自然符号。如点头表示同意,摇头表示不同意。体态语是表露人的内心、寄托人的感情的语言,具有表意性。它表示特定的含义,体现特定的情感,会给学生留下非常深刻的印象。要想成为一个优秀的教师,在课堂上讲课,还需借助于一些表情、手势、动作等无声语言的表达来补充有声语言的不足,传递特定的信息,以加深学生印象,从而收到良好的教学效果。教师的一举手、一投足、一颦一笑都会被学生密切注视。

俗话说:"坐如钟、站如松、行如风。"在教学过程中,有的教师站在讲台上,弯腰曲背,精神不振,上起课来有气无力;有的教师大半节在黑板上书写,侧身对着学生讲课;有的教师整堂课两手撑着讲台;有的教师一节课整个身子"斜签"着,几乎没有变化。这些都严重影响着学生听课的情绪。因此,教师在教学中要注意自己挺身直立,面对学生,给人以潇洒自如、稳重自信之感,给学生树立起行为规范的标本。

教学活动中,优秀的教师时常自觉不自觉地通过手势与其他特殊的体态语言来表达自己的情感和思想内容。这些体态语言在教学中恰当、合理地组合运用，能增添语言的趣味性，有效地弥补语言表达的不足，避免因语言表达而带来的误解。

支玉恒老师在教学《曼谷的小象》时，有学生问"潇洒"是什么意思。支老师没有直接讲解，而是用动作演示。他用右臂作象鼻，直挺挺地垂于身前，两肩耸起，一边拖小步向前挪动，一边问学生："这个样子潇洒不潇洒？"学生大笑，纷纷说："不潇洒。""太拘束，太僵硬，不自然。"支老师又用手臂很自然地模仿小象鼻子，屈伸自如，迈大步向前走，然后问学生："潇洒，是这样吗？"学生笑答："是。这样很大方，很神气。"

一位老师在作文辅导课上描述一位泼妇，他摆出了一个"茶壶"造型：左手叉腰，右臂屈伸，食指指向学生，双目圆瞪，一副凶恶相把学生都逗笑了，一个个前仰后合。玩笑过后，学生便能全面地总结出作文中人物描写方法：神态描写、动作描写、心理描写等。教师丰富的面部表情、滑稽幽默的体态语言等在教学过程中起着重要的作用。

下面是一位教师作文课教学生"人物描写"的片段。

师：那能不能直接写人的肖像、语言和动作呢？

学生点头，回答"可以"。

师：为了让同学们写好人物，我今天特意为大家请了一个模特。现在我把他请进来。

（老师走出教室，所有学生都向门口张望，小声议论。几秒钟后，老师推开门，迈着"猫步"慢慢走了进来，突然一个夸张的转身亮相，站在讲台中间，同学们都很诧异）

师：怎么样？今天我义务为大家做模特！

（学生恍然大悟，笑声一片）

师：现在同学们可以直接写我的外貌、动作、语言，可以和周围的同学商量一下。

(学生激烈争论；老师则在学生中间认真听讨论，适时参与到学生的讨论中进行点拨)[1]

可以这么说，这位教师的这个特殊的体态语，学生终生难忘。

教师是学生的向导和引路人，无论是传授知识还是培养道德情操，都需要教师作出表率。所以，教师的一举一动，都会对学生起到潜移默化的影响。恰当的体态语，会使学生从中得到肯定、理解、鼓励、信任，从而收到良好的教学效果。

二、课堂中起承转合时时留意

教师教育的主战场是课堂，教师展示自己的主要舞台也是课堂。所以说，就教师口语而言，课堂上的教学语言才显出真实功夫。我们提倡课堂教学的起承转合，就教师口语而言，"起"，就是课堂导入语；"承"和"转"，就是那些承前启后的过渡语；"合"，就是课堂结束语。

（一）引人入胜的导入

俗话说："万事开头难。"好的开头是成功的一半。师生初次见面，陌生感必然，如何突破无形的隔膜，是广大教育工作者潜心研究的问题。优秀的教师都很注意与学生的第一次接触，尤其是第一次开口说话。

1. 出彩的亮相

师生初次见面，教师要做自我介绍，要有一个漂亮的出彩的亮相。

---

[1] 陈晓姿. 让笔下的人物"活"起来——一堂作文教学的课堂实录 [J]. 中学语文教学参考, 2007 (1-2).

首先，必须介绍自己的姓名或其他概况，这是最吸引学生的，有助于学生了解老师，促进师生友谊的建立。要让学生在老师的自我介绍里，感受智慧之美，进取之美；要让学生感觉老师是一个博学的人、智慧的人，从而从心里喜爱和敬佩老师。福建省沙县教师进修学校过水根老师的开场白颇值得玩味。

我叫过水根，《射雕英雄传》中杨过的"过"，"水性杨花"的"水"，"刨根问底"的"根"。杨过是武林中的高手，而我却最怕打架，因为小时候经常被别人打。在教学方面，我属于"水性杨花"的性格，喜欢标新立异，但"过氏教学法"就是不能问世。在教学研究方面，我就是那种"刨根问底"的人。我的名字很好记，就是同学们熟知的"豆芽菜"，经过水浸就生根的蔬菜不就是"豆芽菜"吗？①

其次，要讲讲对所教授科目的认识，最好是联系现实社会中的一些具体的实际例子，来突出所教科目在社会发展中的重要性，突出所教科目在个人修养提高方面的重要性，突出所教科目在考试中的重要性，要让学生产生一种必须认真学好你所教科目的冲动。这样做，虽然有王婆卖瓜之嫌，但是对引导学生热爱自己所教的学科，激发他们的学习兴趣，鼓舞他们的士气是很有必要的。

其三，一般教师第一次见面时总要给学生立规矩，给学生来个下马威；但是过于严肃的规矩会给学生的心理造成一定的压力，使学生产生恐惧心理，影响师生关系。立规矩为什么不可以宽松一点呢？江苏省金坛市第四中学的陈刚老师的"开场白"颇有借鉴意义。

上我的课，我最不喜欢"聚精会神（走神发呆）"的同学；最喜欢上课"说话（积极发言）"的同学，（笑）但不喜欢随便讲话的同学。不懂允许提问，允许批评，允许辩论，谁的意见对听谁的。

大家说这样好不好？

---

① 过水根. 如何给学生留下第一印象 [J]. http://gz.fjedu.gov.cn/tyjs/ShowArticle.asp?ArticleID=47369

满堂炸雷似的回答：好……①

师生初次见面，教师就坦诚地向学生交底、交心，言语幽默，又表现出新的教育思想；学生感到新鲜，出乎意料而发出善意的笑声，对教师产生了亲切感。这也为教师之后的教学工作打下了良好的基础。

2. 一堂课的开端

一堂课如果没有成功的开端，学生很难进入学习状态，课堂教学的其他环节也就难以成功地进行。正如著名特级教师于漪所言，课的第一锤要敲在学生的心灵上，激发起他们思维的火花，或像磁石一样把学生牢牢地吸引住。由于特殊情境下的特殊心情，公开课的开场白颇为要紧。著名特级教师支玉恒执教《晏子使楚》（公开课），其开场白如下：

师：今天这么多老师来听课，你们紧张吗？

生：不紧张。

师：不紧张？好，那谁敢到黑板上写几个字？（学生无人举手）

师：你们不是说不紧张吗？（有一个学生举起手）

师：好，你过来。我就喜欢勇敢的孩子！（学生走上来）请你把今天要学的课题写在黑板上。（学生写字，但"晏子使楚"四个字写得大小不匀，台下学生哄堂大笑）

师：你们别笑，也许他这样写是有所考虑的。我们今天学的这一课里主人公是谁？（生答"晏子"）所以嘛，他把"晏子"两个字写得很大！（众笑）你讨厌不讨厌楚王这个人？（生答：讨厌！）所以他把"楚"字写得最小！

如果把课堂教学过程比作一次旅游活动，学生是旅游者，教学内容是旅游所在地，那么，教师就是导游。就如旅游活动一样，课堂教学时时会受到各种干扰，在这种情况下，教师如能像优秀的导游一般，用机智的教学语言引导学生，就能化被动为主动。支玉恒老师面对学生紧张前提下写字出现大小不一的现象，用巧妙的语言将之转化为一种难能可贵的教学契机。

---

① 陈刚. 学习何须"头悬梁，锥刺股"——论减负增效背景下快乐教学对美术教育教学效果的影响［DB/OL］. http://www.jtsz.com/Readkt.asp? NewsID=1895

3. "借班"上课的开场白

一些"借班"上课的老师,为了使课堂气氛活跃,课前就与学生来个热身运动——认识交流。善于巧用语言的教师,总能先声夺人,在每一堂课的开头便吸引住学生,获得"意兴盎然"的效果。某高校教学法教师在某中学借班上了一节作文指导课,课前没有热身交流,学生也不知道授课内容,几句开场白如下:

师:同学们,你们的洪老师有没有向你们介绍过我?

生:(齐摇头)没有。

师:(笑道)那我只能自己介绍自己了。在下姓王,名叫××,(指课件上的漫画)这个光辉形象就是我(生笑)。我13年前就已经从中学讲台上"金盆洗手"(生笑),到××大学文学院教别人怎样教语文;现在重出江湖,再操旧业(生笑)。同学们都说作文难写,多痛苦啊。告诉大家,写作文不难。今天我就教同学们怎样"让你笔下的人物活起来"(指课件题目)。[1]

话中的几个重点词语"光辉形象""金盆洗手""重操旧业",说得生动、形象、夸张,配上那幅漫画令学生忍俊不禁,引发了三次全场爆笑,此"三笑"改变了师生关系,顷刻间,他们对老师由生疏变为熟识,由熟识升为亲近,像久别重逢的故交,畅所欲言。接着的交流中,他们无拘无束,畅所欲言,说老师的声音"中气十足"者有之,说听老师喊了声"上课"竟"吓了一跳"者有之,说老师桌子上的包"至少有30年的历史,实在太陈旧了"者有之……他们有着当面褒贬、大言不惭的可爱!

总之,课堂"开场白"的方法多种多样,形式不拘一格,虽无一定之规,却有难言之妙。教师只要注意知识性、趣味性、启发性和灵活性的统一,在新课导入时就能激发学生的学习兴趣,拨动其思维之弦,让学生以最佳的状态投入到学习中去。

---

[1] 陈晓姿. 让笔下的人物"活"起来——一堂作文教学的课堂实录 [J]. 中学语文教学参考,2007,1-2.

（二）发人深省的推进

课堂教学的过程，是一个渐进的过程，是一个环环紧扣的过程，是一个阶段目标不断积累，最终达成课堂教学总目标的过程。所以说，课堂教学的每一个环节，都甚为重要。其间，将此环推进到彼环的枢纽就是教师的过渡语言。

1. 环环紧扣，顺理成章

成熟的教师，每个课时都会设计四五个有效的教学环节，最终达成课堂教学的目标。环节与环节之间，有的联系比较紧密，有的却有一定的梯度。无论是梯度较小的环节之间的过渡，还是梯度较大的环节间的跨越，都必须通过恰当的教学语言以承上启下。

比如，教契诃夫的《装在套子里的人》，在别里科夫准备恋爱时可以这样设计过渡。

> 恋爱，多么美好的字眼。一个哲人说过，如果没有爱情，人间将成为一座坟墓。的确如此，就连别里科夫这样一个把自己装在套子里与世隔绝的人，也禁受不住爱情的诱惑，居然从套子里探出头来，要品尝一下恋爱的滋味了。像他这样的人，会获得姑娘的爱吗？他的爱情结局将会怎样呢？

这样的过渡，能紧紧抓住学生的好奇心理，在学生的心里激起悬念，引发学生的学习兴趣，形成"我要学"的求知心理状态，诱导学生去阅读后面的故事情节。

《明湖居听书》是初中语文的传统篇目，其层层铺垫的手法历来为语文教学所重视。其故事框架如下：

> 主人公老残来到济南府，第二天上街游玩，见那墙上贴了一张黄纸，居中写着"说古书"三个大字，旁边一行小字是"二十四日明湖居"，不知是什么事情。路上听得两个挑担子的说道："明日白妞说书，我们可以

不必做生意了，来听书吧。"又听得铺子里板台上有人说道："前次白妞说书是你去的，明儿书应该我去了。"一路行来，街谈巷议，大半都是这话，心中很诧异。回到店里向茶房打听这件事，茶房又大肆渲染一番，竟然说："明儿下午一点钟开唱，如上午十点钟去，便没有了座位。"老残听了茶房的话，次日九点钟便去明湖居听书。先是黑妞上台，最终白妞亮相，老残大饱"耳福"。

某任课教师讲到白妞出场时，设计了这样一个过渡语：

> 作者以三分之二的文字进行侧面描写，铺垫得厚实，渲染得浓烈。然而我们都知道铺垫得越厚实，渲染得越浓烈，其正面描写就越困难。但作者却不慌不忙写白妞姑娘在观众的急切盼望之中，踏着厚厚的铺垫而来。出场后，又让她"半低着头"，并且在这半低头之际，白妞做了两个极其精彩的动作。现在请同学阅读课文，找出白妞做了哪两个精彩的动作。[①]

这段过渡语使用了一系列形象的语言，以"找出白妞做了哪两个精彩的动作"为核心，自然将学生从侧面描写引入到正面描写中，跨度虽大，但自然流畅，没有丝毫的做作，真可谓是曲径通幽，学生进一步探究的热情被激发了起来。

2. 意料之外，顺水推舟

课堂教学过程是一个环环紧扣直到目标达成的过程，每一环节的阶段目标，一般由任课教师预设；在必要的时候，可以突破预设，借着课堂的突发情况，教师也可以顺势"推"一下，使课堂教学转向另一个并不脱离总目标的方向。笔者曾观摩过一堂《祝福》。前两个课时已经就"倒叙"和"人称转换"两个主要目标作了较为深入的分析，这是第三课时，拟通过对"社会环境"的解读分析祥林嫂悲剧的根源。根据预设，鲁四老爷理所当然是杀害祥

[①] 蔡伟. 语文课堂教学技能训练 [M]. 上海：华东师范大学出版社，2009：115.

林嫂的凶手。

　　课堂活动中，对文中的柳妈，学生较为一致的意见是，她本身就是封建礼教的受害者，她深信有关阴曹地府的种种恐怖传闻，她并不是有意吓唬祥林嫂，她不是杀害祥林嫂的凶手。

　　这时，突然有学生提问："既然柳妈不是凶手，那该怎样理解鲁四老爷呢？"

　　执教者愣了一愣，立即向学生们抛出了这样一个问题："你们能揣摩一下文章中显示的不同时间内鲁四老爷的心情吗？"

　　大家也是一愣，不知这个问题有什么意义，紧接着展开了思考与讨论。答案随即出现：开始时大骂祥林嫂为"谬种"，表明他对祥林嫂一女嫁二夫的深恶痛绝；当卫老婆子带领祥林嫂的婆婆到鲁镇抢走祥林嫂时，他说了一句"可恶，然而……"，表明他为了维护封建礼教宁愿牺牲自家利益；当祥林嫂被抓走后四嫂只能自己下厨房时，他肯定为家庭贫困、只用得起一个佣人而显得无奈；最后阻止祥林嫂动祭品，表明他对柳妈所说的一切同样深信不疑。

　　到此时，执教者总结："照这么说，鲁四老爷本身也是一个封建礼教的受害者，我们能把杀害祥林嫂的责任全推给他吗？"[1]

案例中，教师顺着学生的疑问乘机一推，"你们能揣摩一下文章中显示的不同时间内鲁四老爷的心情吗"，使学生懂得了可以对小说中的人物形象作多元理解，就是这顺势的"生成"，使课堂教学达到了高潮。在这个高潮实现的过程中，学生处处从文本出发，以文本为依据证明自己的观点。显然，这意外"生成"的高潮是真正意义上的高潮。

（三）绕梁三日的结语

　　古人说："譬如为山，未成一篑，止，吾止也；譬如平地，虽复一篑，进，吾往也。"在一堂课快要结束之前，教师不能以"今天（这节课）就讲到

---

[1] 王家伦. 学生"所得"是语文课堂评价的终极目标[J]. 中学语文教学，2008，8.

这里"完事。上课如同写文章一样，既要有一个好的开头，还要有一个好的结尾。好的课堂结束语应该有利于学生对所学知识进行梳理、储存、迁移和运用，起到余音绕梁三日的作用。设计结束语，可以从以下几个方面考虑。

1. 画龙点睛

文章需要卒章显志，优秀的课堂也要优秀的总结性语言来进行概括。概括必须紧扣教学目标，既要提示知识结构、脉络和重点，又要使学生将所学知识连贯起来，系统起来，强化记忆。一堂课讲的内容甚多，总结时不可能全面重复一遍，那就要突出重点、难点，以作点睛之笔。教学中有些极易混淆误解的东西，或者某些知识往往有特定的前提、背景，在教学结束语中应对此强调界定清楚。下面这位数学教师上"轴对称图形"的案例很有启示意义。

课的开头，教师播放了童话小故事《小蝴蝶旅行记》。在结尾时，教师仍然请出了这只小蝴蝶。

师：这只小蝴蝶旅行结束后，给我们带了一件礼物。（出示一个黑体的"美"字）蝴蝶带给大家的是什么礼物呀？

生："美"字。

师：对！蝴蝶为什么会给大家带来这件礼物呢？

生：因为"美"字是一个轴对称图形。

师：你说得真好！轴对称图形有什么特点？

生：图形对折后，折痕两边的部分能够完全重合。

师：还有其他原因吗？

生：蝴蝶是在夸我们刚才创作的轴对称图形很美。

生：蝴蝶是想提醒我们要仔细观察，去发现生活中的美！

师：大家说得多好哇！有了轴对称图形，我们的生活才美丽多姿。让我们用自己的眼睛去发现美、欣赏美吧！（播放多媒体课件，让学生在轻松的音乐声中，欣赏大自然中的轴对称图形以及古今中外著名的对称建筑）[1]

---

[1] 杨晓荣，储宏. 课已停 意犹存——数学课课尾设计的教学启示 [J]. 辽宁教育，2007，9.

"道具"很简单：一个"美"字，一只蝴蝶。通过欣赏轴对称图形，让学生感受到数学思想的博大精深；这就是通过联想来总结一堂课，并将学生带进无穷的未知王国，可谓立意高远。真可谓"言虽尽而意无穷"，给学生以深刻的印象和无穷的回味。

2. 承上启下

　　教学内容具有连续性和阶段性，课堂结束语应该既是这节课的结束，又是下节课的开端，结束时要注意与下一节课（后学知识）的衔接过渡，达到"欲知后事如何，且听下回分解"的艺术效果。要想让课堂教学结构达到艺术美的境界，必须设计颇有艺术特色的结束语，使学生的思维不仅仅局限在课堂之内，还要继续向课外有机延伸，使学生课后仍保持强烈的求知欲望，去积极探索未知的世界。这样的课堂结束语才是最高境界的结束语，决非仅仅把课讲完而已。有位老师在教小说《孔乙己》时的结束语就很值得借鉴——

　　　　鲁迅先生在小说《孔乙己》中塑造了孔乙己这样一个悲剧人物形象，批判了科举制度对知识分子的迫害。而下一篇课文《范进中举》，同样反映了这一严肃的主题。那么，比较一下，鲁迅笔下的孔乙己和吴敬梓笔下的范进，人物境遇有什么异同？人物性格有什么异同？写作上有什么特色？

　　这样，既是对《孔乙己》一课的总结，即对旧课的收场，又预示了新课将要开始，成了新课的开场戏。是新与旧之间的巧妙的过渡。——此为向课内过渡。

　　语文教学，除了在课堂上向学生传授知识，还应把学生的视野由课内引向课外，使学生自觉地去课外寻求知识，以弥补课堂教学的不足。有时候，或者是加深学生印象的需要，或者是寻找背景材料的需要，都需要向课外拓展延伸，如果结束语运用妥当，其效果更好。

　　例如，教完《鲁提辖拳打镇关西》一文，学生意犹未尽，很是关心故事的下文，关心鲁达等人的最后命运。于是，教师就可以卖一下关子，故意读起《水浒》：

> 鲁提辖回到下处，急急卷了些衣服盘缠，细软银两，但是旧衣粗重都弃了；提了一条齐眉短棒，奔出南门，一道烟走了。
> 且说郑屠家中众人和那报信的店小二救了半日，不活，呜呼死了。
> 老小邻人迳来州衙告状，候得府尹升厅，接了状子……
> 欲知后事如何，有一个人会告诉你们。这个人就是施耐庵，同学们可以到图书馆借一本《水浒》自己看！下课……

像这样的课堂结束语，与其说是课的结束，倒不如说是课外阅读课的开始，它能成为联系第二课堂的纽带，促使学生运用已知去获得未知，通过节选进而阅读全篇，以此来不断扩大学生的阅读面，拓展学生的知识面。

3. 开拓升华

课结束了，但学生们意犹未尽，这时候，如果作一个适当的引导，很可能诺贝尔奖获得者会在这些学生中产生。数学老师可如是说：

示例一 同学们通过操作实验推导出了圆锥体的计算公式，我们学的好多知识都是前人经过无数次实验总结出来的，老师希望你们像科学家那样，在今后的学习活动中不断探索、不断创新、不断实验，就一定能获取更多的知识，将来一定能成为国家的栋梁。

示例二 本节课，我们把求平行四边形的面积转化成了求长方形的面积，这种方法叫转化法，它对你们有什么启迪吗？对，利用转化法可把新知变成旧知，在今后的学习中，同学们可以充分利用这一方法。

示例三 这节课，我们学习了分数的基本性质，这是学习分数的重要基础，希望同学们很好地理解和掌握它。今天，在学习知识的同时，还学会了一种观察事物、分析问题的方法，这就是我们在变化的数学现象中看到了不变的实质。掌握了这种方法，同学们看问题就会越来越深刻，变得越来越聪明。①

言虽有尽，意却无穷，余音绕梁，不绝如缕。

三、课堂外情深意切处处动人

教师并不生活在教学的真空中，除了教学外，还必须和方方面面的人打交道。最主要的，就是与学生、家长的联系。与学生、家长打交道，其成功与否，很大程度上取决于他的口语表达。

(一) 与学生谈心的"三十六计"举隅

工作中，教师接触最多的是学生。教师必须教会学生知识，培养学生能力。这中间，除了课堂教学外，更需要课余课后的谈心；也就是说，与学生谈心，是教师工作的重要方面。与学生谈心，必须讲究方式方法，生硬的说教只会刺伤学生，甚至造成严重的师生对立。我们认为，教师与学生谈心时有如下几"计"。

1. 欲擒故纵

只有消灭"敌人"，夺取地盘，才是打仗的目的。如果逼得"穷寇"垂死挣扎，己方损兵失地，不可取。放他一马，不等于放虎归山，目的在于让"敌人"斗志逐渐懈怠，体力、物力逐渐消耗，最后己方寻找机会，全歼"敌军"，达到消灭"敌人"的目的。此为"欲擒故纵"之计。曾听说过这样的一

---

① 佚名. 结束语100句——小学数学课堂教学艺术 [DB/OL]. http://www.shuxueweb.com/Article/Class4/Class78/200809/10644.html

则故事——

有一个孤独的老人,他家周围有一群调皮的孩子,他们欺负老人行动不便,总喜欢往老人院子里扔石头,老人追赶过,痛骂过,也向这些孩子的父母、老师甚至警察告过状,结果孩子们变本加厉,扔得更凶了。一天,老人把孩子们召集在了一起,对他们说:"孩子们,我发现现在离不开你们每天向我院子里扔石头了,这样吧,你们每天坚持扔,我每人给你们5元钱!"那帮顽童可高兴了,石头扔得更欢。过了一段时间,老人又把孩子们召集在一起,对他们宣布:"我的经济有些紧张,每人每天只能给3元钱了。"顽童们虽然不高兴,还是同意了。又过了一段时间,降到了2元钱。又过了一段时间,降到了1元钱。最后,老人无奈地宣布:"我已经没有钱给你们了,请你们帮帮忙,就免费向我院子里扔石头吧。"结果,顽童们异口同声地拒绝了。从此以后,老人院子再也没有人扔石头了!

故事似乎有些夸张,这个老人也不一定是教师,但是,我们关心的是老人所说的那三句话,因为他取得了成功。我们教师在处理一些棘手的问题时,教育那些顽劣的孩童时,是不是也可以学学这种"欲擒故纵"的语言表达方式呢?

2. 声东击西

为使敌方的指挥发生混乱,必须采用灵活机动的行动,本不打算进攻甲地,却佯装进攻;本来决定进攻乙地,却不显出任何进攻的迹象。引诱"敌人"作出错误判断,然后乘机歼"敌"。此为声东击西之计。陶行知教育学生的故事颇值得玩味。

当年,育才小学校长陶行知在校园看到学生王友用泥块砸自己班上的同学,陶行知当即喝止了他,并令他放学后到校长室去。

放学后,陶行知来到校长室,王友已经等在门口准备挨训了。可一见面,陶行知却掏出一块糖果送给王友,并说:"这是奖给你的,因为你按时来到这里，而我却迟到了。"王友惊疑地接过糖果。

　　随后，陶行知又掏出一块糖果放到他手里，说："这第二块糖果也是奖给你的，因为当我不让你再打人时，你立即就住手了，这说明你很尊重我，我应该奖你。"王友更惊疑了，他眼睛睁得大大的。

　　陶行知又掏出第三块糖果塞到王友手里，说："我调查过了，你用泥块砸那些男生，是因为他们不守游戏规则，欺负女生；你砸他们，说明你很正直善良，且有批评不良行为的勇气，应该奖励你啊！"王友感动极了，他流着眼泪后悔地喊道："陶……陶校长你打我两下吧！我砸的不是坏人，而是自己的同学啊……"

　　陶行知满意地笑了，他随即掏出第四块糖果递给王友，说："为你正确地认识错误，我再奖给你一块糖果，只可惜我只有这一块糖果了。我的糖果没有了，我看我们的谈话也该结束了吧！"说完，就走出了校长室。

显然，陶校长的目的是批评学生王友用泥块砸自己班上的同学的霸道行径。出人意料的是，陶校长见到王友后却对他的按时到办公室、打人时听从校长劝阻以及急公好义、正确认识错误进行了表扬，并以糖果作为奖品。陶校长配合四块糖果的四句话，言虽简，意却赅。明明是为了批评某人，却从表扬该人入手，言虽在东，意却在西。

3. 苦肉计

教师不能体罚学生，这是"红线"。但是，教师在教育、帮助学生的过程中，可以通过牺牲自己的身体和精神健康的"假象"，以实际行动感染学生，让他们体会到教师的一片苦心，加深对某些事情的认识，从中受到启发和教育。

　　一个周末，某初中班主任（体育教师）决定带领班上一些经过精心挑选的"后进生"去离学校约十公里的游乐园玩。隔夜约好，七点整在学校门口的公交车站集合，然后一起坐车前去。但是，班上的"迟到大王"直到近八点才姗姗而来。令大家吃惊的是,他竟说路上被车撞了,处理车祸花了不少时间。老师知道他在说谎,因为七点半的时候曾经打过他家的电话,而且从电话中听到他父母喊他起床的声音。老师没有发火,只是冷冷地说:"我们可以再等两个小时,但无法容忍你撒谎。"于是头也不回,向游乐园方向走去,"我很伤心,不是对你,是对我自己。你们看,我已经认识到,作为一个老师我很失败,这是教育的失败。我现在要独自走到游乐园,在这10公里的路上进行反省。"学生们面面相觑,在两个多小时的路途中,一步不落地紧跟老师。

徒步十公里,对一个经常锻炼的体育教师而言是小菜一碟,但对如今的那些娇生惯养的孩子来说,却是难以想象的"苦难历程"。他们在老师似乎是"冰冷"的几句话后,跟随老师走完了这段路程。路上他们在反思,反思自己以往的过错,反思老师的苦口婆心。从此,那个学生再也没有迟到过,更没有撒过谎。

(二)与家长交流必须注意的几个方面

一个孩子的健康成长,仅靠学校或仅靠家庭肯定不够,因为学校教师观察不到孩子在家的情况,家长也很难看到孩子在校的表现。所以,只有学校与家庭双方合力,对孩子的教育才会取得重要的成功。在教师与家长的对话中,教师的语言艺术起着重要的作用。教师与家长的对话一般有两个场合,一为学校的家长会或特殊约见,二为教师的家庭访问。教师与家长交流,必须注意两个方面。

1. 是互动,不是告状

说实话,孩子中的大部分,汇报家长在校表现时,总是只报"喜"不报"忧";也有少数孩子与家长很少交流,喜忧都不报。有的家长工作繁忙,也很少与孩子坐在一起沟通,有时问孩子的情况,孩子不愿说或应付过去,就不再深究了;也有极个别家长认为只要老师没有联系自己,就说明孩子在学校的表现一切正常;更有甚者,家长只听孩子的一面之词,没有经过调查核实，就向学校或老师"兴师问罪"。所以说，学校（实际上是教师）主动联系家长非常重要。

家校联系是一个互动的过程。这时如果教师将家长视为朋友，尊重家长的意见，虚心听取家长的建议，投入地与家长交谈，那么，教师与家长的关系就会比较融洽。

一些学生，尤其是调皮的学生，最讨厌的是老师到家长面前"告状"；因为告了状，他们的皮肉就要吃苦。所以，教师在家长面前，应该先报"喜"，后报"忧"；更应该耐心听取家长的诉说。家校联系结束后，教师可以说：你出于对学校和老师的信任，将孩子托付给我们，我们的目的是一致的，都是为了让孩子健康成长。打骂孩子只会失败，难以成功。我今天把孩子的情况告诉了你，是为了共同教育孩子，不是要你打骂孩子，你一打骂，就前功尽弃。所以，我们都要讲究方法。请你相信我……

教师与家长沟通时的"开场白"用得好，往往能收到事半功倍的效果，有利于拉近教师与家长的距离。一般常见的有：

您有空吗？我们谈谈您的孩子好吗？

您家的孩子真聪明，我很喜欢他。但是……

对不起，这件事我不太清楚，待我了解一下好吗？

外面下雨，您来校很不容易吧！

您有什么想告诉我们的吗？

您家的装修很有特色……

您的孩子最近进步很快，但是……

欢迎您对我们的工作多提意见和建议。

2. 尊重家长，不卑不亢

尽管在教师与家长关系中，教师起主导作用，但两者在人格上是完全平等的，不存在尊卑、高低之别。因此，教师必须尊重学生家长的人格，特别是要尊重所谓"差生"和"不听话"孩子家长的人格。一般的家长对教师都有着一种敬畏感，尤其是"差生"和"不听话"孩子的家长。笔者的一位朋友，儿子尚不够"差生"资格，这位朋友因琐事被老师接见，诚惶诚恐地站在老师的面前，又是"作业出差错"，又是"上课开小差"，又是"课本忘记带"……听她滔滔不绝地批了半个多小时。这位朋友只能一味赔笑脸，赔不是，等老师"训"完后灰溜溜地回家。于是，发出了"天不怕，地不怕，只怕老师找谈话"的感慨。俗话说："良言一句三春暖，恶语伤人六月寒。"即使家长勉强承认自己没管好孩子，面对这样的指责，心里也会觉得别扭，从此对老师敬而远之。所以说，教师与家长交谈时应先"扬"后"抑"，语气委婉，先肯定孩子再指出存在的问题。比如说：

小王能独立做作业了，今天上课也很认真，进步非常大；但是他就是喜欢和同学对答案，这不，今天他……

我们希望和家长互相配合，共同教育孩子改掉不良习惯，使他能够做得更好。

特定的条件和特定的背景下，少数有一定社会地位的家长，在孩子的老师面前也会摆"架子"，做出一副居高临下的样子。即使该家长不摆架子，家长边上的人也会故意显示他的"官衔"，以求引起老师的格外注意。比如，某老师家庭访问，家长边上有一个人，指着家长说："这是我们的某局长。"这位老师微微一笑，轻轻地说："对不起，今天我找的是某某同学的家长。"如此不卑不亢，既保持了教师的尊严，也提醒那位"局长大人"和他的边上人，你和普通的家长没有什么不同。

教师的口语是一门技术，更是一门艺术。就技术而言，它使学生学会知识，养成能力；熟能生巧，只要加强训练，必能收到效果。就艺术而言，教与学双方从中得到精神的、美的享受；但艺术更需要动脑，更需要思维，才能有所进步。不过无论如何，只有将技术和艺术结合起来，才能成为真正意义上的教师口语。本章的三节中，第一节是基础，二、三两节就是在此基础上的升华。

第八章

人际交往中的生活智慧

好莱坞有一句流行语,"一个人能否成功,不在于你知道什么(what you know),而是在于你认识谁(whom you know)。"著名成功学大师卡耐基曾说过:"一个人的成功15%取决于他的专业知识,还有85%取决于他的人际环境。"

"脉客"一词首先出现于西方,它源于英文"man keep",指善于经营人脉、利用人脉的人,意译为"人脉的经营",从一定程度上说,人脉网络是信息的渠道、新知的来源、合作的基础、事业拓展的平台。积极建立良好的人际关系,有利于个人的发展和社会的和谐安定,应该说值得提倡。

孔子也认为"独学而无友,则孤陋而寡闻",在教育过程中,与人交往可以增广见闻促进学习。现代心理研究认为良好的教师交往可以使教师获得心理上的满足,可以使教师在愉悦的环境中完成教育教学活动,可以使教师在与同事、领导、理论工作者和学生家长的交往中促进自身的专业发展,可以使教师在与学生的日常接触中对学生的知、情、意、行进行直接的和潜移默化的影响，促进学生的全面发展。

一、教育交往中的教师

从语义学的角度看，"交往"即"互相往来"。在英文中对应的是 Conmunication，有通讯、信息、传播以及表达、交换（意见，新闻等）多种含义。在德语中对应的词是 Konmunikation 有沟通、交流、交往之意。从哲学视角看，交往即"交往活动"，是"人与人之间的相互影响、相互作用。包括人与人之间直接或间接的接触、交际，交换或交流物品、劳动及其他活动，以及信息、观念、情感等活动"，从心理学的视角看，交往指人们运用语言或非语言符号交换意见，传达思想，表达感情和需要等的交流过程，包括物质交往和精神交往。

根据交往主体的性质，可以把教师的人际交往分为个体与个体之间的交往，个体与群体之间的交往，群体与群体之间的交往。根据信息传递的方向，可以分为上行交往、平等交往。根据人际交往的组织系统，可以分为正式交往和非正式交往。根据交往信息传递有无反馈，可以分为单向交往和双向交往。根据交往的方式，可以分为直接交往和间接交往。根据信息传递方式，可以分为口头交往和书面交往。此外，还有研究者从社会学的角度把人际交往分为竞争性交往、合作性交往、冲突性交往和顺从性交往。我们还可以根据交往的形成原因把教师的人际交往分成以血缘关系为基础、以地缘关系为基础、以业缘关系为基础、以趣缘关系为基础的四种人际交往形式。

教师与他人的交往，最重要的特征在于其教育性，因此又可以称为"教育交往"。

(一) 克服教育交往中的不良性向

嫉妒是教育交往的大害。嫉妒是一种性格缺陷，教师之间有着很大的差异性，教育态度有不同，教学方法有差异，教学成绩有高低，科研成果有大小，领导评价有褒贬，学生评教有悬殊，个人升迁有对比，都会带来一些人的醋意，甚至红眼病，结果造成同事关系紧张，也给自己的心理带来沉重负担。这种时候，只有及时改变认识、正确地去看待竞争，发现并借助它积极的动力性作用，同时不断提高自身修养，才有可能消除这一恶疾。

偏见是教育交往的大愚。在多元文化的社会，教师应该多一点悦纳和宽容，如果总以自己的好恶来衡量别人、要求别人，甚至用来引领学生，这就成了偏见。因偏见而刻板，因偏见而偏嗜，喜欢乖巧的、成绩优秀的学生，讨厌有个性的、非主流的学生，厌恶"另类"，都会为师生关系带来裂缝。敏感的学生很容易从教师的表情、语气和眼神中捕捉到喜爱、蔑视、疏远等信息，从而造成师生关系严重破损。

以"自我为中心"是教育交往的大忌。眼盯着个人利益，看重本班、本学科、本部门、本组的利益，这类教师存在着过度的自我中心意识。他们对学生，甚至对同事指手画脚、责备苛求，听不进意见、一意孤行。这样的教师无论在师生关系还是同事关系方面都不会形成良性沟通，慢慢地把自己变成孤家寡人。

"情绪失控"是教育交往中的大敌。有的人因在家庭中、生活中、社会中遇到了烦心事，于是把低沉、懊恼、愤怒带到工作中，带到教室，既影响工作质量，又损害同事和师生关系。也有的人在工作中会经常遇到一些不顺眼、不合心、不如意的事，不分青红皂白，大光其火，造成人际关系中的裂痕，事后常常很难修复。

在教育生活中同事之间、师生之间、老师和学生家长之间有时产生一些冲突很难避免，对于矛盾冲突，老师在发现原因、直面现状的同时，更需要努力寻找最大程度地使之转化为促进良好关系发展的契机，应当针对不同的冲突进行相应的行为调控。

"世事洞明皆学问，人情练达即文章"，要想成为教育上的幸福者，成为生活中成功人士，还需要用心经营自己的人脉，树立良好形象。首先要用"平等尊重"的态度；其次要大度，有气量，能克己容人，善于异中求同，异外求同，以和为贵；再次要互助互利，己所不欲，勿施于人。更为关键的是要真诚相待，真诚相待建立起来的友谊才会天长地久，才能"路遥知马力"。

（二）教育交往中冲突的控制

目标冲突控制。交往双方由于角色身份、学术修养、脾气性格、处世态度不同，向别人提出的目标要求有时可能会产生一些冲突，这时切不可强调自己的权威性或者以自我为中心，固执己见，应该以民主的方式、平等的姿态、尊重的态度、理解宽容的心理，做好积极沟通以达成共识。

态度冲突控制。敬人者人恒敬之，什么样的态度决定什么样的结果，你的微笑会换来一张张灿烂的笑脸，你的表扬与鼓励将赢得对方的尊敬和爱戴。

认知冲突控制。有时冲突源于对对方的不理解，在日常的交往中，一方面要求教师应将真实的自我展示给对方，这样有助于对方对自己的正确认识；另一方面要主动进行心理换位思考，心理换位可以充分理解对方的困难和处境。

交往规范冲突控制。在与学生相处时，坚持师道尊严的老师，有时可能会以权威和权力来规矩学生的言行，当你强硬地用压服的手段去服人时，权威与规范都可能大打折扣甚至失效。这种冲突的调整，更多需要教师合理地、灵活地运用规范，寓情于理，让学生形成自觉遵守规范的意识。

（三）礼仪是教育交往的催化剂

对于一位好老师来说，应当拥有良好的教养，通晓礼仪，无论何时、何地以及与哪种人打交道，都有适当的举止和礼貌。

德国教育家洛克认为，礼仪是一个人所应该具有的良好美德。礼仪的目的与作用在于使本来的顽梗变柔顺，使人们的气质变温和，使他敬重别人，和别人合得来。这些不仅可以让我们教师自省，还可以让学生进行对照反思，促使自己和学生的言行趋向礼仪。

礼仪要内修外炼，加强礼仪修养，也即内修。要互相尊重、诚恳和善、谦恭，还要保持自己的人格尊严。洛克说，美德是精神上的一种宝藏，但是使它们生出光彩的则是良好的礼仪，优雅的举止，腹有诗书气自华的风度，谈吐镇定自如的落落大方。一句亲切的话语，一张洋溢着微笑的面孔，对学生都是一种巨大的激励和鼓舞。

有个学生在评价自己的老师说："老师着装得体，举止、言谈大方合宜，性格开朗、热情，真诚地对待每一个学生。走上讲台带着真诚的微笑，吐字清晰，用词准确，且嗓音洪亮，铿锵抑扬，使所有学生听得真真切切。我体会到了一种为人师表的特征的美——教师美。"

教师在生活中会遇到大量的"送、往、迎、来"，言行举止应该自然大方，朴实诚恳，热情而又不失理性，耐心而又不流于絮叨，这是交往中应把握的原则。同时，每一个地方都有不同的文化风俗，衣食住行，入乡问俗，看什么人说什么话，才不失智慧。

正如刀郎的歌所唱，"是你的红唇粘住了我的一切，是你的体贴让我再次热烈，是你的万种柔情融化冰雪，是你的甜言蜜语改变季节"。礼仪正是化释冰冻的春风。

二、建立温暖的师生关系

日本著名教育家小原国芳认为融洽、真诚、相互信赖的师生关系是教师教学成功的先决条件之一。教师要履行职责、完成使命，首先取得学生的信赖，和学生之间建立信任感，形成温暖的师生关系。信赖必须成为教育的根基。

小原国芳还建议教师要与学生一起惊奇，一同怀疑，一同思考，一同辛苦，一同天真烂漫，一同嬉笑欢乐。他要求教师要喜欢学生，有颗孩子心，将自己躯体的一半置于儿童之中，像转动的水车一样，与学生一起生活，共同游戏。

埃里克森说，一个儿童如果家庭环境不好，会造成心理上的创伤，但是，如果他上学后有幸遇到一位好老师，有了良好的师生关系，那么，他的心理创伤可能得到医治而变得健康。

师生良好的关系对于老师来说也是个须臾难离的生存环境，在融洽和谐的师生交往环境中，每一个学生都有理想的发展，教师就有了很大的成就感和愉快的情绪体验。

通过调查，我们发现在每一所学校中都有不同程度的师生关系失调现象，其主要表现是：教师的教学不被学生认可，某些学生不被老师接受。师生情感不融洽甚至对立，更有甚者矛盾尖锐、冲突激化，大打出手。

不良的师生关系使教师经常处在难以应付和失去控制的焦虑之中，情绪紧张处于应激状态。学生的敌视、挑衅、欺骗、吵闹或捣乱都使教师感到孤立、寂寞、威胁、不被理解、不被尊重、没有成就、没有价值，无能和无助，万分痛苦。在这样一个不安全的恶劣生存环境中，可能出现许多心理问题乃至心理疾病，生理健康也会受到影响，更容易患高血压、心脏病、神经衰弱等疾病。

（一）教师在师生交往中起决定性作用

受学生欢迎的教师

1. 专业水平：语言简洁，表述清楚；知识渊博；经验丰富；多才多艺；管理能力强。

2. 个性特征：幽默；公正；守信；敬业；宽容大度；平易近人；善解人意；开朗，有活力；思想开放；温和；有修养。

3. 仪表形象：穿着得体；举止文雅；朴素大方；有风度，有气质。

4. 生活习惯：守时；有条理；守规则；语言美；讲究个人卫生。

不受学生喜欢的教师

1. 专业水平：语言表达能力差，说不明白；讲课死板，方法单一；方言、语病；专业水平差，不善管理。

2. 个性特征：势利，偏心；不敬业；脾气暴躁；讽刺挖苦；独断专行；心胸狭窄，翻旧账；刻板，不幽默；过于严厉；冷漠；不讲信用。

3. 仪表形象：不注意修饰，邋遢；服饰夸张，不得体；举止粗俗，少修养。

4. 生活习惯：不守时，迟到，拖课；做事无头绪；公共场所吸烟，不讲卫生。

美国教育心理学家古诺特博士说："在经历了若干年的教师工作之后，我得到了一个令人惶恐的结论：教育的成功和失败，'我'是决定性因素，'我'个人采用的方法和每天的情绪是造成学习气氛和情境的主因。身为老师，'我'具有极大的力量，能够让孩子们活得愉快或悲惨，'我'可以是制造痛苦的工具也可以是启发灵感的媒介，'我'能让人丢脸也能让人开心，能伤人也可以救人。"

性格、品德、才学、风度是构成教师人格魅力大厦的四大支柱。高纳波林说："教师的人格是教育工作成功的有决定意义的因素。"教师人格魅力对学生有着强大的教育力量，对挖掘学生内在潜力和培养健全人格是"催化剂"。所以我们在自己的工作生活中，要加强修养，不断提高完善自己，以自己的人格魅力去教育和影响学生。

李叔同先生正是一位兼具深厚的学养、高尚的师德、超人的才情，具有人格魅力的大教育家。丰子恺折服于先生的人格魅力，在他的言传身教下，把学习兴趣逐渐集中在美术上，将之作为自己终身努力的方向，最终成为现代著名的漫画家、散文家。

在电影《大宅门》中那么多家庭教师都被白景琦捉弄走了，白家又请来了一位名叫季宗布的老师。第一天上课，景琦照旧在门上放了一瓶墨汁准备捉弄老师。没想到季老师来到门外并不推门，叫景琦出来。景琦犹犹豫豫地走到门边，不敢推门。季先生一脚踢开门，墨汁全泼到景琦脸上。后来，景琦和老师比赛失败：他用两只手掰不动季先生的一根手指头。再后来，景琦见识了老师对《庄子》的任何一处都倒背如流，终于心服口服，服从老师的管教。是季宗布老师凭借自己的"功夫"让白景琦"折服"。中国的"功夫"

是双关语,季先生的确是有"功夫"的人,但他的"功夫"不只显示为"武功",他还有"文才",还有爱心和责任心,季老师是有人格魅力的人。季老师还有着先进的教育思想,他认为"听话的未必是好孩子,不听话的长大了也未必没出息"。有了这样的教育观,所以他知道怎么"收服""引领"调皮的孩子。

罗杰斯从构建师生的良好人际关系出发,对教师的基本素质提出了较为独特的要求。在他看来,"真实""接受""移情性理解"是构成良好人际关系的要素,教师很重要的职责就是创设良好的人际关系,因此,教师应具备三方面的素质:第一,做一个真实的人。这是教师应具备的最基本的态度。"当促进者是一个真实的人,坦诚无疑,同学生建立关系时没有装腔作势或者一种假面孔,这个时候,他总是能富有成效的。"第二,无条件地接受学生。由于在人性观上持乐观的态度,罗杰斯认为,人的本性是好的,人具有优越的先天潜能,这些潜能的发展需要良好的、安全的心理气氛。这种良好的心理氛围需要教师对学生各个方面无条件地接受,并相信学生自己有能力进行有效的自我学习。第三,对学生的移情性理解。移情性理解是一种对教师的新要求。它要求教师能从学生的角度观察世界,敏于理解学生的心灵世界,设身处地地为学生着想。

(二)营造互相信任的教育环境

信任是一种爱,一种温暖,一种鼓励,一种力量。老师信任学生,就有了等待,有了宽容,有了爱;家长信任老师,就有了托付,有了合作;学生信任老师,就会亲其师,就会信其道,就有了教和学的默契。佐藤学在《教师的挑战:宁静的课堂革命》中说,"学校中存在各种各样的难题,这些难题都是因为儿童之间、儿童与教师之间、教师与教师之间、教师与家长之间缺乏信任造成的。'信任'可以说是一切学校改革的核心概念。儿童之间是否相互信任、儿童与教师之间是否相互信任、教师与家长之间是否相互信任。当学校改革遇到阻力的时候,就要使构成学校的所有人之间恢复信任,从而回到建立合作学习关系的改革。"与相互信任相反,在教育教学中有些老师只求结果,不择手段,采取一些强硬措施,以达到自己教育的目的。所以《第56

号教室的奇迹》的作者雷夫说：破裂的信任是无法修补的，除此之外其他的事情都可以救。

有一天，雷夫老师在教室里收取学生的家庭作业，作业的内容是以"印第安酋长"为题的简单填字游戏。当天是交作业的截止日期，但丽莎找不到她的作业。当时才刚上学，丽莎迫切想有好表现。她急得像热锅上的蚂蚁似的，翻着书桌里的几个资料夹。雷夫老师站在她的后面，她拼命在找那一份不见了的作业。师生之间有一个值得深味的对话。

雷夫：丽莎？

丽莎：雷夫，等我一会儿。我带了作业我做过了。真的啊！

雷夫：（轻声地）丽莎？

丽莎：真的，雷夫。我真的做过家庭作业（还在拼命找）。

雷夫：（已经在哼唱了）丽——莎？

丽莎：（从徒劳无功的翻找中停了下来，抬头往上看）什么事？

雷夫：我相信你。

丽莎：（不发一语，眼神中带着疑惑）……

雷夫：我相信你呀！

丽莎：真的？

雷夫：（轻声地，带着微笑）当然啰，丽莎。我相信你已经把作业做好了。可是你知道吗？

丽莎：什么？

雷夫：眼前有个大问题哦——

丽莎：（怯生生地，停顿许久）我乱放东西。

雷夫：没错，你得更有条理一点。现在，何不挑两个你信得过的好朋友？

丽莎：露西和乔依丝？

雷夫：很好。今天吃过午餐以后，请她们帮你整理资料夹，好吗？

丽莎：（松了一口气）好……

结局是，在接下来的整年里，丽莎再也不曾忘记带作业了。

雷夫老师说："遇到这种机会，老师一定要好好把握。在几分钟的时间里，我从可能依规定惩罚丽莎的恶人，变成受她信赖的师长和朋友。而班上的学生在观察我的每个举动之后，也会把我当作一个讲道理的人看待。这种机会就是建立信任的大好时机。"

有了信任，学校、教室就成了学生的第二个家。雷夫的一个学生在后来读了大学后还写道："第56号教室成了我第二个家，而班上的同学也成为我的家人。我的成长大多要归功于第56号教室，这个地方把我塑造成今天的我。无论世界上其他地方发生过什么事情，在这个安全的避风港里，我所有的麻烦都可以得到解决。每当家中发生问题时，我常常躲在这里。即使在今天，当我寻找一个只有关爱和喜乐、没有愤怒和怨恨的地方时，我还是躲回到第56号教室。"

（三）师生交往中教师的修炼

1. 了解学生是关键

苏霍姆林斯基说："尽可能深入地了解每个孩子的精神世界，是教师和校长的首条金科玉律。"（《帕夫雷什中学》）在美国有一位汤普逊老师，她在任教五年级的时候，班上有一个小男孩既邋遢，上课又不专心，让她很讨厌，他的名字叫泰迪·斯塔特。她很喜欢用红笔在泰迪的考卷上画大大的叉，然后在最上排写个不及格。有一天，汤普逊老师检视泰迪一年级以来的学习记录表。一年级的老师写道："泰迪是个聪明的孩子，永远面带笑容，他的作业很整洁、很有礼貌，他让周围的人很快乐！"二年级的老师说："泰迪很优秀，很受同学们的欢迎，但他的母亲罹患绝症，他很担心，家里的生活一定不好过！"三年级的老师："母亲去世泰迪一定不好过，他很努力地表现，但父亲总不在意。若再没有改善，他的家庭生活将严重打击他！"四年级老师："泰迪开始退缩，对课业没有兴趣。没有什么朋友，有时在课堂上睡觉。"直到现在，汤普逊老师才了解泰迪的困难，且深感羞愧。这一年圣诞节，别的孩子的礼物是用缎带及包装纸包装得漂漂亮亮的，泰迪的礼物却是用旧货店的牛皮纸袋包起来。老师忍住心酸，当着全班同学的面拆开泰迪的礼物，一条假钻手环，上面还缺了几颗宝石，另外是一瓶他母亲用过的只剩了四分之一的香水。有的孩子开始嘲笑泰迪，但汤普逊老师不但惊呼漂亮，还戴上了手环，并喷了一些香水在手腕上，其他小朋友全愣了。放学后泰迪留下来对汤普逊老师说："老师，您今天闻起来好像我妈妈！"从此，汤普逊老师开始特别关注泰迪，而泰迪的心似乎重新活了过来。到了学年尾声，泰迪已经成为班上最聪明的孩子之一。六年过去了，泰迪已经高中毕业，成绩全班第三名。又过四年，泰迪大学毕业后决定继续攻读更高学位。这一年春天，泰迪说他遇到了生命中最重要的女孩，马上要结婚了。泰迪解释说，他父亲几年前过世了。泰迪希望汤普逊老师能参加他的婚礼，并坐上属于新郎"母亲"的位置。他们互相拥抱，泰迪博士悄悄在耳边告诉汤普逊老师"谢谢你，让我觉得自己很重要。让我相信我有能力去改变"。汤普逊老师热泪满盈地告诉泰迪："泰迪，你错了！是你教导我，让我相信我有能力去改变。一直到遇见你，我才知道该怎样教书！"

2. 公平公正是基础

无论是鲜花还是小草都需要阳光的照耀才能茁壮成长，教师应该对所有的学生一视同仁，给予每个学生同样的亲近自己的交往机会，不因教师的个人喜好、学生学习成绩的高低或其他原因，而拒绝与某些学生交往。只要教师对学生投入自己的爱心，去感染他们、教育他们，学生也会对教师付出自己的爱。

在美国，有一位姑娘，毕业后当了一名女教师。她长得很美，走到哪里，哪里的人就会为她眼睛一亮。她的学生，特别是男学生，更希望得到她的喜爱和重视。女教师十分喜欢班上一个名叫罗斯的小男孩，因为他学习成绩突出，而且很守纪律。老师便安排他在毕业典礼上致辞，并亲吻了他，祝愿他走向成功之路。

可是，这一吻却引起了一位低年级男孩的嫉妒，他觉得也应该让老师吻一下。他便和老师说："我也要得到你的一个吻。"老师很惊讶，问他为什么。小男孩说："我觉得自己并不比罗斯差。"

女教师听了，微微地笑着，摸摸他的头说："可是，罗斯的成绩很好，而且很守纪律。"女教师接着说："如果你能和罗斯一样出色，我也会奖给你一个吻。"

小男孩说:"那咱们一言为定。"

小男孩为了能得到老师的那个吻,发奋学习,他的成绩提高很快,而且全面发展。全校都知道这个小男孩很出色,他也真的获得了那个美丽的女教师的一个吻。

这个小男孩名叫亨利·杜鲁门,他最高的职位是美国总统。

当年的美国人都知道这位女教师的名字,还有她最伟大的吻,更有她那关爱与善良的教师本性。

3. 满怀善意是要领

不怀善意的表扬是黄鼠狼给鸡拜年,不怀善意的批评犹如风刀霜剑。让我们一起到上海著名特级教师贾志敏课堂上,看看他是如何善意地表扬与批评的。

作为学生,他们在课堂上的回答不可能每次都完全正确,这时,大多数老师便以"错了!请坐""不对!谁再来"这些语言来否定学生的回答,并期盼其他学生的正确回答。而在贾老师的课堂上我们看到的却是另一番景象。有个学生给"姆"组词时:"'养母'的'母'"。学生哗然。可贾老师微笑着示意学生安静下来:"你们别急,他没说错,只是没说完!"接着又转向那位学生,"你说得对的,是'养母'的'母'……"学生在贾老师的点拨下顿悟了,连忙说:"是'养母'的'母'加上一个女字旁,就是'保姆'的'姆'了。"这样的老师任何一个学生都会打心眼里敬佩的。有时,学生说错了,贾老师会说:"说错是正常的,老师最喜欢说错的孩子。没关系,再说一下!"有时,学生重复了前几个同学的回答,贾老师也不会指责学生没认真听课,笑笑说:"噢!你认为这很重要,再强调了一下,对吗?"一次上《镇定的女主人》时,贾老师请学生找"镇定"的反义词,一学生讲"慌张",贾老师又问:"那把'慌张'放入课题,这课题应怎么读?"该学生说:"是'慌张的女主人'。"大家笑了。贾老师幽默地插了一句:"你才是一个'慌张'的小姑娘呢!"大家笑得更欢了。这学生害羞地吐了一下舌头,连忙改口说:"应该是'不慌张的女主人'。"后来,这学生举手举得特别卖力。到了最后抽读课文时,贾老师还特意指名:"请慌张的小姑娘来读!"

4. 非正式交往是一条重要的渠道

实践证明，健康的师生非正式关系作为一种良好的关系机制，在教育教学中可以弥补正式关系的不足，起到正式关系所不能起的作用。它可以加大和深化教师对学生的影响和引领，有利于形成民主的教风和学风，有助于教育教学任务的完成；它能够消除正式关系中组织制度等所形成的外来压力的副作用，可以使师生在一定程度上进行自由交往，缩短彼此间的心理距离，使师生感情融洽，教学和谐；它可以改变在正式关系中较多使用的面向集体的沟通方式，缩短信息沟通的流程和层次，实现与个别学生之间直接的交往和增加双向沟通的渠道，从而在一定程度上发挥个体交往对集体教育的辅助作用。因此，师生非正式关系作为正式关系的补充和发展，应该受到每一位教育工作者的重视。

非正式交往的办法很多，如课间交谈、单独交谈、记录本交流、家校互动的平台交流、电话联系、QQ 聊天、贴吧上沟通等。

三、经营和而不同的同事关系

(一) 人需要在集体中才能成长

美国 Sam M. Intrator 主编的《我的教学勇气》对教师教学同伴互助这样论述："人总是要处在某个集体之中并在集体中成长。如果集体里面的成员能够互相赞赏，合作解决问题，有着共同价值观和相互尊重的关系，就能促成每个成员意气风发地发挥最大作用。"

马卡连柯在丰富的教育教学的经验积累中也看到了教师在群体中的生命

力:"教师集体的统一是最有决定性的一件事情。就是最年轻、最没有经验的教师,如果在统一的、精诚团结的集体里,由很好的有才能的领导者来领导,那么跟任何一个与教师集体分道扬镳的有经验的、有才能的教师比起来,也要做出更多的事情来。"

良好的同事关系能够使教师个体得到良好的发展。教师在群体之中与同事的交往,有学术上的相互学习与切磋,有精神上的激励与抚慰,也有生活上的关心与照顾。在与教师的访谈中,当问及同事对其教学有无帮助时,他们大都觉得同事间的交流与帮助对自己的教学产生了积极的影响,是自己在业务上进步的一个重要因素,尤其是对刚入职的新教师的影响更大。同一学科、同一年级组、同一办公室的教师相处起来更容易,因为他们有共同的话题、共同的志趣,在一起互相学习,能够引起共鸣。这种良好的同事关系,能促进他们在教学业务上突飞猛进。

良好的同事之间关系,也是高质量完成教育教学工作的保证。教师的劳动又是具有集体性的劳动。任何一个学生的成长,离不开各学科教师的共同努力,需要各科教师的密切配合才能培养出全面发展的人才。步调一致才能胜利,即使是5个能力较弱的教师团结在一个集体里,受着一种思想、一种原则、一种作风的鼓励,能齐心一致地工作的话,也要比10个随心所欲地单独工作的优秀教师要好得多。

良好的同事关系,还是形成学校健康和谐、积极向上的精神文化的基础。学生在这种学校文化中濡染,看到与自己朝夕相处的教师们相互关心、相互帮助、相互尊重,自己每日生活在和谐、积极向上的环境气氛中,就会感到心情愉悦,带来心理发育成熟,带动德智体美的全面发展。

良好的同事关系,也会为学生今后踏入社会学会与同事交往做出榜样。榜样的力量是无穷的,学校中的风气甚至可能会影响学生一辈子,每一个学生的身上都会带着他所在的那所学校的文化基因。

(二) 考量一下你与同事交往的性向

美国学者劳蒂(San C. Lortie)曾深刻指出,教师的工作方式具有现实主义、保守主义、个人主义等典型特征,……教师为了保持自己的独立自主,喜好隔绝的工作方式。久而久之，这种孤立的发展观便占据了教师的头脑。这或许是促使教师在人际交往活动中表现出的封闭性与单一性的一个主要原因。

近年来国内的一些调查研究表明，很多教师存在交往障碍，表现为害怕交往，不会交往，甚至耻于交往等。

根据我国心理学工作者的调查，教师的同事之间关系有以下五种性向，你属于何者？或者兼而有之？

(1) **谨守道德规范类**。教师通常注重礼貌待人、通情达理、团结合作，很少有粗野好斗者。因此同事之间的关系比较文明、友好、和谐。

(2) **冲突隐蔽类**。教师之间的矛盾冲突很少公开化、表面化，尤其很少在学生面前争吵。绝大多数人际冲突和紧张关系能控制在较小的范围内，他人不易觉察。但矛盾也因此持续时间较长，甚至形成积怨，比较不好解决。

(3) **冲突自我调节类**。教师教书育人，为人师表，经常帮助学生解决人际冲突，因而促使教师对待人际冲突多能自我调节。这种特点表现了教师的职业修养。

(4) **不即不离类**。即使在同一学科、同一备课组、同一年级组教师之间的交往多停留在以礼相待，很少有亲密关系。这与我国知识分子历来崇尚"君子之交淡如水"的理念有关，也与教师工作繁忙和独立性强有关。而在不同学科、不同年级、不同工种之间这种生疏关系还要更为明显。

(5) **关系失调类**。主要表现有三。其一，由于学校管理的不当，或者社会舆论的误导，在教师之间仍然存在不必要的，甚至是恶性的竞争局面，严重破坏了教师之间的人际关系，造成教师知识技能上的保守，以邻为壑，争抢课时，排挤他人，甚至为了个人教学成绩突出不惜弄虚作假。其二，由于教师独立性工作的职业特点，造成教师之间多存个人门户之见，少见他人，容易产生"文人相轻"，造成人际隔阂。其三，某些人的不良个性特征，如封闭、自卑、嫉妒、孤僻、猜疑等也会造成人际关系失调。

兄弟的情义、同事的缘分这是同事之间最佳状态的交往关系，要实现这样的关系就需要三种意识。

集体意识。集体意识可以对同事交往产生多方面的积极作用，可以促进教师彼此间的相互认同；容易提高交往的广度和深度；相互间容易配合，做到三个服从，即个人利益服从集体利益、局部利益服从全局利益、当前利益服从长远利益，在这样的基础上，人际关系才可能达到和谐、融洽的境界。

竞争与合作意识。竞争作为社会发展的重要动力，无论是对群体还是对个人，只要条件适当，就能起到促进作用。但是这并不意味着竞争就是一切，或者说同事之间就只存在竞争的关系。实际上，竞争与合作是实现集体目标的两个基本条件，缺一不可。因此，竞争要把握一个"度"，开展竞争的同时还应强化合作精神，特别要尊重同事的劳动，维护同事的威信，发现问题要及时补台，千万不要在学生面前贬低其他老师。同一学科的教师要团结互助，互相学习，新老教师之间可以通过拜师、结对子、确定指导关系等方式进行传、帮、带；同一年级，不同学科的教师要密切配合，可以采取课题协作、专题研究、情况沟通、重点突破等方式，齐心协力做好工作。

优势互补的意识。学校工作是整体，必须靠全体教职员工同心协力，互相配合和支持，每一个教师都有其自身的优势，因此，教师之间的交往应充分挖掘互补功能，使教师在互相交往中实现思想上的互助、信息上的互换、情感上的融合和知识上的整合，以提高整个队伍的专业化水平。

（三）同事之间交往的六大原则

真诚的原则。在交往过程中，向交往对象表达真诚的自我体验，并能够在恰当的时候向对方承认自己的缺点与不足，接受自己的不完美，也就能接受他人的不完美。但应注意的是真诚地表达自己，不是毫无约束地随意地向对方表达自己的感受，如果说出来的感受对交往没有帮助，就没有必要说出来。

接纳的原则。接纳是对他人的一种尊重，无论他人的观点、想法你是否同意，都应该让对方表达出来，尊重他人的观点与想法。在教师交往中，教师与其交往对象都有他们各自的兴趣与爱好、缺点与不足。如果教师对于和自己不同的观点与事物采取拒绝的态度，则会影响教师交往的进行。接纳原则要求教师对他人不要轻易下判断，应给予他人充分的空间去表达自己，以宽容的心态对待他人的不足。但应注意的是，接纳对方并不等于赞同对方的不良行为，对于原则、立场等重大问题上的错误观点，教师可以不接纳，但应注意恰当的态度和表达的方法。

换位思考的原则。如果从自身的经验感受来做判断，习惯了从自身预设的既定标准来看待对方，不能很好地接纳对象的看法与观点，这样做的后果是使交往的对象认为对方不是真正地关心自己，感到失望、沮丧，信任度降低，造成交往障碍。换位思考的原则要求站在对方的立场去理解对方，了解导致这种情形的因素，让对方了解自己对其设身处地的理解。同理心与了解、认同和同情不同，同理心是以对方的参照标准来看待事物，像感受自己一样去感受对方的情感体验，交往的双方处于平等的地位。

互利双赢原则。遵循这一原则，教师在交往中既要尊重他人利益也要维护自身的合法利益，同事之间无论是在思想上、工作上还是生活上，都要互相关心，互相帮助，互相尊重，尊重对方的劳动成果，增进彼此间的理解和信任，正确看待竞争与合作，学会与他人分享，在不断调整中走向双赢。

和而不同原则。在交往的过程中，交往双方"和谐而不雷同，和睦而不盲从，和气而有个性"。交往的目的并不是把自己的想法、观点强加给对方，而是一种知、情、意、行的交流与互动、融合与互补。比尔·盖茨原来自己经营着微软公司，后来逐渐发现自己在经营管理方面有些力不从心，而且他自己真正的兴趣是在软件的开发上。于是，他找到了自己的大学同学鲍尔默，希望他能出任微软的CEO，专门负责公司的运营管理。鲍尔默恰恰是个管理的天才，对管理工作充满热情与自信。正是如此，比尔·盖茨与鲍尔默之间形成了很好的互补，共同缔造了微软帝国的神话。

不断进取的原则。有人说宁可与聪明人打架，也不和糊涂人交友。从我们的调查情况看，现在学校制度下同伴互助学习在一些地方并未能发挥很好的作用，一些教研组、备课组的活动流于形式，深度不够，有效性不足。在同事交往中，不能甘于寂寞，一个有追求的教师应该充分发挥个人的作用，注意联络积极进取、业务精湛的老师结成互助同伴。特别是随着互联网等现代信息技术的广泛应用，使"友天下士"成为可能，可以广交朋友，因此有一些教师打破围墙的界限，与校内外志同道合者组织读书会、研究小组、课题组等等，形成一个个共同进步的圈子。

(四)"组织学习"破解教师交往难题

全国劳动模范、享受国务院政府特殊津贴专家、北京第二实验小学校长李烈在学校里推进"以爱育爱"教育,充分为老师提供在各种交往中提升自我的机会。学校注重建设民主、开放、和谐的团队,指导团队学习构建学习网络,构建发展性培训机制,鼓励自我超越。校长对待老师坚持"扬人之长,念人之功,谅人之难,帮人之过",面对成绩时做到与教师分享,而不是独享。她坚持用爱来唤醒教师生命价值,学校每学期举办数次"'以爱育爱'大家谈"活动,每年度举办"青年教师'凌空杯'比赛活动",每年度在年级组建立"和谐团队评奖",每月一次"烛光晚宴",每学年请来教工家属共同举行一次"我爱我们的家"新年联欢晚会活动。

像这种借鉴学习型组织理论,打造学习型团队,凝聚团队精神,培育教师间同事交往的浓厚的氛围,从而促进教师专业成长,其组织形式有很多。

专题讲坛,营造"说"和"做"的自主教研氛围。由一线教师轮流担任主讲人为大家介绍"一本好书""两句名人名言",专题讲坛还包含课改展演,介绍自己在课程设计中的目标、方案、效果、反思……当人人都可以当"讲解员"、人人都可以做"主持人"时,教师们的心态也就都开放了,于是每个教师可以尽情地展现自己,每个教师也因此渐渐地对自己充满了自信!

一课多研,鼓励教师们在实践中互助与反思。"一课多研"即针对同一活动内容,由同一教师或不同教师进行多次的实践研究活动。以阶段为单位,每月一次。在确定活动的主题后,每一位参与的老师,都要进行相关的理论学习准备;在研讨活动中,每一位教师都要积极参与,发表自己的意见;在活动结束后,每一位老师都要写下自己在参加本次活动后的体会与反思。

同课异教,对比研讨,激励教师在挑战中博采众长。在对比式的校本研修活动中,同一教学内容由多位教师来设计组织,先通过对每个活动的深入观察、比较和分析,提出改进建议,再通过反思来提高教师的教育教学水平。

网络教研,无障碍教学研讨。在集体备课中采用"一人主备、多人研讨、反复研磨、最终定稿"的方式,各年级组教师根据学科备课组长安排的内容,精心备课,并在规定的时间内将初稿发布到教研平台相应学科的"集体备课室"中。其他教师利用课余时间在线研读,参与网上研讨活动,发帖回复修改意见。教研组内进行多轮研课,反复修改教案,最终将定稿上传至"集体备课室"中。这样的网络集体备课,真正实现了交流对象的角色平等,交流机会的充分均衡,无障碍地参与探讨。

组内轮教课,积极唤醒与有效对话。组内轮教课的具体操作流程是:以年级组为单位,开展同学科的组内课堂教学研讨,分为一课多人上——几名老师上同一课的不同课时;多人上同课——几名老师上同一课的相同课时;多人上异课——几名老师上不同课型;一人多次上同一课等不同形式。这样在一学期内可以在同一年级组内进行三至四轮的教学,由年级教研组长提前通知,确定教学时间、形式与教学内容,组员准备,再到说课、上课、听课、评课研讨、小结的程序,形成一次完整的轮教课校本研究过程。

现代"家族式"校本教研共同体。现代"家族式"校本教研共同体以校本研修为旨归,以师徒结对为平台,以"多层次、立体、交叉"为特点。在这里一个老师可以同时拜不同学科或不同专长的老师为师;一位名师可以收多人为徒;师傅又拜师,徒弟又收徒。这样就组成了一个"家族"链,形成了一个学科航母,师公、师傅、徒弟、徒孙、师叔、师侄、师兄妹等"家族"成员之间亲密无间,随时随地随教研,互助互学。这样的校本教研凸显出其特有的效应。

四、远方的高人和身边的贵人

(一) 以远方的高人为师——专家引领

这里所说"专家"指的是从事教育理论研究的专门人员,专家引领在教师专业成长中的重要性，随着课程改革的不断深入，显得越来越突出。

专家引领的重要作用源于教育理论对教育实践具有指导作用。一方面，教育理论能够唤起教师在教育实践中的主体意识，对教育理论的思索、认同和再生，引起教师对教育的意义、教育的价值、教育的目的等的深层思索，对教师教育理念的反思与重建提供理论支持，进而影响教师的教育实践。另一方面，教育理论能够为教师的教育实践提供直接有效的指导，提高教育实践的效率。

专家引领的重要作用还源于其对教师专业成长的价值意义。在专家的引领下，有助于教师根据对教育规律的认识去预测教育未来可能发生的变化，去判断、推测未来的教育事实；有助于教师通过科学的手段剖析教育的真相，有的放矢地反思教育中的日常行为；有助于启发教师的教育自觉，增进他们对教育真谛的领悟；有助于提高教师的教育教学理论水平和业务能力，促进教师的专业发展，提高教育教学效果。

教师与教育专家交往既是教育理论、学术研讨、提高业务上的交流，也是一种更高层次上的思想、观念、精神上的交流。这种交往已经从文字向面对面转化，从学术报告向一对一指导转化，从偶发性的会议交往、课题交往到以课堂教学和班级管理为核心的交往。其交往已经进入教育教学的核心地带，并且走向日常化和制度化。教育专家已经成为一线教师职业生涯中的贵人。

萧伯纳曾经打过这样一个比喻：假如你有一个苹果，我也有一个苹果，如果我们彼此交换这些苹果，那么，你和我仍然各有一个苹果；但是，假若你有一种思想，我也有一种思想，而我们彼此交流这些思想，那么，我们每个人将会各有两种思想。这个形象的比喻表明了交往者思想上的交流不是简单的交换，而是能够促进交往双方思想上的互通和丰富，是两种思想的碰撞与融合，并产生新的思想，从而达到"1+1＞2"的效果。因此，教师在与教育专家的交往中不是一直处于接受的地位，一线中小学教师完全不必妄自菲薄，不仅可为教育理论工作者将教育理论转化为可操作的应用理论提供实践素材，还可以让自己的智慧不断丰富充实专家的教育理论。

(二) 寻找远方的高人

在一个成功的教师身后也常常站着一群远方的高人，是他们给你启蒙开窍，让你增长智慧，一夜之间明白很多道理；是他们给你资助捐赠，在你最困难的时候，慷慨地伸出援手，让你摆脱涸泽之困；是他们给你传道授业，教会你安身立命的才识学艺；是他们关照提携，欣赏你，栽培你，关照你，让你人生道路上一路绿灯；是他们为你救命改运，在人生的关键几步为你提供重大机遇，让你乘势而上。他们像来自另一个伟大世界的启明星，从天外向你发射生命智慧和力量的光芒。他们可以给你加气、灌顶、调经，度你上层，他们就是你生命中的贵人。

现在已成为教育名家的吴江市实验小学副校长管建刚谈及成长过程中深深感恩于教育大家朱永新。他写道：

> 我很幸运，在我立志不做教书匠时，遇到朱老师。奶奶活着的时候告诉我，当你遇到贵人的时候，你的命就变了。朱老师是我教育生命中的贵人。朱老师肯定、鼓励及期待的言语和眼神，点燃我的教育激情，想发光，想发热。我告别一切浪费时间的陋习，我把教育从谋生的工作变为事业的追求。教育的潜能被充分调动起来了，2002年与朱老师谋面，2005年出书，连着三年，连出三本书。

李吉林是小学教师，她的学术研究是业余的，但高校专业研究的教授少有人能与她比较。她的八卷本360万字的《李吉林教育文集》是她的标志性的成果，奠定了她开宗立派的学术地位，这也是回响在世界教育学术界的中国声音。有权威学者戏言，李老师的学术成果够评八个教授。这些学术成果的获得，不能说不是得益于理论大家们的悉心指点。1980年的秋天，李吉林在上海幸运地遇到杜殿坤教授，杜教授微笑着对李吉林说："我看过你的文章，很高兴，你应该形成自己的小学语文教学体系，它的目的就是为了学生的一切发展。"应杜殿坤教授的提议，李吉林开始了情境教学理论的体系构建，小学教师开始做大的学问。李吉林深情地回忆：在我的心里，杜殿坤老师就是我的恩师。我常常带着问题去向他请教，他总是微笑着接待我，他总会关心地问我："这一段做得怎么样?"然后我便扼要地谈一谈，说完便听他的指导。尽管我们因邂逅而相识，但是他对来自第一线的老师，如此热情的帮助，真令我感激不已。惜乎杜殿坤教授英年早逝，但杜教授的嫡传弟子高文教授与李吉林友谊更为深厚，他的研究团队裴新宁博士、郑太年博士、赵健博士成为情境教育研究强大的学术支撑。

现任上海教科院副院长、华东师范大学教授、博士生导师的顾泠沅对这种一线教师与理论研究工作结对感触更深。刘佛年是中国著名教育家，华东师范大学校长，1984年欣闻顾泠沅在上海青浦的数学教改实验，兴奋异常。此后，他先后五次到青浦，下学校、进课堂、听详细介绍、找师生谈话。他让老伴做家乡菜、请顾泠沅吃饭，他要收下这个他寻觅了多年的学生。1987年顾泠沅如愿成了刘佛年的研究生。三年读硕、三年攻博，六载师生相亲。导师的宽容、宽厚、民主、大度的大家气质，对顾泠沅的为人与治学产生了深刻的影响。

犹太经典《塔木娜》中有一句话：和狼生活在一起，你只能学会嗥叫。同样和那些优秀的人接触，你就会受到良好的影响。在我们的社会交往中选择和什么样的人交往，就是选择一种生活方式和习惯，也就选择了一种怎样的人生道路。

（三）不要错过身边的贵人

1. 校长：教师身边的"贵人"

每一个教师都需要成长，这种成长是多样性的，共生性的，和谐性的，校长如果能让每一个教师找到自己发展的方向，为他们的成长搭建平台，他的功德不亚于教师生命中的贵人。江苏省特级教师、星港学校徐学根校长把推进教师专业成长当作是校长的"一把"工程，他这样阐释"一把"真经：推"一把"——把教师推上"教育教学研究"的轨道；紧"一把"——为教师成长不断加油，紧一把"螺丝"；拉"一把"——不让任何一个人掉队；扶"一把"——把教师扶上发展的"平台"；放"一把"——让教师为自己的专业成长自我做主。

才高八斗、学富五车，却因不通世故而在事业上步履维艰，饱受挫折；学无所长、品性可疑的人却春风得意，步步高升。原因之一：不善于处理同领导相处的关系。所以，正直善良的人更应该学点处事技巧，不要自命清高，更不能恃才傲物，使自己错失一个相对和谐的发展环境。不给投机钻营的人让出大路，也是人际交往中的一门重要学问。

下属与领导沟通，要讲究方法、运用技巧，处理原则：一是要"尊敬"。对领导的尊敬不仅是对领导个人的尊重，也是对组织纪律、原则的尊重。二是要服从。作为下属要服从组织的安排、听从领导的调遣。但是在服从的同时务必要做到不盲从，是非原则要分清，当直接领导的决定可能造成严重后果时，应主动向其陈述利害关系，不可听之任之，一味坐视纵容。三是学习。领导的很多知识、经验，都值得我们借鉴、学习，只有虚心学习，才能赢得领导对我们的认可，才能胜任本职工作。四是理解沟通。要从整体利益出发，大事讲原则，小事讲风格，或将心比心，换位思考，或自我反思，主动检讨。五是正确对待领导批评。因为批评是一种财富，一种动力，没有批评就没有进步。

2. 师傅：青年教师生命中的"贵人"

从某种意义上来说，人生有三大幸事：第一，上学时遇到一位好老师；第二，工作时遇到一位好师傅；第三，成家时遇到一位好伴侣。对于教师来说，通过单位或自己选择名师、名家开展师徒结对，实行一对一传帮带，事实证明这是一种行之有效的成长之路。但在交往的过程中，师傅喜欢真诚、勤奋、奋发有为的徒弟，只有这样的徒弟，师傅才能成为他生命中的贵人。

全国著名小学数学特级教师徐斌回首成长之路，特别感恩于他从教以后的第一个导师——如东市马塘镇中心校数学老师盛大启。盛老师是江苏省较早的一批数学特级教师之一，曾任中国小学数学专业委员会常务理事，是江苏省小学数学义务教育教材的主编，苏教版课程标准小学数学教材的主审。

1987年秋天，刚满18岁的他从江苏省南通师范学校毕业，被分配到江苏省首批免检的老牌实验小学——如东县掘港小学，初上讲台的他面对课堂上乱成一团淘气的孩子，常常急得手足无措，对自己的职业也失去兴趣和信心。第一次到校外听课，盛老师生动活泼的数学课堂犹如黑暗中的一点光，一下子把他的心户打开。他们一见如故，没有什么拜师仪式，从此就开始了亲密的交往。从掘港到马塘，就成了徐斌的"营运专线"。每个星期，少则一两次，多则三五次。数十公里的乡间小路，交通工具就是一辆26吋的"永久"牌自行车。盛老师非常喜欢这个勤奋好学的年轻人，一次次真诚而频繁的交往，一回回推心置腹的交流，盛老师把他当成自己的孩子。徐斌在从教的起跑阶段，由于一段不经意的机缘，幸运地遇到了这样一位影响终身的导师，因此少走了许多弯路。1993年，全国首届小学数学赛课活动在江西南昌举行。才24岁的徐斌被推荐为江苏省唯一的一名代表，是参加赛课的26名老师中年龄最小的。

现在任教于苏州工业园区星港学校的小学数学特级教师吴梅香也有着相似的经历。她从教的第一个师傅是本校的一位特级教师，太原市顶尖级数学权威。师傅每次备完课都要给她分析教材，讲她的设计思路；每次上完课还要反思这节课的得失。她回过头来看这一段生活经历，深感跟随师傅整整一年，比她后来十年学到的还多。遗憾的是师傅累倒了，再也不能正常行走了。师傅把所有的备课本都送给了她，这套备课本成了她教学生涯中的"葵花宝典"。

五、做学生家长的教育顾问

（一）教师与学生家长关系失调的原因分析

通过调查我们发现，与家长关系最为协调的教师通常有6个方面的特点：

第一，老师对学生有爱心、有责任心；第二，老师教学经验丰富，学术功底深厚，教学成绩优秀；第三，老师对学生公正平等，一视同仁；第四，老师文明礼貌，尊重学生家长，能够虚心听取家长意见；第五，老师能够经常和学生家长沟通交流，双方都能够及时了解学生的表现情况；第六，老师能透彻了解学生的情况，给家长中肯、适切的建议。

1. 教师方面的原因

老师与家长关系失调者也大有人在，教师方面往往存在下面6条原因。

(1) **没有平等的意识，不尊重家长。**有的教师错误地认为家长将孩子送到学校来接受教育是有求于己，也有的教师认为家长不懂教育，要想孩子成功就要对自己言听计从，俯首帖耳。

(2) **对差生家长有偏见。**认为表现较差的学生是包袱，视学生问题为家长问题，迁怒于家长，对他歧视、讽刺甚至侮辱。

(3) **师品较差，低级庸俗。**利用学生做"人质"，向家长提出无理要求，乱收费，甚至勒索钱物，造成家长对学校和教师的不信任。

(4) **片面追求升学率。**一切教育行为只是围绕分数，对成绩优秀的学生百般收拢、表彰奖励，而对成绩较差的学生百般打击，甚至采取"技术手段"，不让他们参加考试。

(5) **定位不准，公事公办，缺乏感情沟通。**认为教师与学生家长的关系是公务关系，一切按原则办事，态度不友好、没热情，甚至冷漠。

(6) **对自己的职责理解偏狭。**不少老师认为教师的主业是校内的教学，多关注学生家庭属于不务正业，或者别有他图，又有打听别人隐私之虞。同时学校中也有的老师利用家长资源为自己谋私利，多被同事们微辞。因此很多"正直"的教师在公事公办之余不愿更多地与家长交往。

2. 家长方面的原因

当然，由家长方面因素而引起的家校关系失调也需要足够的重视，这样才能有利于老师和学生家长健康交往。家校关系失调源于家长方面的因素有很多，兹举六个方面，以供参考。

(1) **不关心子女教育**。有的学生家长婚姻发生变化，为了个人的幸福对孩子的教育不闻不问；还有的学生家长，因工作、生意等事务繁忙，无暇顾及子女的教育，他们认为"我已经交了学费了，我们花钱买教育，孩子交给学校，我就没有事了"。他们不配合教师的工作，甚至拒绝与教师沟通。

(2) **偏信孩子的意见**。学生通常会把在学校的事情回去告诉家长，当他们在学校受到批评、对老师不满意、以己之心误解老师时，不理智的家长，会与孩子一起说老师的坏话，这更加深了孩子与老师之间的裂痕，还有的家长甚至不分青红皂白向校长告"黑状"。

(3) **对家庭教育认识不足**。认为家长的主要责任是负责孩子的衣食住行、交学费，教育是学校教师的事。

(4) **不敢向老师表达合理诉求**。有的家长担心教师会对自己的孩子打击报复，不敢发表自己的意见和看法，特别是孩子对老师有负面的反映时，即使明知是误解也不敢向老师提出澄清。

(5) **对教师形象有不良认识**。有的家长在学生时期有不愉快的经历，对教师不信任甚至在与教师交往时感到紧张和恐惧。

(6) **不信任教师**。这一类家长主要是高学历人士、公务员和各类成功人士，他们对素质教育有自己的理解，认为教师是搞应试教育，在家庭中给孩子灌输另一套。

要想建立彼此依赖的人际关系，双方都要破解不正确认识的迷咒，多一分理解，多一点换位思考，多一点宽容与悦纳。在这对关系中，教师是主动方，应当改变教育观念，要认识到在随着教育改革的深入，教育的走向是学生选择教育而不是学校选择学生。因此要改变工作态度和方法，为学生提供优质的教育服务，让学生信服，让家长依赖，这样的学校才有立校之基，老师才有立身之本。

3. 老师要学会做家长的教育顾问

某校的王老师与学生家长交往的经历在这方面给我们很多启示。

学生思萍，女，14岁，家庭条件优越。该生性格倔强，常孤僻多疑自我封闭。全校闻名的是她曾多次割腕自杀，手腕上的一道道疤痕，令人触目惊心。

　　王老师经过多次与她的同学交流，通过家访与其父母沟通，通过个别谈话与思萍沟通，逐渐了解了她的各方面情况。在班级内与同学关系不太好，参加集体活动不积极，对人不够友善，对同学、老师缺乏信任感。她的家庭条件很优越，在物质方面自己想要什么父母都能满足，但是父母一直比较忙，父母的关系也不太好，经常闹矛盾，在情感方面父母对她的关注很少。思萍有时会感觉父母根本不爱自己，只是将自己生下来，给自己提供优越的物质条件只是为了履行自己应尽的一种责任。小学五年级时，她看到了一则割腕自杀的新闻，她突发奇想，想通过割腕来检验父母是否真的爱自己。所以在一次父母争吵过后，她在自己的房间用小刀开始了第一次割腕，并故意让父母发现，父母立刻停止了争吵，将她送到医院，接下来的几天父母不仅对她很好，两个人也没有任何争吵了，整个心思都放在她身上。思萍通过这件事体会到了父母对她的关爱，不过一段时间后，父母又开始为了工作而对她关心少了，父母又会为生活上的琐事而争吵。她虽然知道父母爱自己，但是她想重新唤起父母对她的关爱和父母关系的和睦，所以还会在一段时间后再次选择割腕。她还谈到了曾经被同学欺负，但自从她敢割腕以后就没有人再敢招惹她了。所以，她感觉割腕可以让父母对自己关心、家庭和睦，还可以让同学们怕她。既然可以带来这么多益处，她隔一段时间就会用身体上的皮肤之痛来换取父母的关爱，换来同学们的刮目相看。这种情况一直持续到现在，所以她自己都认为是"割腕成瘾"了。

　　在老师与她交流的时候，她显得非常痛苦，她说："由于害怕我割腕，现在任课老师都不敢对我提什么要求，一切都顺着我。这样下去我怎么考高中呢？如果明年考不上高中，我就从最高的楼顶上跳下去！"

　　王老师知道解决思萍问题的关键在家长，需要他们从繁忙的生意场中超脱出来，要让他们了解其实亲情温暖胜过任何豪华物质的给予。她三次到思萍父母所在单位，给她们讲其他同学父母平时如何关爱自己的孩子，在学校现有作息时间的基础上，父母如何多与孩子亲情接触。思萍的父母也意识到了自己的不足，还约王老师参加他们家庭的小晚宴。他们当着思萍的面做了自我批评，保证以后工作再忙也会关心她，并且两人以后会相互包容，尽量不再争吵，营造一个温馨的家庭氛围。

从此以后，这个家庭走向平静、和谐，思萍的脸上多了一些笑容，最后凭着良好的中考成绩考取了本地的一所四星级高中。

（二）家访是教师与家长交往的最重要渠道

老师到学生家里，走访学生家长和学生，这样的家访越来越成为遥远的回忆了。原因很多，一是生活节奏的加快，老师没有家访的"闲暇"，家长没有空闲接待；二是现代联系方式很多，很多事情一个电话可以搞定，一个群发短信可以解决所有的问题，QQ聊天免去了行旅之劳；三是80后的家长、90后的学生，家庭私密观念越来越强，一般只喜欢在公共场合见面，不希望老师来到家里。

可以重新定义"家访"，教师在与家长交往时，可以采用多种方式与家长联络，如通过电话、短信、开通QQ群、网上聊天、家长会、上门家访、家长接待日、开放班级课堂等。我们姑且称之为广义的家访。

家访对象：特殊家庭，如孤儿、单亲家庭、再婚家庭、特困家庭、非第一监护人家庭等；学习特别困难的同学家庭，如学习基础差、学习态度差、人际关系差、心理素质差等；学习特别优秀的同学家庭；有特殊家长的家庭，如荣誉军人、身患重症、残疾或智障、不重视孩子读书、和学校老师有过不愉快合作记录等；对学校有特别贡献的家庭，如高额捐资、社区单位领导、家长委员会成员等。

家访内容：考察了解住房、家居、经济收入、物质生活情况；询问了解孩子从小到大的成长情况，如成绩、处分、表彰、获奖、爱好、脾气性格、社会交际等；询问了解孩子过去的学习和生活情况，有何特殊经历，如异地读书、非父母养护、病休等；征求对学校工作的意见；要及时地通报学生的思想、学习、生活的动态，特别是出现异常情况或突发事件时，要第一时间与家长沟通，及时分析原因，商讨对策，共同实施最有效的教育方法。了解家长的需要，当好家长的参谋，科学指导家长。目前在很多地方的中小学推行"导师制"，办法就是选拔有丰富教育经验的老师对学生一对一进行生活与学习诸方面全方位的指导，导师家访更应该成为经常化的教育行为。

家访时要特别注意礼仪，学会沟通交流技巧。在衣着上要整洁得体，穿出"知性"人士的风采；行为上要彬彬有礼、落落大方；态度上要真诚恳切，自然从容；语言上多表扬欣赏，学会包装。

还有一点要说一说，即对所有学生家长都要以礼相待，不要在家长面前指责学生。对任何学生都要首先肯定他的长处，把优点放大，也要让学困生的家长树立信心。"罗森塔尔效应"同样适用于学生家长。

在与家长交往中，不妨建立一些私人交往的情谊，这样的交往不仅有利于加深双方的友谊，还有利于形成老师社会交往的网络，扩大优秀教师的社会影响。

某校的柳老师，在自己的教育随笔上写下了这样的一件事。

> 那是一个周日的上午，8:30左右。我接到一个电话，是小艾的家长打来求救的。电话中说她的女儿把自己反锁在房里，不准父母进家门。从昨天晚上到现在已经十几个小时了，他们夫妻两个只好蜷在汽车里过了一夜，不知道她在家里会做出什么傻事来。她请求我能不能来帮她想想办法，让女儿把家门打开。
>
> 这是一个很男性化的女生，性格很倔强，也很桀骜，很多的男生都怕她。本来是一个很优秀的学生，头脑又聪明，在班里也很能干，组织能力也很强，老师们都很喜欢她。可是进入初三以后却完全变成了另一个人。有一次上英语课，竟然趴在座位上睡着了，老师把她喊起来，她却与老师大吵大闹，一气之下，跑出了学校。
>
> 原来她的爸爸是"高知"，在本地一所重点大学做副教授，因移情别恋要与原配夫人离婚，因此两人经常在一起吵架，甚至大打出手。调解他们家庭矛盾的工作落在我的肩上，但是爸爸在两个女人之间犹豫不决，常常出现反复，他们家庭也就一直处于动荡之中，调解起来也就格外麻烦和困难。

这一次事件是小艾趁父母共同出去到超市买东西，把家门反锁起来，逼他们发誓永远和好，不然永远不开门。我听到这种情况，连忙骑上电动车到他们家去，站在他们家门口，劝说着小艾，请她打开门让老师进屋。小艾看我中午饭也没有吃实在过意不去了，这才打开门，开门之后抱着我痛哭。我理解这个孤独无助的孩子，像拍着自己的宝宝一样抚慰着她。我做了他们家庭的调解员，父亲表示永远和那位女子断绝关系，妈妈表示以后不再吵架。就这样一直到下午2点才回到家里。

　　两个月后小艾已经读高一了，开学的前一天，她跟爸爸妈妈一起来我们家要请我们全家吃"喜酒"，说他们一家三口都和好如初了。

柳老师告诉笔者，其实她与小艾一家早已超出一般的老师与家长的关系，她已成了小艾妈妈的"闺蜜"，两人经常在一起交流衣食住行等方面的事情，她还会像老大姐一样把小艾的爸爸叫上"骂"上一顿。正是由于彼此的"知交"，才会有小艾的教育成功。这个故事还有后续——

　　升到高一后，换了一所新学校，环境变了，高一的老师对小艾的情况不太了解，小艾的坏习惯又有点抬头，爸爸妈妈无治，只好又来向我搬救兵。我跑到高中学校把小艾叫到操场上交流了两个小时。然后找到高中班主任和几位任课老师，告诉他们这个孩子该怎么管。经过三年的努力，小艾考取了一所本一院校。高考之后再也没和我联系，我心里有点凉，这些"90后"真的如此无情无义？

　　可是，9月10日教师节这天上午，快递公司给我送来一束鲜花。上面写着："高考成绩不理想，无颜见您，我的恩师。"是小艾的。那天上午我的眼泪稀里哗啦流了半天。

（三）家长也是教育资源

现在的中小学生家长有很多人都是各行各业的成功人士，也有一些高知，还有不少是接受过国外高等教育的"海归"。对于教育特别是素质教育，他们的理解也许更深刻，更准确。再加上其中有很多人都非常重视子女教育，对孩子的了解比起我们老师可能更要深透。

　　真正的智慧在民间，向家长学习教育，他们的教育思想和行为也许才是真正的生活教育学。在一次家长会上，一位家长向学校提了一个意见，因为他到教室看到有的学生座位书籍、簿本和文具摆放得井井有条，但也有的学生摆放一片狼藉。他说，素质要从这些小细节抓起，做事有条理是一个人成功的重要素质，不能轻视。学校虚心接受了这位家长的意见，在全校开展了学会整理座位活动。

　　还有一位学生成绩一直在班里殿后，老师们一提起他来就皱眉头，感觉到这个学生在学业上已基本无救了。但在一次座谈会上，学生的家长却向老师保证，自己的孩子自己知道，他学习慢一些，等到慢慢积累一旦开窍，成绩就会突飞猛进。果真高考一模过后，这个学生成绩呈直线上升，最后考取了一本院校。

　　浙江万里教育集团董事长徐亚芬，是一位事业上十分成功的女性，同时也是一位出色的母亲。徐亚芬的儿子在寄宿制小学上学，语文成绩很好，但是不爱学数学，所以成绩比较差。一次，儿子从学校回来，对妈妈说："学校给我们测智商了。老师说我的右脑比左脑发达，形象思维能力强，数学概念差，所以我的语文成绩比数学成绩好。看来我的数学成绩是上不去了。"徐亚芬惊讶地说："是这样吗？有空我去问问老师。"她真的去了学校，找了班主任，并暗地里和班主任达成了一项协议。几天后，徐亚芬十分认真地对儿子说："儿子，告诉你一件大事，我去学校问过老师了，老师说他搞错了，你是左脑比右脑发达，学数学会比学语文强多了！""真的？老师真是这么说的？"儿子睁大了眼睛，好像哥伦布发现了新大陆那样兴奋。"是呀，老师说，他看错结果了，他说的是另一个同学而不是你，你的左脑比右脑发达。"儿子信以为真，真的认为"我的数学一定能够学好，我很行"。这个结果完全改变了他对自己的看法，从此，在学数学的时候，恢复了自信，提起了精神，数学成绩很快超过了语文成绩。

　　问渠哪得清如许，为有源头活水来。在教师专业成长之路，我们还有一个老师，这就是学生家长。以学生家长为师，这是老师与家长交往中的另一重关系。

第九章

数字时代教师的角色重塑

教育，作为人类文明传承与发展的核心领域，在数字时代面临前所未有的变局与新机。数字技术的广泛应用，不是简单地为传统教育模式增添技术元素，而是一场全方位、深层次的教育生态重塑。从教学方式到学习模式，从课程设计到评价体系，教育的各个环节都在被重新定义与优化。技术不仅改变了知识的传播与获取方式，还促使人们重新审视教育的本质与价值。在此背景下，生成式人工智能的横空出世，引发了社会各界对教育尤其是教师未来形态的广泛猜想。对此，教育部教师工作司司长俞伟跃回应："人工智能等新技术给教师素养带来了新挑战，尽管短期内人工智能不会直接取代教师，但善于运用人工智能技术的教师，无疑将拥有更大的施展空间和发展天地。"

一、教师应了解的数字技术知识

在众多数字技术中,大数据、人工智能、云计算等技术对教育的影响尤为深远。然而,许多教师在面对这些前沿技术时,常常会陷入认知的困境:哪些技术属于大数据、人工智能?它们对教育意味着什么?

要真正理解这些技术如何改变教育生态,并在技术浪潮中保持清晰的方向感,仅知晓技术名称远远不够。教师需要深入了解这些技术的背景和应用现状,才能在教育实践中将"术"与"器"融会贯通,有效运用。

1. 大数据

大数据通常指无法通过传统数据库工具有效管理、存储和分析的庞大数据集合。各大权威机构对大数据皆有类似的定义,其中国际数据公司(IDC)提出了大数据的"4V"特征:Volume(体量大)、Variety(多样性、种类丰富)、Value(价值密度低)和Velocity(速度快)。

杨现民老师指出,教育大数据是指在教育过程中产生的,或根据教育需求收集到的各种数据。在具体的教育实践中,大数据的应用呈现出多方面的表现。(详见《发展教育大数据:内涵、价值和挑战》,杨现民等,《现代远程教育研究》杂志,2016年第1期)

首先,教师通过分析学生的学习数据,可以全面掌握学生的学习进度、兴趣与个性特征,从而调整教学策略与节奏,确保每个学生都能在适宜的步调下跟进课程内容。其次,基于学生行为数据的分析,教师能够为每个学生定制个性化的学习路径,实现真正意义上的因材施教。

另一方面,在教师层面,课堂表现数据以及教学评价数据为教师提供了自我反思与调整的依据。通过对这些数据的分析，教师能够有效评估教学效果，发现改进的空间，并据此调整与优化教学方法，持续提升教学水平。

此外，学校及教育管理者同样可以依托大数据，优化资源配置与教学安排，评估教育目标的完成情况，从而为教育政策的制定与调整提供更加科学、精准的决策依据。

2. 人工智能

人工智能（Artificial Intelligence，AI）通常被定义为利用数字计算机模拟人类智能的技术。通过复杂的算法，人工智能使机器具备感知、推理和决策的能力。部分地区的中小学已经开始开设人工智能课程，积极推动这一技术在教育领域的普及与应用。

根据中国《人工智能标准化白皮书（2018版）》，人工智能技术主要包括七个关键领域：机器学习、知识图谱、自然语言处理、人机交互、计算机视觉、生物特征识别、虚拟现实/增强现实。

在人工智能的众多技术分支中，大模型和生成式人工智能无疑是近年来最具突破性和影响力的新兴方向。大模型凭借海量数据的训练，构建起庞大的参数体系，从而具备了强大的适应能力，能够应对各种复杂多变的应用场景。而生成式人工智能作为大模型的重要应用，更是展现出惊人的创造力，它可以根据已有的数据或信息，生成全新的内容，如文本、图像、音乐等。其中，ChatGPT以及在国内外广受关注的DeepSeek等，正是这一领域的典型代表。

在人工智能技术不断拓展其应用边界的过程中，教育领域已然成为其深度融合与创新实践的重要舞台。华东师范大学教授顾小清在相关研究中指出，人工智能在教育中的应用场景主要聚焦于四大方向：面向教育者的教学和管理场景，以及面向学生的学习和考试场景。当前，这些应用正积极探寻如何借助人工智能技术，推动教育向智能化转型，全方位助力教育者和学生在教学、学习、管理和评估等方面实现更高效、更智能的支持。（详见顾小清《智能技术赋能教育数字化转型的前沿趋势——〈2023人工智能促进教育发展报告〉导读》《中国教育信息化》，2024年第7期）

3. 云计算

云计算是通过互联网按需交付计算资源（如服务器、存储、应用）和服务的技术。它让我们无需管理底层的硬件设施，极大地简化了信息技术的使用和管理。

在传统模式下，学校和教育机构通常需要购买大量服务器和存储设备来支撑信息化教学，不仅成本高昂，而且维护起来也相当复杂。而云计算的出现有效解决了这一问题，它像一个强大的"资源池"，为我们提供便捷的计算和存储服务，教师和管理者可以专注于教学与管理，无需过多关心硬件的管理与更新。

根据服务模式，云计算通常分为以下三类：基础设施即服务（IaaS）、平台即服务（PaaS）、软件即服务（SaaS）。

IaaS 提供虚拟化的计算资源，包括服务器、存储和网络设备。教育机构可以根据需要租用这些资源，并按使用量付费。例如，某学校如果要进行数字化校园建设，传统模式下需要购买大量硬件设备，并建立数据中心。而采用 IaaS 后，学校只需租用云服务器来运行教学管理系统、办公自动化系统等，同时租用云存储服务来存储学生学籍信息、教学资源等。学校可以根据实际需要灵活调整服务器和存储空间，避免硬件设施的繁琐维护与更新，从而大大降低成本。

PaaS 是在 IaaS 基础上提供的服务，它提供了应用开发和部署的完整平台，包括操作系统、数据库、开发工具等。教育机构可以利用 PaaS 平台快速开发和部署个性化的教学应用系统，简化了开发过程，省去了搭建底层技术平台的烦恼。

SaaS 通过互联网直接提供应用软件，用户无需安装和维护软件，只需订阅使用。许多在线教育平台和教学管理系统都采用 SaaS 模式，教师和学生通过客户端或浏览器即可直接使用。在教育领域，常见的 SaaS 应用包括教学排课系统、在线学习平台、作业批改系统、数字图书馆、在线考试系统等。

二、数字时代教师的角色重塑

每一次技术的演进都给教师带来了新的挑战，教师必须不断调整教学方式与角色定位。教师能否适应这些变化，直接关系到教育质量的高低以及自身的未来发展。教师的成长，是一条贯穿整个职业生涯以及个人生活的持续进步之路。

习近平总书记在北大师生座谈会上指出："随着信息化不断发展，知识获取方式和传授方式、教与学的关系都发生了革命性变化，这对教师队伍的能力和水平提出了新的、更高的要求。"教师不仅要传授知识，更应成为教育变革的引领者，成为拥抱创新、应对挑战的引路人。

（一）数字素养是新时代的立身之本

数字素养已成为教师应对教育数字化转型的核心能力。缺乏数字素养的教师，就如同没有航标的船只，难以应对数字化浪潮带来的迅速变化。教师数字素养指的是教师具有适当利用数字技术获取、加工、使用、管理和评价数字信息和资源，发现、分析和解决教育教学问题，优化、创新和变革教育教学活动的意识、能力和责任。

1. 数字化意识

教师的数字化意识是数字素养的核心组成部分，具体表现为对数字技术的认知、意愿和实践态度。

首先，作为社会的一员，教师应具备基本的数字化认识。这不仅意味着理解数字技术在经济、社会和教育领域的价值，更重要的是认识到它可能在教育教学中引发的新问题。教师需深刻理解数字技术推动教育转型的深远意义，并意识到它为教育教学带来的种种机遇与挑战。例如，数字技术是教育改革的推动力，还是仅仅作为可有可无的辅助工具？从长远来看，数字技术已经成为教育教学创新的关键引擎，正如我们在历史的变革中所见，它是教育未来发展的不可或缺的力量。其次，数字化的意愿体现了教师对数字技术资源的态度，具体来说，就是教师是否愿意主动学习和应用数字工具。教师应积极探索数字技术在教学中的多种应用，认识到它对提升教育质量的关键作用。最后，数字化意志表现为教师在面对教育数字化进程中的种种挑战时，展现出的积极应对困难的信心与决心。

2. 数字技术知识与技能

教师应当掌握一些常见的数字技术知识，这不仅包括对这些技术的概念和基本原理的了解，还涉及它们的内涵特征。同时，教师还需要清楚这些技术在解决问题时所采用的程序和方法。例如，我们要了解多媒体、互联网、大数据、虚拟现实、人工智能等技术的特征，以及它们是如何被用来解决问题的。

除了理论知识，教师还应当掌握数字技术资源的应用技能。这包括如何选择合适的数字化设备、软件和平台，以及如何熟练操作它们来解决常见问题。例如，一位数学老师在讲解几何图形时，希望借助动态演示来帮助学生更好地理解。他可能需要从网上下载相关的几何图形动画资源。从找到合适的资源到将其有效地应用于教学，教师需要掌握一系列技能，如资源检索、视频剪辑、格式转换等。在日常教学中，教师不可能随时得到专业人员的帮助，因此掌握这些基础的数字技术技能，能够让我们独立解决一些简单问题，从而大大提高教学效率。

3. 数字化应用

数字化应用，是指教师运用数字技术和资源，开展教育教学活动的能力。这一能力是教师数字素养中最为关键的部分，其涵盖的领域包括数字化教学设计、教学实施、学业评价的数字化，以及数字化协同育人等方面。简言之，教师能否熟练运用数字技术开展教学活动、进行学业评价，并推动协同育人的目标，是我们最关心的问题。

数字化教学设计要求教师能够善用数字技术和资源，进行学情分析、教学活动设计以及学习环境创设。具体而言，教师需要能够利用数字技术进行学情诊断，获取、管理并制作数字教育资源，设计教学活动，打造适宜的学习环境。例如，在教授《蜀道难》时，柳州高级中学的教师为学生播放了关于蜀道的视频，让学生直观感受蜀道的崎岖与气势，从而更深刻地领会诗句"噫吁嚱，危乎高哉！"的情感，使学生在朗读中自然而然地发出与文本相契合的感叹，进而形成与创作者情感的共鸣。

在教学实施方面，体现在能有效地运用数字技术资源，合理组织与管理教学活动，优化教学流程，并进行个别化指导。柳州市第十二中学的凌静老师在数学课上借助动画、微课视频等信息技术手段，将抽象的数学概念（如一次函数的应用、相似三角形的性质等）转化为直观且易于理解的形式。通过这种方式，教学不仅变得更加生动有趣，也在潜移默化中提升了学生的思维能力与创新意识。

学业评价的数字化，指的是教师能够运用数据采集工具和分析模型，进行学业数据的采集、分析、可视化和解释，从而实现科学、公正的学业评价。某高中在考试后依托大数据精准定位学情，经过初步的学情统计和后续的训练题推送，精确总结学生的学习问题。并通过分层分类的方法，根据学情大数据设置相应的课堂突破、合作探究和课后突破策略，真正做到"以评促学，以评促教"。（详见《数字化在初中和高中教育教学中的应用》，葛伟 等，开明文教音像出版社，2024年版）

数字化协同育人则强调教师如何运用数字技术资源，促进学校、家庭与社会的协同育人，尤其在数字素养培养、德育与心理健康教育等领域，数字技术为我们提供了新的途径和方法。

4. 数字社会责任

在数字化时代，教师的社会责任不仅仅局限于知识的传授，更在于对数字化活动中道德修养和行为规范的坚守。这一责任涵盖了法治、道德伦理规范以及数字安全保护等多个方面。

法治与道德规范是教师在数字化活动中的基本准则。教师必须严格遵循与数字活动相关的法律法规和道德标准，特别是在互联网使用和数字产品服务的合理应用方面。首先，教师应依法使用网络，理性且负责任地使用数字产品和服务，始终致力于营造健康、积极的网络环境。在利用网络资源时，应遵循"正当必要、知情同意、目的明确、安全保障"的原则。同时，教师要尊重知识产权，关注学生的身心健康，遵守网络传播秩序，积极传播网络正能量。

数字安全保护强调教师在数字化活动中应具备必要的数据安全和网络防护能力。教师不仅要妥善管理个人信息和隐私，确保工作数据的安全性，还需严格遵守数据安全管理的相关规范。特别是在收集学生数据时，教师必须事先获得学生或家长的明确同意，并始终保障学生隐私的安全。对于敏感数据，应使用加密技术确保其在传输过程中的安全，避免数据泄露或被滥用。此外，教师还应遵循数据最小化原则，确保仅收集必要且合法的数据，避免不必要的个人信息的存储和管理。在日常使用数字工具时，教师应主动识别并防范网络中的潜在风险，诸如网络谣言、暴力信息、诈骗行为及信息窃取等，保护自己和学生免受网络安全威胁。

5. 专业发展

教师的专业发展，主要指教师利用数字技术资源促进个人及教师共同体专业发展的能力，包括数字化学习与研修、数字化教学研究与创新等内容。

数字化学习与研修，是指教师借助数字技术资源进行教育教学知识与技能的学习、分享，以及在实际教学中进行反思和改进的能力。例如，教师可以通过数字教育资源进行学科知识、教学方法、教育技术及管理等方面的学习；还可以利用数字技术分析自己的教学实践，支持教学的反思与改进。此外，教师还可以参与或主持网络研修共同体，和同行一起学习、分享经验、解决问题。教育部推出的教师暑期与寒假网络研修项目，便是这种在线研修的典型例子。

数字化教学研究与创新，指教师围绕数字化教学的相关问题展开研究，利用数字技术实现教学创新的能力。它包括开展数字化教学研究，创新教学模式与学习方式。

（二）人工智能能力是 AI 时代对教师的新要求

人工智能与其他数字技术的本质区别，在于它具备模拟人类行为的能力。这一特性，对人类的主观能动性构成了挑战。信息通信技术工具主要用于简化日常事务，而人工智能能够依据海量数据进行模式预测、应用，甚至辅助人类决策。因而，若缺乏科学的教学引导，人工智能的使用极有可能对学生的认知发育造成不利影响。教师过度依赖人工智能，不仅可能致使自身核心能力退化，还可能丧失自主决策权。

面对人工智能带来的挑战与机遇，教师要明确，人工智能可协助决策，但无法完全取代人的判断，需警惕夸大技术优势的言论，避免盲目依赖人工智能。同时教师要反思使用人工智能对学生的思维、创造力和独立性产生的影响，培养学生的批判性思维。

在使用人工智能时，教师应遵循以下伦理原则：

不伤害原则：确保 AI 的使用不会对学生的身心健康造成伤害，尤其是情感和心理层面的负面冲击。

比例原则：人工智能工具的使用要与教育目标相匹配，避免过度依赖技术，确保其使用的适当性。

非歧视原则：确保 AI 工具在使用过程中，不会对任何学生，尤其是来自不同文化背景或社会群体的学生，造成歧视性对待。

可持续性原则：AI 的使用应符合教育的长远目标，不应对社会和环境产生负面影响。

透明性和可解释性原则：教师应能够清楚地解释 AI 工具的使用原理，让学生理解技术背后的决策过程。

教师不仅要具备操作和应用人工智能工具的能力，还要能根据具体教学需求灵活定制和优化这些工具，推动以学生为中心的智能化教学环境的构建，确保学生的学习过程充满活力与创新精神，并在此过程中不断促进自身的学习和专业发展。

首先，教师应建立对人工智能的基本认知，包括其定义、工作原理以及主要技术类型。掌握这些基础知识，有助于识别其在教学中的潜在价值，评估适用性与局限性。通过科学评估不同人工智能工具，可更精准地选择适合课堂需求的技术手段，使其成为教学得力助手，而非徒有其表的"花架子"。

其次，教师需具备使用常见人工智能工具的基本操作技能，更重要的是学会通过数据和算法优化教学实践，即"会用"。例如，利用人工智能分析学生学习进度，识别薄弱环节，并基于数据动态调整教学策略，确保每位学生都能按适合自己的节奏成长。在此过程中，教师要时刻留个心眼，关注技术应用的公平性和道德性，避免因使用不当带来麻烦。

最后，教师应点亮自己的"最高阶技能"即创新能力，根据课堂实际情况灵活调整和定制人工智能工具。这种能力使教师能够创造个性化的学习环境，满足学生的多样化需求，同时解决教学中的各种疑难杂症。

教师应清醒认识到，作为人工智能时代的"数字原住民"，学生在新技术接触与应用方面往往比教师更敏锐、更熟练。因此，教师应积极主动变革教学策略与方法，引导学生科学合理且富有创意地运用人工智能技术。

三、数字赋能的教育实践

于教师而言，能够采取哪些具体实践，把人工智能等前沿技术精准融入日常教学，充分挖掘其在教学过程中的潜在价值呢？数字技术又会通过哪些途径为教育赋能，助力教育质量提升呢？

（一）技术革新课堂教学

1. 教学流程优化

(1) 课前备课，慧能焕思、提质增速

备课是课堂教学的前提和基础，也是每位教师开展教学工作的第一步。过去，备课通常依赖教师个人的教学经验和理解。而在数字化时代，借助生成式人工智能技术，教师可以采用"人机"协作的备课模式，打破传统备课高耗低效的困境。

首先，生成式人工智能能够高效辅助教案和教学设计的生成。借助生成式 AI 技术，教师的备课过程不再是单纯的独立创作，而是与人工智能的互动协作。教师可以依托 AI 强大的知识库和内容生成能力，共同完成教学设计。基于海量数据的跨领域知识问答功能为教学设计提供更多的思路与视角。此外，AI 的多学科知识融合和智能推荐功能，使教师能够进行跨学科主题的教学设计，推动复合型教学方案的创新与实施。

其次，智能搜索功能大大提升了备课资源的获取效率。借助现代人工智能平台，教师可以在一个平台上便捷、迅速地获取所需的教学资源。这不仅提升了备课效率，也方便了创建个性化、跨模态教学资源。

生成式人工智能具备多模态信息理解与生成的能力，极大提高了资源制作的效率。它不仅能生成文本内容，还能够制作个性化的多媒体素材，如高清图片、沉浸式音频、动态视频、PPT 课件等。教师只需在 AI 平台中输入相关要求，便可迅速生成基础教学课件。例如，输入教案大纲后，选择合适的模板，即可一键生成完整的 PPT 初稿。这一技术手段不仅节省了时间，还提高了教学资源与课件制作的效率，为教师提供了极大的便利。

(2) 课中教学，创艺赋能

在现代课堂中，多媒体教学工具与互动软件已成为提升教学效率的重要手段。互动白板、平板电脑、智能终端等设备，与相应的软件平台相结合，极大地丰富了教师与学生的互动方式。借助这些工具，教师可以将静态知识以动态、直观的形式呈现、增加交互，从而提升知识传递的效果与效率。

虚拟实验与 VR/AR 技术的应用，为实验教学和实践课程开辟了全新路径。借助 AR 技术，通过扫描课本图像即可激活 3D 模型，将解剖学中的器官结构动态展示，带来更加直观和生动的学习体验。华东师范大学的"江南市镇历史调查虚拟仿真实验"项目，利用数字化模拟技术重现了已消失的市镇场景。通过精确的三维建模与虚拟现实（VR）技术，学生仿佛穿越时空，身临其境地进行历史调查，亲身体验历史的脉络与变迁。

在物化实验教学领域，虚拟实验技术的优势格外突出。学生可以在虚拟环境中反复进行实验操作，仔细观察实验现象，无需担心设备损耗或材料消耗。以九年级化学课程"对人体吸入的空气和呼出气体的探究"为例，传统实验通过火柴和澄清石灰水验证气体成分，而引入数字化实验后，学生能够通过传感器分别采集并对比空气中氧气、二氧化碳和水蒸气的含量数据，并以曲线形式展示，帮助学生更加精确地理解气体成分的变化。（详见《大数据背景下的中学教学改革与实践研究》，葛伟 等，朗文出版社 2024 年版）

当上述先进技术工具在教学的各个环节大放异彩时，这些智能辅助工具进一步推动了个性化教学的发展。人工智能在课堂中扮演着"智能助教"和"虚拟学习同伴"的双重角色，能够根据学生的学习进度和特点，提供个性化的学习建议与指导，助力教师实现因材施教的教学目标。

（3）课后反馈，智析优教

在课后的关键阶段，智能化反馈系统是极具价值的教学改进利器。教师可以利用其生成的课堂反馈报告，深入剖析课堂教学中的各个环节。

在课后巩固环节，作业管理系统和在线测评平台等工具开始大显身手。教师借助它们迅速收集学生的反馈，全面、细致地掌握学生的学习状况，真正做到办公移动化的同时对学情了如指掌。这些系统不仅具备智能生成分层作业的能力，还能实现作业的自动批阅与深度分析。通过精准的评分与全方位评估，人工智能为每位学生生成作业错因分析报告及个性化诊断建议。

在某校高中物理教学实践中，智能化工具的应用为师生的教学与学习过程注入了新的活力。教师们不再需要耗费大量精力在题目的筛选和学生答题情况的统计上，这些曾经繁琐且重复的工作，如今由智能化系统高效完成。系统自动生成的详细数据分析报告，为教师提供了直观且精准的学情反馈，使得教师能够迅速锁定每个学生的学习薄弱点。学生也获得了更为便捷的学习体验。他们可以轻松地在云端访问自己的电子错题本，随时查阅一周、一个月乃至一学期的错题记录。

此外，当学生在课后巩固阶段遭遇理解困难时，线上教学智能体能够模拟优秀教师的教学策略与引导方法。例如部分智能体采用"苏格拉底式"启发式教学，通过精心设计的一系列启发性问题，引导学生深入思考，主动探索问题的解决方案。这一过程不仅能有效激发学生的学习内驱力，还能够提升学生的认知深度，帮助他们养成独立思考和自主解决问题的能力。

2. 教学模式创新

数字技术的蓬勃发展催生了翻转课堂、混合式学习与项目式学习等诸多创新教学模式。在这些模式下，学生不再仅仅是被动的知识接收者，而是化身为积极主动的探索者与创造者；教师也从知识传授者转变为学生学习的引导者与促进者。

翻转课堂作为一种极具创新性的教学模式，其核心要义在于对传统课堂的教学过程进行巧妙"翻转"。具体而言，它突破了以往教学中知识传授的主体环节局限，将知识的讲解与传授迁移至课外空间，而把宝贵且有限的课堂时间精心规划，用于知识的内化、深度探究以及多样化的实践活动。学生可以在课前依据自己的学习节奏和实际情况，使用视频、在线课程和其他数字资源自主地学习新知识，而课堂时间则专注于讨论、解决问题和互动活动。

在某初中数学课上，老师决定用翻转课堂来教授"立方根"。课前，教师通过微助教云平台为学生推送了包括教材内容、微课视频、PPT课件和自学任务单等学习资源，要求学生自主学习立方根的概念及计算方法。同时，教师借助大数据技术实时跟踪学生的学习进度。课堂上，老师直接根据学生的学习情况调整内容，特别针对那些容易出错的点进行强化。通过创设情境和师生互动，帮助学生加深了对立方根的理解。教师还根据学生的表现，通过云平台推送了二次习题，帮助学生巩固所学知识。

混合式学习是一种结合传统面对面教学和在线学习的教育模式，旨在充分发挥两者的优势。它不仅保留了面对面教学的互动性和实践性，还融合了在线学习的灵活性和丰富性。在混合式学习中，课堂教学不仅限于教师在教室里授课，还包括学生在线访问学习资源、参与网络讨论、进行在线测评等活动。学生可以根据自己的时间和节奏进行学习。此外，在线学习平台提供了丰富的多媒体资源，如视频、互动练习、模拟实验等。

项目式学习是一种以学生为中心的教学方法，强调通过实际项目的完成来促进学习。学生通过解决真实世界中的问题，将所学知识应用于实践，培养解决问题的能力、团队合作精神以及批判性思维。在这一过程中，学生不仅掌握学科知识，还能提升沟通、合作和自我管理能力。项目式学习通常跨多个学科，具有开放性和多样性，鼓励学生进行深入的研究、设计和展示，帮助他们更好地理解和应用跨学科的知识。

在一次初中语文课的教学实践中，教师精心策划了一场基于数字化环境的项目式学习活动，主题聚焦于经典革命题材文学作品《谁是最可爱的人》。学生借助云平台，便捷地获取了与该作品相关的丰富文本和视频资源，以此为依托，围绕核心问题"谁是最可爱的人"展开了深入的讨论与探索。在学习过程中，学生分组合作，深入阅读和分析文本内容。他们熟练运用思维导图等数字工具，清晰地梳理出文章的脉络结构，进而深入剖析作品中人物所展现出的伟大精神和丰富情感。不仅如此，学生还充分发挥创意，结合短视频制作等数字化手段，生动地创作并展示了他们对"最可爱的人"这一主题的理解。最终，他们将自己的学习成果精心整理后上传至云平台，与教师、同学以及家长进行了广泛的分享。在这一过程中，学生不仅收获了来自各方的反馈与评价，更在数字化平台的支持下，显著提升了自身的阅读理解与信息处理能力；同时，还极大地激发了他们的爱国情感。

（二）大模型赋能教师发展

在数字技术助推教师队伍建设和人机协同教育创新发展的趋势下，教师教学能力的提升与培养已成为当务之急。大模型正引领着教育的深刻变革，推动教育范式从"经验驱动"向"数据智能驱动"转型。在此背景下，教师开展教学工作，不再单纯依靠个人经验与直觉，而是能够借助大模型及智能技术，对教学过程进行全方位、深层次的分析、精准预测与优化。

1. 真实课堂分析

传统教学能力评估方法，如专家听评课、问卷访谈和量表评价等，主观性强、评估周期长，难以满足现代教育对教学评估精准性与及时性的迫切需求。而智能设备的广泛应用，包括可穿戴传感器、智能摄像头、眼动仪等在内的先进设备，为课堂中的多模态数据采集提供了坚实的技术基础，从而为教学评估带来革命性的变革。

课堂行为数据的挖掘是真实课堂分析的关键环节。大模型通过对课堂视频进行智能分析，精准识别教师的教学行为，如提问频次、讲解时长，以及学生的课堂反应，如专注度、参与度等。借助大数据分析技术，为教师提供详细且全面的教学行为分析报告，深入挖掘出潜在的教学模式与问题，为教师改进教学策略提供有力依据，从而为教师的专业发展和个性化教学能力培养提供坚实的数据支撑。

垂直大模型——专为教育领域设计的 AI 模型——的出现，为课堂智能分析系统带来了质的飞跃，使其精度和效率得到了显著提升。垂直大模型通过对教育领域大量数据的深度训练，不仅能够精准识别教师在课堂中的表现，还能根据教学内容和学生反馈，实时给出极具价值的改进建议。结合学生课堂表现数据，大模型能够实时预测教学效果。依据学生回答问题的准确性、表情变化等关键指标，快速反馈教学目标的达成情况，教师可以据此及时调整教学节奏与内容。举例来说，在讲解复杂知识点时，若模型提示学生理解困难，教师可以立即补充案例或变换讲解方式，确保学生能够跟上教学进度，从而实现教学过程的动态优化。

2. 模拟授课评估

数字技术的迅速发展使得教师有了在虚拟环境中进行教学训练的全新机会。这种创新的教学方式不仅为教师的成长提供了更多路径，也能显著提升教师应对复杂课堂场景的能力。智能陪练系统通过大模型，根据教学目标和课堂场景的设定，生成虚拟学生群体，并模拟学生在不同学习风格和反应下的表现。教师可以在这一仿真环境中进行授课练习，避免对实际课堂教学产生影响，从而积累宝贵的教学经验。

例如，面对基础较为薄弱的班级时，教师可以在虚拟课堂中练习如何用简洁明了的语言讲解复杂的知识点，并通过虚拟学生的各种反应，模拟应对不同课堂情境的策略。虚拟学生会展现出多样的学习风格——如活跃、沉默、困惑等，帮助教师提高课堂管理能力，提升语言表达技巧和应变能力。

此外，教师也可以独立进行授课练习，系统将自动记录并评估其表现。通过智能评估系统，教师能够获得关于教学语言、课堂管理和教学节奏等方面的反馈。这些反馈不仅包括语言流畅度的评价，还提供具体的改进建议。例如，系统可能会指出教师在讲解过程中重复使用某些词汇，或课堂节奏过快或过慢，可能影响学生理解。通过这种自我评估，教师能够在没有外部干扰的情况下，持续调整和优化自己的教学策略，逐步提升教学水平。

3. 数字化教研

数字化教研正在成为推动教师专业成长和提升教育质量的关键途径。通过创新的研修活动、智能资源的生成与优化，以及数据驱动的教研决策，数字化教研将教师的个人经验转化为集体智慧，促进教师数字素养的提升与教学实践的创新。

传统的教研模式多聚焦于教材和教学方法，而现代教研应突破这一局限，着眼于学生核心素养的提升和学习过程的优化。教师不仅要关注学生在课堂中的专注度、参与度和思维深度，还需注重培养学生学科思维的进阶、跨学科整合能力、解决实际问题的能力，以及面对挑战时的韧性和决策能力。

网络研修打破了传统校本研修的时空限制与资源交流的障碍，将面对面的研修与远程学习紧密结合，提供了更为多元和自由的研修方式。

智能教研平台支持教师在线协作、资源共享和教学反思，为教师提供了便捷的教研工具和环境。平台通过智能算法匹配研究兴趣相近的教师，组建虚拟教研团队。在团队教研过程中，模型辅助开展头脑风暴，提供创意启发与思路引导，同时对研讨过程进行记录与分析，提炼关键研讨成果，推动教研活动的高效开展，促进教师专业成长与知识共享。

这种跨区域的教研合作不仅能够促进教师之间的相互学习和借鉴，还能够推动教育理念和教学方法的创新，提升区域整体教育质量。

在数字化教研的推动下，教师专业成长的路径更加多元化和个性化。

四、在数字变革中保持教育的温度

技术工具，尤其是人工智能，已在诸多方面展现出替代教师部分工作的潜力，但它始终无法替代教师在情感交流和人文关怀中的独特地位。诚如华东师范大学教授袁振国所言，"数字化转型要促使教师回归本职工作，把精力和才智用于和学生思想的沟通、关注情感的交流和生命的对话，真正成为人类灵魂的工程师"。古语云："经师易求，人师难得。"人工智能或许能成为高效的"经师"，但在塑造学生灵魂、启迪人性这一根本任务上，它永远无法企及教师。

教师应以育人为本，通过数字技术推动学生内心的成长与人性的全面发展。从"经师"转向"人师"，回归教育的本质，是教育在数字变革中保持温度的关键所在。此过程中，有效把握教学中的人技关系、弥合学生在数字化时代中的差距、构建富有人文关怀的互动生态至关重要。

（一）把握教学中的人技关系

人与技术之间的关系并非一成不变，而是一个动态的发展过程。在数字时代，教育中的人技关系需要重新审视。教师作为教育的核心力量，不应仅仅依赖技术，而应发挥其在智慧教育中的设计和引领作用。技术应当成为传递教育温度的有力工具，而不是取代教师与学生之间互动的手段。合理的技术运用应该以教师的引导为基础，确保技术在辅助教学的同时，也能保持教育的温度，培养有情感、有温度的学生。

教师必须警惕技术过度主导教育的趋势，避免陷入"失焦""失温""失真"的困境。当技术成为课堂的主角时，教育的情感交流和认知深度可能会被忽视，教育目标也可能因此偏离。为了避免这一局面，教师需要坚守教育的初心，合理运用技术，成为技术的引导者而非被技术主导的教育者。教师应合理分配时间和精力，将更多的心血投入到课程设计、个性化指导和情感交流等高价值任务中，让技术在辅助教学的同时，守护教育的温度，培育完整的人。

（二）弥合学生的数字化差距

叶圣陶先生曾指出："教育是农业，不是工业。"这一比喻形象地说明了教育需要根据每个学生的个性差异和发展需求，提供适宜的生长环境。在数字时代，我们更应尊重学生的个体差异，并根据他们的不同需求，为他们的学习旅程提供合适的支持与保障。

1. 关注学生的技术适应能力

数字化时代的到来，技术工具在教学中将占据越来越重要的位置。学生的技术适应能力能够直接影响他们在数字学习环境中的表现。教师应在教学过程中引导学生逐步熟悉数字化学习工具，并帮助他们提升信息素养。帮助学生在实践中掌握技术技能，增强自信心，实现自主学习的转变。

对部分在技术适应上困难的学生，教师应给予更多的关心和支持，以耐心和细致的引导，帮助学生跨越技术适应的门槛，缓解因数字化学习带来的焦虑，让学生能够以平和的心态迎接数字化学习的挑战。

2. 破解"没设备、没网络"难题

数字化学习带来了巨大的教育机遇，但设备和网络条件的差异仍是部分学生学习的障碍。在一些地区或家庭中，学生可能面临没有计算机、智能手机或稳定网络连接的问题，造成他们在接受数字化学习时处于劣势。对此，教师需平衡线上与线下的教学方式，守护每个学生的学习权。

数字化差距并不仅仅是技术问题，更是一个关乎教育公平的问题。教师须根据每个学生的实际情况，制订合理的教学方案，保障他们在技术发展迅速的时代中，依然能够平等地接受教育。通过灵活的教学设计，平衡线上、

线下的教学方式，教师能够在弥合数字化差距的同时，帮助学生树立自信，激发他们的潜力，确保每个学生都能在数字化教育的浪潮中找到自己的位置。

(三) 构建人文导向的互动生态

技术的广泛应用为教育带来了前所未有的便利与高效。然而，过度依赖技术也可能导致教育中的"情感荒漠化"。尽管人工智能能够提供精准的知识传递和高效的数据处理，它始终无法复制师生之间深刻的情感纽带。缺失这一纽带，教育便会丧失其最根本的温度。

联合国教科文组织的报告指出，数字技术应始终围绕学生利益展开，支持基于人际互动的教育。正如中国教育科学研究院数字教育研究所副所长曹培杰所言："让机器做机器擅长的事，让人做人的事，完成彼此'教书育人'的分工。"教育是一场心灵的对话，即使是在"云端"，也需保持情感的联结。

1. 设计人文性的数字评价体系

在数字化教育环境中，评价体系不应仅仅是冰冷的数据和结果，而应融入更多人文关怀。情感语言的渗透至关重要。例如，在数字评语中嵌入个性化鼓励，如用"你的观点让我想起……"代替简单的"答案正确或错误"。此外，过程性关怀同样重要。通过学习平台数据监测学生情绪波动和学习情况，及时给予关怀，而非单纯记录缺勤。这体现了对学生的全面关注。

2. 保护学生心灵的"数字护栏"

教师在使用技术时，必须确保其始终服务于学生的全面发展和身心健康。成绩分析应仅限于私下分享，避免公开显示排名，利用 Excel 的"仅本人可见"功能设置来保护学生隐私。同时，教师应避免滥用监控软件，通过课后学习报告了解学生的学习情况。比如发现学生专注度较低时，可以通过私聊进行沟通。对学生的数据和隐私，教师需始终遵守数据保护的相关法规与措施，确保学生信息不外泄、截图前进行遮挡、收集信息明确告知、敏感内容当面沟通。

3. 用"小工具"传递"大温度"

在线教育容易陷入冷冰冰的数字操作，因此需要通过细节设计让线上互动充满温度。通过虚拟的情感交流和仪式感，教师能够创造更多富有温度的教学场景。在线课堂中可以通过设定"情感仪式"，如在课前播放学生点播的音乐来增强课堂的温馨感等。课后鼓励学生通过手势比心等方式传递情感。此外，还可以创建互动小组或情感树洞等方式，促进学生之间的情感联结和相互支持。

德国哲学家卡尔·西奥多·雅斯贝尔斯曾说："教育的本质，是一棵树摇动另一棵树，一朵云推动另一朵云，一个灵魂唤醒另一个灵魂。"人工智能可以弥补不同教师之间在教学水平上的差距，但它很难填补人文关怀能力上的差异。在比特洪流中守护教育的温度，于算法世界中培育完整的人，是每一位教育工作者的使命。

后记

给你一所学校

高万祥

孩子总是自己的好。在这本书统稿杀青之际，我们生出了一个强烈的印象：这是一本对广大中小学教师朋友很有帮助的、不可多得的好书，这是一所送给教师朋友自我培养和成长发展的理想学校。

良好的自我感觉首先源于这本书的内容框架。第一章《书写教师的生命传奇》，从教师的人生追求和生命价值的实现这一宏观层面作一总说，但愿能打动读者朋友并对大家的事业人生产生良好影响。这个世界上，没有什么快乐和奖励比得过能够改变一个人的命运啊！亦喜亦乐！第二章《阅读教育大师》，引领大家走近人类一流的伟大教育家。周国平说："阅读是与历史上的伟大灵魂交谈，借此把人类创造的精神财富占为己有。"《道德经》有云："含德之厚，比于赤子。"意思是道德厚重的人，比得上婴儿一样。也许，走进和阅读一流教育大师的目的，不是让我们更丰富更成熟，而是能让我们如大师一样，对教育、对社会、对生活、对人生永葆一颗赤子之心。第三章《不可或缺的心理学知识》，不是系统地理论介绍，而是注重实践和应用。什么是心理学？心理学研究什么？我们很欣赏这样一个定义：心理学研究"关系"二字。研究人和社会、人和自然、人和他人、人和自我的关系，从而实现心智的更新和内外宇宙的和谐。教师是世界上特别需要讲究和人交往、沟通的职业，不掌握一些基本的心理学知识行吗？第四章《师德的核心是大爱》。教育就是爱，爱就是教育。西方的基督教讲博爱，东方的佛教讲真爱，中国的本土文化儒学讲仁爱，我们比较喜欢"大爱"这一概念。我们坚信，物欲横流的中国社会，功利主义的当下教育，当务之急是呼唤"大爱"的回归。第五章《在教改科研中收获幸福和优秀》。我们一向认为，应试教育是简单劳动，它带给学生和教师的永远是痛苦和灾难。而抵制应试教育，拯救学生拯救教师拯救中国教育的最好行动，一定属于真正的教改科研。专业修炼，职业素养，事业追求，这是教师从平凡走向优秀，从优秀走向卓越的三个阶段、三个台阶。我们认为，融三者于一体的教改科研才是一个教师能够超越别人的核心竞争力。而且，只有属于创造性劳动的教改科研，才能让教师获得成就感和幸福感，获得自我价值实现的尊严感。第六章《写作：卓越教师和平庸教师的分水岭》。我们大力倡导教师一定要学会和善于写作，其意义在标题中已说得十分明白。我们还要告诉大家，写作至少是人生的一种趣味，文字能给你带来无穷的快乐。当代一流文化名人吴冠中、刘诗昆、林青霞，主业都不是写作，但对写作都情有独钟。吴冠中甚至说，他的散文比绘画更有传世价值。写作的意义和魅力可见一斑。第七章《口才是教师的第一能力》，第八章《人际交往中的生活智慧》，介绍教师的表达、沟通、交往。教育是创造人生幸福的事业，这种创造往往通过教师的大爱圣心以及由此生成的美丽生动的语言去实现，往往通过和谐良好的人际关系去实现。谨录一位禅师的一段话和大家共享："当你像佛陀那样慢步行禅时，你把自己的平稳、坚定、解脱与喜悦印在地面上。你有尽情享受这么做的权利。你的脚就像一个印章，像皇帝的玉玺一样。我们看见解脱的印记，幸福的印记，以及生命的印记。"

八个篇章，八首教师职业生涯中不可或缺的优美乐章。八个篇章，八门课程，一所教师幸福人生中有缘相逢的别样学校。希望能获得广大教师同仁的喜欢，并成为大家职业入门、职业修炼和职业提升的案头书。

良好的自我感觉还来自于对本书作者的欣赏。除我和朱永新外，本书作者中有誉满全国的著名学者朱小蔓,有术业专攻的苏州大学教授王家伦,其余邵统亮、焦晓骏、司庆强、徐飞等几位都是在基础教育一线从事教育和研究的佼佼者。他们有理论功底,有教育和生活积累,有独立思考的睿智,也有生动流畅的文字表达。衷心感谢他们的鼎力支持和辛苦的创造性劳动。

感谢福建教育出版社的领导,让我们有缘和广大读者在本书中相聚。

相聚是缘,阅读是福。给你一所学校,给你一个阅读的缘分。

2013 年 6 月 1 日

再版后记

有了爱，你也能优秀和幸福

高万祥

《教师第一课》修订再版了，作为主编之一，我就像自己又多了一个孩子一样高兴。

这本书能够一印再印，如今又有修订再版，首先要感谢诸位作者朋友。

又首先让我们一起深切缅怀朱小曼教授。天不假其年，但她的功业和音容笑貌一直感动着我。

我们认识时，她还在南京师范大学副校长任上。那是2000年秋日的一天，新建的张家港高级中学即将举行落成庆典，我怀揣邀请函件，惴惴不安地走进她的办公室——素不相识啊，一直仰视的教育大家啊——谁知，当我报上姓名以后，她立即笑容满面地说，哦，你就是高万祥校长，我读过你一些文章……她愉快地接受了邀请。

以后我们便有了一些联系交往。知道她患病动了手术，在无锡疗养，我和朋友一起去看望她，带了礼物没有，说了些什么，我都忘了，只记得彼时她气色很好，和我们一如既往地谈笑风生。印象特别深刻，也永远不会忘记的，还有她真诚、甜蜜和灿烂的笑容。一直感念着，朱小曼教授能够赐稿，是我们编书人和读书人共同的荣幸。

敬爱的朱小曼先生，我们永远记着您！

时光荏苒，岁月不居，距初版问世已经12年过去了，其余各位作者都仍然英姿勃发，雄风不减当日。

王家伦教授已经退休多年，但老马嘶风，王教授依然敬时爱日，写书出书，游学讲学，常年忙得不亦乐乎。特别敬佩他的是，近三四年来，他每天清晨必定会创作一首七言绝句，在微信群里发表。图文并茂的精致佳作，能日复一日、年复一年地写个不停，此等精神状态，于己可以美意延年，于人足为师表楷模。

江南才子袁卫星，已从苏州奔赴深圳，事业风生水起。他现任宝安区宝安中学教育集团党委书记兼总校长，正率领11所学校的25 000名师生，创造属于他，也属于南国的教育的春天。

少壮派徐飞，在全国中学语文教育的江湖上声名日隆，俨然已为大咖。我特别欣赏他的是，作为高中校长，他仍然教语文，仍然做班主任，仍然忙里偷闲地在写作和讲学。这是一种什么做派？告诉你，古往今来，教育家的成长，都是这么过来的。这次修订再版，徐飞在百忙中为"写作"一章，又作了修改和补充，给他送上一朵红花。

北师大文学硕士出身的司庆强先生，从山东到苏州，从普通教师走向学校管理岗位，我们曾经是同事，我了解他，他笔下的师德、师风、师魂，从来不是理论名词，不是标语口号，而是像他的呼吸一样自然而然的日常教育行为。他希望用自己的教育良心，化作照亮学生一生的星火。

隆重介绍参加这次修订撰稿的新朋友——河北雄安新区雄东一高副校长葛伟博士。在我和编辑李惠芬老师商定，要增加"数字时代的教育"这个板块以后，我便在全国范围广泛物色这方面的写作高手。几经周折，我的眼光落在了"葛伟"这个名字上。

计算机科班学历，中学信息技术教师，教育管理学博士，一个把大数据当魔法棒的教育探索者，请他承担这一章的写作，正是我心中理想的期待。

请听他的夫子自道——

我的教育 DNA 里，刻着代码与粉笔灰的混搭基因。白天，我用 5G 和算法破解课堂难题，晚上我在书桌前，写代码，改论文，偶尔还和学生组队打创客比赛。我这次撰写的稿件里，包含着我的三大教育理念。一是相信技术能帮助教师从重复劳动中解放双手，二是相信数字也是有教育温度的，三是相信无论东西南北中的孩子，都值得我们用智能算法去点亮属于他们的星光。

感谢葛博士，他的大作，使我们的读本更具现代气息，形式上也更加充实完备了，从八章增至九章——"九"这个数字，在中国文化里象征权威和永恒啊！

该说说两位主编了。

朱永新教授初心不变，教育情怀依旧，这次本书的修订工作，正是在他的具体指导下进行的。"小德川流，大德敦化，此天地之所以为大也。"能和朱永新教授一起撰稿修书，幸莫大焉！

介绍自己，我很想告诉大家，退休后我依然是一名在一线工作的语文教师。不管是自己创办的私塾，还是为学校文学社做志愿者教师，陪孩子阅读写作，我把每一堂课都当作自己的节日。

还有几位作者，限于篇幅，请原谅我不能一一介绍。我在想，《教师第一课》，教师必修课。如果说，我们的这些作者都是任课教师的话，那么，他们自身的教育实践和行为，就都是一份份十分鲜活的教材和案例。

感谢作者，更要感恩广大读者，正是因为有了你们的厚爱，今天，本书才能够梅开二度，以新的面貌再次奉献给大家。

借此机会，我想对新入职的教师说，新教师工作的头三年决定一生。"三岁看到老"，如何过好你职业生涯的最初三岁？需要哪些重要的营养？健康快乐成长有的秘诀是什么？告诉你，请你打开这本《教师第一课》，读书，实践！再读书，再实践！

我想对有一定工作经历和经验的教师说，优秀是卓越的敌人，超越自我，从优秀走向卓越，最重要的是你的热情——这就是读书和学习的热情，工作和科研的热情；这就是永远积极向上的生命的活力。

还要向出版社和责任编辑李惠芬老师表示衷心感谢。没有你们的慧眼和努力，我们和读者的缘深缘浅就会失之交臂了。

《教师第一课》，九个板块，九个课堂，九个课题，也许可以用一个字概括——爱！爱学习，爱工作，爱写作，爱学生，爱研究，爱我们生活的这个世界！

有了爱，你也能优秀和幸福！

2025年5月14日，写于张家港菜园菜书房

图书在版编目（CIP）数据

教师第一课/朱永新，高万祥主编. —2 版，修订版. —福州：福建教育出版社，2025.7. —ISBN 978-7-5758-0532-2

Ⅰ.G451.6

中国国家版本馆 CIP 数据核字第 2025AV0188 号

Jiaoshi Diyi Ke（Xiudingban）

教师第一课（修订版）

朱永新　高万祥　主编

出版发行	福建教育出版社
	（福州市梦山路 27 号　邮编：350025　网址：www.fep.com.cn
	编辑部电话：0591-83779615　83726908
	发行部电话：0591-83721876　87115073　010-62024258）
出 版 人	江金辉
印　　刷	福建东南彩色印刷有限公司
	（福州市金山工业区　邮编：350002）
开　　本	710 毫米×1000 毫米　1/16
印　　张	17.25
字　　数	264 千字
插　　页	2
版　　次	2025 年 7 月第 2 版　2025 年 7 月第 1 次印刷
书　　号	ISBN 978-7-5758-0532-2
定　　价	45.00 元

如发现本书印装质量问题，请向本社出版科（电话：0591-83726019）调换。